本书由
中央高校建设世界一流大学（学科）
和特色发展引导专项资金
资助

中南财经政法大学"双一流"建设文库

中|国|经|济|发|展|系|列|

基于复杂性科学方法的金融市场建模研究

Research on Financial Market Modeling Based on
Complexity Science Method

卢国祥 著

中国财经出版传媒集团
经济科学出版社
Economic Science Press

图书在版编目（CIP）数据

基于复杂性科学方法的金融市场建模研究/卢国祥著.
—北京：经济科学出版社，2019.12
（中南财经政法大学"双一流"建设文库）
ISBN 978 - 7 - 5218 - 1137 - 7

Ⅰ.①基…　Ⅱ.①卢…　Ⅲ.①金融市场 - 数据模型 -
研究　Ⅳ.①F830.9

中国版本图书馆 CIP 数据核字（2019）第 287334 号

责任编辑：杨　洋
责任校对：隗立娜
版式设计：陈宇琰
责任印制：李　鹏

基于复杂性科学方法的金融市场建模研究
卢国祥　著

经济科学出版社出版、发行　新华书店经销
社址：北京市海淀区阜成路甲 28 号　邮编：100142
总编部电话：010 - 88191217　发行部电话：010 - 88191522
网址：www.esp.com.cn
电子邮箱：esp@ esp.com.cn
天猫网店：经济科学出版社旗舰店
网址：http://jjkxcbs.tmall.com
北京季蜂印刷有限公司印装
787 × 1092　16 开　14.25 印张　240000 字
2019 年 12 月第 1 版　2019 年 12 月第 1 次印刷
ISBN 978 - 7 - 5218 - 1137 - 7　定价：58.00 元
（图书出现印装问题，本社负责调换。电话：010 - 88191510）
（版权所有　侵权必究　打击盗版　举报热线：010 - 88191661
QQ：2242791300　营销中心电话：010 - 88191537
电子邮箱：dbts@ esp.com.cn）

总　序

　　"中南财经政法大学'双一流'建设文库"是中南财经政法大学组织出版的系列学术丛书，是学校"双一流"建设的特色项目和重要学术成果的展现。

　　中南财经政法大学源起于1948年以邓小平为第一书记的中共中央中原局在挺进中原、解放全中国的革命烽烟中创建的中原大学。1953年，以中原大学财经学院、政法学院为基础，荟萃中南地区多所高等院校的财经、政法系科与学术精英，成立中南财经学院和中南政法学院。之后学校历经湖北大学、湖北财经专科学校、湖北财经学院、复建中南政法学院、中南财经大学的发展时期。2000年5月26日，同根同源的中南财经大学与中南政法学院合并组建"中南财经政法大学"，成为一所财经、政法"强强联合"的人文社科类高校。2005年，学校入选国家"211工程"重点建设高校；2011年，学校入选国家"985工程优势学科创新平台"项目重点建设高校；2017年，学校入选世界一流大学和一流学科（简称"双一流"）建设高校。70年来，中南财经政法大学与新中国同呼吸、共命运，奋勇投身于中华民族从自强独立走向民主富强的复兴征程，参与缔造了新中国高等财经、政法教育从创立到繁荣的学科历史。

　　"板凳要坐十年冷，文章不写一句空"，作为一所传承红色基因的人文社科大学，中南财经政法大学将范文澜和潘梓年等前贤们坚守的马克思主义革命学风和严谨务实的学术品格内化为学术文化基因。学校继承优良学术传统，深入推进师德师风建设，改革完善人才引育机制，营造风清气正的学术氛围，为人才辈出提供良好的学术环境。入选"双一流"建设高校，是党和国家对学校70年办学历史、办学成就和办学特色的充分认可。"中南大"人不忘初心，牢记使命，以立德树人为根本，以"中国特色、世界一流"为核心，坚持内涵发展，"双一流"建设取得显著进步：学科体系不断健全，人才体系初步成型，师资队伍不断壮大，研究水平和创新能力不断提高，现代大学治理体系不断完善，国际交流合作优化升级，综合实力和核心竞争力显著提升，为在 2048 年建校百年时，实现主干学科跻身世界一流学科行列的发展愿景打下了坚实根基。

"当代中国正经历着我国历史上最为广泛而深刻的社会变革，也正在进行着人类历史上最为宏大而独特的实践创新"，"这是一个需要理论而且一定能够产生理论的时代，这是一个需要思想而且一定能够产生思想的时代"①。坚持和发展中国特色社会主义，统筹推进"五位一体"总体布局和协调推进"四个全面"战略布局，实现"两个一百年"奋斗目标、实现中华民族伟大复兴的中国梦，需要构建中国特色哲学社会科学体系。市场经济就是法治经济，法学和经济学是哲学社会科学的重要支撑学科，是新时代构建中国特色哲学社会科学体系的着力点、着重点。法学与经济学交叉融合成为哲学社会科学创新发展的重要动力，也为塑造中国学术自主性提供了重大机遇。学校坚持财经政法融通的办学定位和学科学术发展战略，"双一流"建设以来，以"法与经济学科群"为引领，以构建中国特色法学和经济学学科、学术、话语体系为己任，立足新时代中国特色社会主义伟大实践，发掘中国传统经济思想、法律文化智慧，提炼中国经济发展与法治实践经验，推动马克思主义法学和经济学中国化、现代化、国际化，产出了一批高质量的研究成果，"中南财经政法大学'双一流'建设文库"即为其中部分学术成果的展现。

文库首批遴选、出版二百余册专著，以区域发展、长江经济带、"一带一路"、创新治理、中国经济发展、贸易冲突、全球治理、数字经济、文化传承、生态文明等十个主题系列呈现，通过问题导向、概念共享，探寻中华文明生生不息的内在复杂性与合理性，阐释新时代中国经济、法治成就与自信，展望人类命运共同体构建过程中所呈现的新生态体系，为解决全球经济、法治问题提供创新性思路和方案，进一步促进财经政法融合发展、范式更新。本文库的著者有德高望重的学科开拓者、奠基人，有风华正茂的学术带头人和领军人物，亦有崭露头角的青年一代，老中青学者秉持家国情怀，述学立论、建言献策，彰显"中南大"经世济民的学术底蕴和薪火相传的人才体系。放眼未来、走向世界，我们以习近平新时代中国特色社会主义思想为指导，砥砺前行，凝心聚

---

① 习近平：《在哲学社会科学工作座谈会上的讲话》，2016 年 5 月 17 日。

力推进"双一流"加快建设、特色建设、高质量建设，开创"中南学派"，以中国理论、中国实践引领法学和经济学研究的国际前沿，为世界经济发展、法治建设做出卓越贡献。为此，我们将积极回应社会发展出现的新问题、新趋势，不断推出新的主题系列，以增强文库的开放性和丰富性。

"中南财经政法大学'双一流'建设文库"的出版工作是一个系统工程，它的推进得到相关学院和出版单位的鼎力支持，学者们精益求精、数易其稿，付出极大辛劳。在此，我们向所有作者以及参与编纂工作的同志们致以诚挚的谢意！

因时间所囿，不妥之处还恳请广大读者和同行包涵、指正！

中南财经政法大学校长

前　言

随着世界经济贸易的发展，金融市场正发挥着越来越重要的作用，对金融市场的研究也引起了各领域的关注。近些年来，通过对金融市场历史数据的统计分析，学者们发现得到的结论与传统金融市场的三大理论：理性人、随机漫步模型和有效市场假说存在不小的偏差。随着现代金融学理论和金融模型的发展，人们逐渐认识到金融市场是一个大量投资交易者相互作用，各自为获得最高收益而对市场外部信息做出反应的非线性复杂系统，而被观察到的金融现象实际上可以看作是投资交易者组织形成一个整体时所涌现出的宏观规律。因此，传统的金融市场理论逐渐不能满足现代社会的要求，需要学者们运用更全面、更广泛的思路来处理金融市场遇到的新问题。

复杂性科学的研究起源于 20 世纪 80 年代，是应用非线性数学的方法来解决包括物理、化学、经济、社会、生物等各个方面交叉领域学科问题的总称。复杂性科学主要从特征、规律和机理等方面来研究系统中子系统的相互影响，从而对复杂系统在机理及规律上存在的包括演化、涌现、自适应等性质在内的现象进行解释说明。进入 21 世纪以来，针对复杂性科学的研究出现了许多新的理论、模型和方法，包括行为金融理论、混沌理论、分形理论、复杂网络和社会网络理论、演化经济学理论、博弈理论、风险传播模型、文本挖掘方法、计算实验方法、大数据分析方法等。这些自然科学和社会科学等领域的交叉学科创新理论为我们研究金融市场的复杂性问题提供了有益的工具。本书尝试采用复杂性问题的研究方法，从金融市场中的不同个体以及不同子系统之间的相互作用关系的研究出发，通过统计数据的分析、理论建模、计算试验等，探究金融市场内部的运行规律，发现金融市场中信息的传播特征。期望研究的结果能够丰富金融行为和市场微观结构的相关理论研究，为促进金融市场的管理创新，加强金融市场的风险防范提供一点参考。

本书的研究思路是：第一，通过行为金融理论和分形理论来研究金融市场，得到相应的模型；第二，通过复杂网络和社会网络理论来研究金融市场，得到相应的模型；第三，通过符号时间序列方法和聚类方法来研究金融市场，得到相应的模型。每一点都包括理论建模和数据实证或者计算模拟，以期能够贴近金融市场，达到解释金融现象的目的。在此基础上，本书内容共分为九章：第一章是绪论部分，对本书的背景、意义、框架进行了简要的阐述。第二章简要地介绍了网络科学理论，包括进行研究所需的图论领域的基础知识，常见的网络统计指标，经典的网络模型以及网络上的传播模型等。第三章和第四章主要通过两个例子反映了金融市场的复杂性特征和非线性性质，其中第三章讨论的是中国股票市场价格波动，采用的是分形分析的方法；而第四章讨论的是投资者情绪和股市收益之间的相互影响，采用的是主成分分析、向量自回归方法和多重分形去趋势互相关分析（MF－DCCA）的方法进行综合研究。第五章和第六章基于网络科学理论的方法对股票价格波动和资产价格波动进行了探讨，其中第五章通过基于资本市场的社会网络建立股票价格的动态模型，讨论交易者的交流互动对股票价格的影响机制；第六章基于金融市场中交易者的社会网络构建随机信息交流网络，讨论随机信息交流对资产价格及波动的影响。这两章内容既是金融理论中新方法的应用，也是网络科学方向的拓展，对于描述金融市场的复杂性特征来说是比较新颖的。第七章主要利用符号时间序列方法与网络方法研究金融市场收益，包括股票间的聚集效应以及收益区间的预测分析。第八章主要利用序列比对模式对金融市场收益预测研究，并且对上证综指采取静态法和动态法进行预测，得出了最优方法。第九章是关于本书的总结与展望。

本书作者自 2014 年起就开始从事相关领域的研究工作。经过这些年的研究积累，形成了本书的核心章节。在此诚挚地感谢南开大学金融学院的李冰清教授对本人在该领域的指引和教导，感谢天津财经大学金融学院的王丽佳博士与本人在该领域的交流与探讨，感谢中南财经政法大学统计与数学学院的领导和同事们对于本人研究的支持与帮助，感谢学生蒋一帆、林发伟、魏邈、黄文舒、吴桐、曾诚意等为本书部分内容所做的工作。

本书是教育部人文社会科学研究青年基金项目"基于复杂网络分析的金融市场微观动力学建模研究"（项目编号：19YJCZH111）；湖北省技术创新专项软

科学研究项目"基于复杂网络理论的湖北区域科技创新能力评价研究"（项目编号：2019ADC136）；湖北省自然科学基金计划项目"基于图熵理论的复杂网络节点重要性评价方法研究与应用"（项目编号：2017CFB145）；湖北省教育厅人文社会科学研究项目"复杂网络整体结构统计特征的图谱分析与实证研究"（项目编号：17G026）；湖北省教育厅科学技术研究项目"基于社会网络的信息传播与股票价格关联研究"（项目编号：B2017603）的阶段性研究成果，在此对以上项目的大力支持表示衷心感谢！

　　由于本书的研究内容尚处于初步探索阶段，加之笔者自身水平有限，书中错误和不够严谨之处在所难免，敬请广大专家学者和读者批评指正。

卢国祥

2019 年 8 月于武汉

目　录

第一章
绪 论

第一节　背景与问题提出

经济学关注的是人们面对稀缺性如何进行选择，以及影响和协调众人的选择的制度，它是一门研究理性决策的社会科学，其基本预设是所有社会现象都源于个体的行为以及群体的合作，而人们则根据他们预期的边际收益和成本进行选择。金融学是经济学的一个分支，主要研究的是与资金融通有关的资源配置问题。

在金融市场中，有效市场假说（efficient markets hypothesis，EMH）是关于金融市场如何运行的一种最常见理论，由诺贝尔奖得主法玛（Fama）于 1970 年深化并提出的。该假说的核心思想认为，市场价格是有效的，换句话说市场价格完全正确地反映了所有可获取的信息，价格的波动也能够即时地消化并反映所有的新信息，这样的市场就是有效市场。EMH 有四个潜在的前提假定：（1）构造一个理性人，从平均意义上代表所有参与者的群体行为，所有参与者都是同质的理性人；（2）所有投资者获得的信息是相同的；（3）所有投资者处理信息的方式也是相同的；（4）忽略投资者之间的联系、信息交流或者竞争等相互关系。这样导致的结果是：金融市场中将不断地出现套利机会并被发现，由于信息是透明的，投资者将利用这些套利机会，于是市场价格将会趋向其内在均衡价值，套利机会随之消失。EMH 得出的重要结论是，价格变动是随机的和不可预测的，也就是说价格变化的时间相关性非常小，因此人们无法在一个有效市场中获取超额利润。

根据 EMH，当为降低风险运用股票有价证券组合时，股票的选择应该是随机的，因为股票价格是随机游走的。但对金融产品价格的时间序列实证分析发现，股价不完全是随机游走的。虽然在短期内价格变动的时间相关性非常小，但在超过一个月的较长时间尺度上，可以对给定资产的回报率做出预测。实际上，由于对复杂的投资行为做了线性的平均化处理，EMH 考察的是市场达到平衡时的行为，而忽略了其中的非线性动力学演化过程。近些年来，学者们越来越能接受适当抛弃经过平均化处理的"理性人"概念，还原人与人的差别，重视个人在金融市场上有自主决策的显著特征。首先，由于每个投资者都拥有自己的知识储备，存在着投资水平的差异，因而参与者都拥有不同的与自己的利益密切相关的一部分信息，社会知识储存的分散化导致投资者的多样性；其次，由于投资目标不同，有长期投资目标的投资者和短期投机商的投资标准就会不同，所以他们评价信息的方式和对信息的反应也会不同，具有个体的特殊性；最后，投资者之间有交流与合作，也有竞争。由于每个参与者的知识储备都不相同，这些知识储备可以在他们之间进行传播，进而产生知识的重叠和目的的重叠，产生了松散的联系，而这些联系由于各人表达或者理解信息的方式不同，导致不确定性；而竞争关系则会产生相反的作用，使参与者分散化。另外，金融市场中的个体是具有学习能力的，表现在能够对经济环境的变化作出适应性反应或者创新性反应。

从上面对实际金融市场的分析，已经可以看到它符合复杂系统的性质：

（1）自组织：不存在最高级的决策者掌握所有信息并给出统一指令，相反，金融市场中信息是分散的，每个个体都只能掌握局部信息，即便如此，个体之间信息的交流合作与竞争等相互作用，使系统作为一个整体稳定有效运行。

（2）非线性：金融系统中参与者之间的相互作用是非线性的、相互纠缠的甚至是多重反馈的因果关系，不能由个体的行为相加得出，从而造成了不可预测的复杂特征。这种非线性相互作用表现在个体之间、个体与系统都拥有反馈能力，能够从其经历中不断学习，他们之间存在相互依存或者竞争的关系。

（3）适应性：由于个体和系统具有反馈能力，在环境发生变化时，系统能够自我调整以适应这种变化，而适应性又造成了多样性，因而市场具有较强的韧性。

（4）多样性：金融市场的行动主体是大量的，同时他们又是多样性的。虽然都拥有相同的获取利益的目的，但又都具有其自身的特定的目的；同时他们的知识储备、对信息的把握以及投资水平也千差万别。在对系统的适应过程中不断地学习、创新，从而造成了多样性。

（5）进化性：生物学中适者生存的进化方式同样适用于经济领域。产品周期带来经济周期的必然性当危机到来的时候，会促使参与者做一些创新性的改变，或者出现适当的规则对竞争进行约束，虽然不一定是最佳的创新或最优的规则被接纳，但创新所带来的多样化抉择能够使系统往健康的方向发展。

（6）涌现性：参与者之间的松散联系是复杂过程的关键要素，当建立的联系增加到一个阈值时，绝大多数的参与者就会与其他参与者发生间接联系，而金融市场中这种联系的物质基础是知识储备。当大量的参与者组合起来，金融市场就显示出整体的规律和特性，在时间尺度上表现为短周期内的随机性和长周期的相关性，在空间结构上表现为金融市场是整体结构性和局部随机性的统一。

因此金融市场是一个复杂系统，可以由复杂性的语言来描述：系统的运行不需要统一的组织者，个体具有独立的本性，相互之间存在随机的竞争与合作，却有着共同的目标。这些个体之间的松散联系以及支配这些联系的规则导致系统形成稳定的整体结构，并且由于系统具有适应性和创新性，能够不断地自我进化，即使某一个要素崩溃了，整体仍能继续发挥作用，因此具有很强的生存能力。

对于金融市场的复杂性分析和建模，就是将金融市场看作一个复杂系统，对各种经济数据和金融数据用复杂系统理论的统计方法进行研究，从而找到金融市场的宏观和微观规律。目前看主要有以下四个部分的研究内容（周炜星，2007）。

（1）金融市场变量（包括各类金融资产的价格和收益、公司资产、收入水平等）的统计规律，特别是金融市场中涌现出的各种变量的具有普适性的标度律。人们比较关注的几项统计特征主要有价格变化的分布形状、短期记忆特征、高阶统计特征等。

（2）金融序列的时间相关性是金融复杂性研究的一大主题，与此相关的除了金融风险管理和资产组合的选择、证券的相关性、极端事件等，还包括金融网络以金融市场的参与者为节点、以金融资产之间的相关性作判据进行连边，建立起一个复杂网络，并以复杂网络的理论加以分析考察；（多）分形市场假说研究金融变量（如股价的收益率）的长期记忆性或自相关性，认为价格演化中存在时间尺度上的自相似结构；另外，更进一步的研究将金融市场的价格动力学与瑞流等生态系统过程进行比较，分析其中的异同，以便深入理解金融市场中的动力学机制。

股票之间关联性的探讨也是非常有意义的，近年来主要的研究有通过关联系数建立金融网络研究网络的拓扑结构从而进行投资组合分析；用随机矩阵理论研究关联矩阵的特征值分布情况以获取有用信息；另外，由于数据存在大量的噪声，也有一些研究关注对关联系数有效性计算方法的改进，发展趋势、计算净关联等方法。

（3）金融市场的宏观建模和预测，即建立一个能够描述金融市场所有基本统计特征的模型，比如用随机过程对股价收益率分布的尖峰厚尾进行非高斯分布建模，还有对金融泡沫和反泡沫进行建模和预测的对数周期性幂律模型等。

（4）金融市场的微观模型，即金融产品的价格形成机制，主要包括基本面投资者和噪声交易者博弈、逾渗模型、伊辛模型、少数者博弈模型等，以及由此衍生出来的各种模型。

第二节　研究内容与结构安排

本书主要是以复杂适应系统理论为基础，借助复杂网络和社会网络以及非线性动力学的思想，针对以上四个部分的内容来对金融市场的特点和机制进行深入研究。具体章节安排如下：

第一章　绪论部分。主要介绍了本书的研究背景，阐述了选题的意义和研究的价值，对本书的创新成果和比较有意义的工作做了说明。

第二章　网络科学理论的介绍。本章首先回顾了经典的网络科学理论，包括网络科学理论的发展历程，网络科学理论在经济系统建模中的应用概述，基于图论的复杂网络和社会网络的概念。在复杂网络部分介绍了各种常见的网络统计指标，重点阐述了经典的网络模型，比如最近邻耦合网络、星形网络、ER随机图、小世界网络、BA 无标度网络等。接下来详细介绍了复杂网络的传播模型：SI 模型、SIS 模型和 SIR 模型以及简要介绍了 SIRS 模型、Two-factor 模型并对它们进行了总结。随后对网络中的传播模型做了分析，针对不同的网络，给出了对应的传播临界值。最后对近期关于复杂网络和社会网络中的传播研究做了一个简要的回顾，为本书研究市场网络中的信息传播打下基础。

第三章　金融市场的复杂性特征（一）：基于分形特征分析的中国股票市场价格波动研究。本章通过将时间序列的基本理论和分形理论的研究思想相结合的方式，对中国股票市场中上证指数和深证成指的价格波动进行分析。先对这两个收益率序列进行了正态检验以及相关性分析，证明了中国股票市场的价格波动不符合正态分布而且具有自相关性。再利用分形市场理论的基本知识，对这两个序列完整部分和前半部分的分形特征进行分析，通过实证研究探索了股市收益率序列的波动规律，验证了中国股票市场建立初期波动较大，极为符合分形特征，而这种特征正在随着股票市场的逐步完善而消失。

第四章　金融市场的复杂性特征（二）：投资者情绪和股市收益之间相互影响研究。本章首先基于我国证券市场的实际情况，选取了封闭式基金折价率、IPO 数量、IPO 首日收益、新增投资者开户数、市场换手率、交易量、消费者信心指数这 7 个指标的月度数据，利用主成分分析的方法建立了一个综合性的投资者情绪指数。随后建立向量自回归模型，在前面建立的情绪指数基础上对沪深股市、中国香港股市和境外股市进行了相关影响的研究，并通过格兰杰因果分析和脉冲响应分析对市场与情绪之间的关系进行了进一步的说明。接下来利用多重分形去趋势互相关分析（MF – DCCA）的方法进行个人投资者情绪与中国股市回报之间的非线性交互关系的探讨，寻找存在互相关性多重分形的来源因素。

第五章　基于社会网络的股票价格波动研究。本章通过基于资本市场的社会网络建立股票价格的动态模型，探究交易者的交流互动对股票价格的影响机制。应用马尔可夫过程刻画了交易者异质性预期的转换过程，并基于交易者预期、股票价格和社会互动所构成的动力系统分析得到了股票价格被低估（高估）的条件。发现价格的动态变化和交易者的交流结构密切相关，解释了股票价格的形成机制以及价格泡沫的产生与破灭过程。

第六章　基于社会网络的资产价格波动研究。由于社会网络从微观层面刻画了交易者的信息交流，对资产价格的研究具有重要意义。考虑到交易者交流的不确定性，本章基于金融市场中交易者的社会网络构建随机信息交流网络，并探究随机信息交流对资产价格及波动的影响。应用带噪声的理性预期均衡模型，推导出资产价格是信息共享度的函数。理论分析发现随机信息交流是影响资产价格波动的重要因素，数值模拟结果进一步验证了这一结论。

第七章 基于符号时间序列与网络方法的金融收益研究。本章首先介绍时间序列符号化的过程、序列间差异性描述所用到的统计量等。随后介绍了最小生成树以及分层树方法。接下来主要对金融市场收益特征及聚类特征进行实证分析。将上证综指、深证成指、上证工业股、商业股、地产股和公用事业股指数 6 个指数收益序列符号化，得出了其收益水平的主要变化模式，并依据相关统计量进行了序列间的差异性分析，再从主要变化模式的角度对收益区间进行了预测分析。最后对上证 180 指数成分股进行网络结构分析，得出最小生成树和分层树，分析标的股票间的聚集效应，得到标的股票的分类聚集信息。

第八章 基于序列比对模式的金融市场收益预测研究。本章首先提出了基于序列比对的收益预测方法。通过利用生物 DNA 学中的基因配对方法，得到可用于进行预测的基础收益序列，通过动态规划算法预测未来收益值，并计算平均绝对百分比误差（MAPE）值来评估预测效果如何，证明了该方法的可行性。随后分别对上证综指采取静态法和动态法进行符号化处理，并将结果进行对比从而得出最优方法。

第九章 总结与展望。本章回顾了本书的主要工作，阐明了研究结论，并对未来工作做出展望。

第三节 本书的创新成果

基于上述的研究内容，本书的创新成果和比较有意义的工作主要有以下四个方面。

（1）详细刻画中国股票市场的价格波动有利于从全局把握整个股票市场的真实特性，揭示股票市场波动的客观规律对股票市场预测具有重要意义。多重分形理论在金融市场的创新应用，将打破传统的有效市场假说对金融市场的固态认识，本书通过分形理论分析，获得了中国股票市场的体系随着市场参与者的增多和金融市场的日益活跃逐渐趋于成熟的结论，这是很少有人发现的，而且也是非常有意义的。

（2）投资者情绪和股市收益之间的研究中除已有的 6 个市场的客观情绪指标外，另加入消费者信心指数这一主观指标，建立了一个综合性的投资者情绪指数可以更好地反映金融市场。同时，在分析中并未仅仅局限于中国内地的沪深市场，而是放眼世界，探究了境外市场尤其是境外的中国概念股市场受情绪的影响情况。后面采用 MF – DCCA 来研究个人投资者情绪与中国股市收益之间的相互关系，将多重分形理论应用于非线性交互关系的探讨。这些都是对前人工作的扩展和创新。

（3）本书通过借鉴网络上疾病的传播模型，将金融市场中的各种行为主体受周边的影响看作人体感染传染病的过程，并且在此基础上做出改进，引入信息传输的思想来研究，讨论传播过程中信息的变化与价格的变动、人群的行为的关系，从而能够较为全面深入地建立基于社会网络的金融市场模型。通过这样的思路构建模型是一种崭新的尝试，也是目前学者们所关注的主要方面。

（4）在基于模式匹配方法的金融收益预测分析研究中，已有的研究大都是基于静态算法，通过等区间法将股票收益率的时间序列转化成符号序列。而本书中引入动态的时间序列符号化的处理方法进行研究，是比较少见的。有学者指出静态算法符号集是固定的，而动态算法可以相应调整符号集大小，可以对复杂系统获得更好的评价。本书对此利用上证综指数据进行了实证，并证实了该理论。同时本书首次将对称交互熵引入成分股的差异性分析中，并对各统计量的取值进行综合分析，结果更具有说服力。

第二章
网络科学理论的介绍

20 世纪的科学研究发现，在实际生活以及应用中大量的系统都是复杂的和非线性的，可以由某些简单规则自组织演化而成，而主要描述这种复杂性的范式是网络。在随机图模型的创立后，历经 40 年，"小世界"和"无标度"现象的发现才真正地将网络尤其是复杂网络的研究推向了新的轨迹。非线性动力学也方兴未艾，集成来自复杂自适应系统、混沌理论、物理学中平均场理论的思想，不断地开创出许多复杂网络研究的新篇章。复杂网络的研究与流行病建模、社交网络分析、市场营销等系统都有密切的关系，已经渗透到了数学、物理、信息、生物、系统、社会科学等众多领域。通过度量复杂网络的某种属性可以量化不确定的世界，进而对其进行深入理解和相关预测，甚至可以对网络崩溃进行一定的预警和控制。同时在研究过程中，我们会挖掘出大量来自真实生活的模型，帮助我们深入地了解复杂网络的特征，并加以利用解决其他实际问题。特别是计算机技术的加速进化和云技术的出现，大数据的挖掘和处理已不再那么无所适从，探索复杂网络的特征和演化会变得越来越简单。然而，对复杂网络进行定量和定性的研究依然是极具挑战的任务，主要包括网络的几何特性、形成的机制、模型的性质、结构的稳定性、演化的统计规律和动力学分析等问题。

对复杂网络的研究和探索可以说是时代赋予我们的使命，在人类生活中起到了至关重要的作用。如今的知识信息急速膨胀，海量信息中的我们已经被淹没得手足无措。虽然在复杂网络框架下，推荐系统相关的技术有一定的进步，但这些信息的挖掘、形成机制和变化规律仍然难以掌控，缺少这些内在因素我们也无法真正地对各种推荐系统的准确度进行有效提升。以一些事件为例，2013 年的"双十一"期间淘宝网的交易额达到 350 多亿元，如何能够让购买者获得称心如意的商品、如何通过优化网络结构让商家节省更多的成本都是意义重大却又异常艰难的事情。复杂网络也已使我们在计算机病毒、传染病、谣言等方面的控制大受益处；帮助我们建设更加高效稳定的水电、通信、交通网络，对降低生产成本、维护国家安全都卓有成效。

第一节　网络科学理论的发展历程

网络科学理论的研究方兴未艾，涉及的领域也在不断延伸。复杂网络最大的特性就是具有极高的复杂性，主要表现在网络中的基本元素的多样性和它们相互之间的不确定性：

（1）结构复杂：节点和连接边的数目可能比较巨大，它们形成的网络拓扑结构和相应的统计特性可能出现多种形式；

（2）节点多样：节点可以表示任何事物，比如文章的作者、社交网络中的人群、生物功能系统中的组成部分，也可以是某种抽象的行为；

（3）连接多样：连接边的权重及所表达的意义根据表达的对象不同而有很大的差异，并且可能是有向的；

（4）动态变化：节点与连接随时间会发生复杂的变化或消涨，甚至可以属于非线性动力系统，局部改变的综合也可能会导致全局状态的更迭甚至同步。

但值得注意的是，复杂网络也是有一定属性的——结构化的、具有动态特性、自底向上演化、自治、拓扑、有用性、稳定性、涌现性（Lewis，2011），这也是我们可以把握复杂网络的关键。

图论与网络研究的早期，研究者主要感兴趣的是一些规则的图，比如完全图、正则图、欧拉（Euler）图、哈密尔顿（Hamilton）图等。然而，在现实中规则的图适用性范围较小，因此在 20 世纪 50 年代末，埃尔代斯和瑞尼（Erdös & Rényi）通过随机图模型（Erdös & Rényi，1959，1960），利用非常基本的概率理论阐述了网络的形成机制，这是从理论上系统性地研究复杂网络的里程碑。在随机图模型中，任意两个节点之间是否可以相连不再是确定的，而是由一个连接概率 p 控制的。如果一个这样的随机图中含有个 N 个节点，那么它所含有的连接边数应该是一个期望值为 $\frac{pN(N-1)}{2}$ 的随机变量。于是产生一个含有 N 个节点和 M 条边的 ER 随机图的概率为 $P(G) = p^M (1-p)^{\left[\frac{N(N-1)}{2}\right] - M}$。他们还系统地研究了当 N→∞ 时，这种随机图的性质与这个连接概率之间的关系，发现在给定的某一连接概率下，相应产生的随机图要么渐进地具有某个性质，要么这个性质渐进地都消失，比如连通性等。

随机图的相关理论一直是复杂网络研究的基础，但在真实情况下，大量的网络不同于规则图，也不符合完全随机性，而是具有与它们都不一样的特性。由此，对复杂网络的探索研究也发生了重大转折，不再局限于图理论相关的数学领域。节点数量众多、连接边的方式复杂的真实网络的整体特性的研究受到极大青睐，甚至被称为专门的"网络的新科学"。其间起到至关重要作用的是小世界网络和无标度网络这两个关键理论，它们很好地补充了随机图模型无法解释的现象。

20 世纪 60 年代，米尔格拉姆（Milgram）做了一个简单的连锁信实验，在成功传递的信件中，平均只需要 5.2 次转发，少于 6 次。70 年代，格兰诺维特（Granovetter）提出社会网络既包含强连接（直接连接，比如亲近朋友和家人之间）又包含弱连接（远距离连接，比如与偶然认识的人之间），这样节点就能以少数几步跨越一个很大的稀疏网络。为了检验这种"六度分割理论"的真实性，人们又进行了一些其他实验，比如凯文·贝肯（Kevin Bacon）游戏（电影演员的合作网络）、埃尔代斯（Erdös）数（与 Erdös 合作的作者关系网络）等。特别是，在 2003 年沃茨（Watts）等利用互联网在全世界范围内进一步验证了上述假说，在全球六万多志愿者的电子邮件通信网络中，平均 6 步左右就能联系到指定的目标。其实早在 1998 年沃茨和斯特罗加茨（Watts & Strogatz）两位学者已经提出了一个具有较小平均路径和较大聚集系数的 WS 网络模型解释这种特殊的现象，从此引入了小世界模型，阐明了尽管某些网络具有很大的规模但是其中的任意节点对间却存在一条较短路径的事实。该模型其实是将既定的规则网络中每条边的一端以相同的概率 p 重新随机地连到网络的另外一个节点上，构造出了处于完全规则的（p=0）和完全随机的（p=1）网络中间的状态。小世界现象确实打破了我们的传统观念，许多复杂网络的节点数目非常巨大，但节点对之间的路径长度却非常小，而高聚集系数实际上才是保证有较小路径长度的根本原因。

实际上，完全随机图网络的节点度分布是指数形式的 $p(k) \sim \lambda^{-k}$。可以发现，$p(k)$ 在平均度附近随着 k 的变化衰减非常快，很少有偏离平均度较大的情况出现。由此可知，平均度是节点度的一个"标度"。然而，现实中的网页链接、好莱坞演员合作、学术论文引用、细胞中蛋白质的交互形成的网络节点度分布都是另外一种形式，即幂律形式 $p(k) \sim k^{-\lambda}$。此种类型的网络一般只含有少数度非常大的节点，同时大部分节点的度低于平均度，所以难以找到一个"标度"代表多数节点的特征，这种网络叫作无标度网络。巴拉巴西和阿尔伯特（Barabási & Albert）在 1999 年指出，虽然 WS 网络模型能够较为准确地刻画某些具有小世界现象的真实网络，但由于其节点度分布不是幂律形式，很难描述这种新出现的无标度现象，从而设计了一种新的网络模型——BA 网络模型。他们在新的模型中加入了真实网络的增长性和择优连接性这两个重要特性，而且还利用统计物理中的平均场方法给出了 BA 模型的解析解。对于服从幂律分布的 BA 网络，随机地删除某一节点基本上不影响网络的平均路径长度；反之，如果是选择性地去除特定的节点，将会明显导致 BA 网络的平均路径长度比完全随机的网络增长得要快。这分别表明 BA 网络模型具有较强的稳定性和易受攻击性。

WS 模型和 BA 模型分别较好地解释了现实中具有小世界现象和无标度特征的网络，帮助人们更加深入地理解客观的网络世界，但它们也并不能完美地刻画真实网络具备的所有性质。幸运的是，越来越多的学者对它们进行改进，解决了复杂网络的其他多种特性。复杂网络在应用到实际中也展现出动态、复杂、不易控制的特性。为了解决这些问题，很多人在某种特定假设下设计出相应的模型，比如基于传播机理与动力学分析的多种流行病传播模型及相应的传播临界值研究与无标度网络下的三种免疫策略，复杂网络的传播动力学研究，计算机病毒传播模型，复杂网络上的相继故障（一个或少数几个节点或边发生的故障会产生一系列的连锁效应，最终导致网络的一部分甚至整体的崩溃）的动态分析模型。

复杂网络也可被看作一个耦合系统，它由节点和链路构成，整体的状态是所有节点状态的复杂联合，可以通过一组用来控制节点和链路行为的微观规则（比如连接偏好）来表示。在一个真实网络中，每个个体其实就是一个动力学系统，如此多的个体间也都存在着某种特定的耦合关系，它们的网络同步化现象引起了人们极大的兴趣。同步现象在人们日常生活中比比皆是，比如惠更斯发现的钟摆同步、旅行家肯普弗发现的萤火虫闪光同步，甚至用非线性动力学的观点解释观众的掌声同步现象的产生机理。20 世纪的大多数工作集中在较为简单的具有规则拓扑的网络研究上，两个比较典型的例子分别是细胞神经网络和耦合印象格子。复杂网络中的小世界现象和无标度特性的发现，也使人们对网络的拓扑结构与同步行为之间的关系开始关注。通过研究各种类型复杂网络的完全同步，从而探求改进复杂网络同步的方法和抑制网络的时空混沌行为。动态复杂网络同步（固定点）的涌现与耦合系统的稳定性有着莫大的关联，传染病的传播、社会网络中的一致性、生物系统的协同、新理念的扩散都是网络的同步形式，相应固定点的解的涌现已经成为理解很多自然现象的强大而通用的工具；网络同步大都与邻接矩阵的拉普拉斯（Laplace）变换以及网络中的回路长度有关联。越来越多的研究表明复杂网络是"形式服从功能"的代表作：稀疏小世界网络似乎是人类社会网络建模，因为人了解很多其他人的能力是有一定限度的；无标度网络是为经济结构（如互联网和工业部门内部的垄断）建模的，因为偏好连接实质上是经济报酬增加律。网络倾向于以这种方式进行结构化，它更像同步而非混沌，就是因为不稳定的系统不可能在自然界中存在。复杂网络无处不体现着"整体大于部分之和"效应，这是网络的所有主体之间非线性相互作用、不断演化运动的结果。

复杂网络的研究过程和结果本身就是复杂的不断演变的，不断被推翻又被开启。很多结论常常会颠覆人们传统的认知，从而不断纠正人类对自然界的错误理解。

目前对于网络科学理论的研究主要包括以下几个方面：

（1）发现：发现刻画网络结构的统计指标和性质，以及度量这些性质的适当方法。

（2）建模：构建合适的网络模型，帮助人们理解这些统计性质的意义与产生的机理。

（3）分析：分析节点的特性和整个网络的特性，找到它们的关联，整体与部分的异同，最终能够预测网络的行为。

（4）控制：总结网络的行为特征，提出改善已有网络性能和设计新的网络的有效方法，特别是稳定性、同步性和数据流通等方面。

第二节　网络科学理论在经济建模中的应用概述

将网络科学理论引入经济学领域的研究最引人瞩目的是国际贸易的网络经济学理论。其基本思想是将经济体看作是网络中的节点，经济体之间的联系看作是节点之间的连边。按照一般经济学家所预期的理想水平，如果国际间没有各方面的贸易壁垒，即所谓的"零引力"，那么世界贸易水平应该会比现在更高。因此经济学家开始考虑社会网络是否能够有效克服一些非正式的贸易壁垒，其中心观点是，国际市场上的交易需要买者和卖者匹配，必然面临信息成本问题，而国际贸易的社会网络可以极大减少国际贸易的信息成本。劳赫（Rauch）提出国际贸易的社会网络包括民族网络和商业集团，可以极大地减少国际贸易的信息成本，影响贸易流量，能够有效克服非正式贸易壁垒，并产生净贸易创造效应（Rauch，2001，Rauch & Trindade，2002）。威尔金森（Wilkinson）等研究了企业和社会网络对国际贸易和外商直接投资（FDI）的影响，假设国家间网络效应强度的差异将导致不对称的贸易和投资流，这将引起贸易摩擦。由此分析企业的国际竞争力和贸易促进政策的关系。他们在整个生产系统中确定两类生产商网络，主要的和次要的网络，讨论企业市场的定位和贸易策略的相互关系（Wilkinson & Mattsson，2000）。2009 年法玛（Farmer）在杂志《自然》上发表文章指出，传统的计量经济学等对宏观经济体来建模研究很多时候是无效的，应重视新的经济复杂性研究的方法（Farmer，2009）。

应用复杂网络中的相关概念可以解释国际经济的一些群体关联的性质。塞拉诺和博古纳（Serrano & Boguna）运用复杂网络分析的方法对国际贸易网络进行研究，发现国际贸易网络表现出了典型的复杂网络特征小世界属性，高聚类系数（所谓的"富人俱乐部效应"）和不同顶点间的度关联的异质性（Serrano & Boguna，2003）。斯凯利和洛弗雷多（Garlaschelli & Loffredo）在 2004 年第一次在世界贸易网络研究中引入适应度，并进行实证分析，将国家的 GDP 表示为节点适应度，选取相对的国内生产总值（GDP），研究了基本的结构（度分布、度间相关性、等级结构）。他们在第二年收集了更为完整的国际贸易数据，对贸易网络节点的度分布进行了研究，发现贸易网络的度分布只在一个狭窄区域内服从幂律分布（Garlaschelli & Loffredo，2004，2005）。夏沃、雷耶斯和法焦洛（Schiavo，Reyes & Fagiolo）的研究发现：简单的二分网络分析法（即国家之间的连边意味着只是存在贸易关系）与权重网络分析法（即国家之间的连边需要赋予一个与贸易关系强弱有关的数值）相比，很多时候会得出完全相反的两个结论，而后者能用来更好地研究国际贸易的拓扑结构，得出的结论也更为令人信服（Fagiolo et al.，2009；Schiavo et al.，2010）。高劳什（Garas）等人建立了一个包含 206 个国家的全球经济网络，并且利用 k - 壳分解方法绘制了全球经济网络，找到了传播能力最强的 12 个国家（Garas et al.，2010）。维塔利（Vitali）等人研究了一个大规模的全球经济网络，选取了 43 060 家跨国公司，给予股权所有关系构建了这些公司组成的经济网络，研究发现不到1%的公司控制着40%的全球经济，其中不少是金融机构（Vitali et al.，2011）。杜纳斯（Dueñas）等利用重力模型分析带权重的国际贸易网络的性能，揭示了其中的一些新的统计性质（Dueñas & Fagiolo，2013）。

利用复杂网络同样可以研究国际贸易的演化过程。泽基纳和丹蒂（Tzekina & Danthi）研究了 1948～2005 年国际贸易网络的社团结构的演化，并分析了其背后的政治经济学含义：国际贸易中出现了更多的贸易中心国家（Tzekina & Danthi，2008）。阿里巴斯（Arribas）等运用网络拓扑的分析方法选用了 59 个国家的数据，研究了 1967～2004 年这些国家贸易网络拓扑结构的动态变化，发现网络的结构由于全球化进程的加快，一直处于不稳定的状态，它仍在经历着缓慢地变化，聚集性变强，一些经济体实现了高层次的整合（Arribas et al.，2009）。施魏策尔（Schweitzer）等指出，社会经济网络是复杂网络的一个非常重要的应用领域，并给出了一个包含 41 个节点的带权有向的国际金融网络的例子，说明基于网络的方法可以提供一种强有力的方式管理、检测和控制复杂经济系统，经济系统在宏观汇总数据层面观察的统计特征，要追溯到微观层面的行为和交互活动上，复杂的经济现象是由于系统中种种要素相互作用而涌现出来的（Schweitzer et al.，2009）。托伊沃宁（Toivonen）等建立了两个模型包括网络演化模型和节点属性模型，在优先连接、聚类层级以及相关性程度的条件下通过两个模型的比较分析来研究网络演化的过程和特征（Toivonen et al.，2009）。在与国际经济网络相关的国际金融的问题研究中，卡利和雷耶斯（Kali & Reyes）用复杂网络来研究金融危机的传播，得出结论：一方面，如果最开始发生危机的国家融入国际经济网络的程度比较深，那么危机的破坏效应就会被放大。另一方面，如果一个国家融入国际经济网络的程度比较深，那么它也能够更好地化解危机带来的冲击（Kali & Reyes，2010）。对于产业和区域经济的演化问题，弗莱明（Fleming）描述了区域创新和扩散网（Fleming，2007）。戈麦斯（Gomez）等研究了自 1950 年以来全球化进程中不同国家和地区经济相互作用相互依存的量化衡量。通过利用网络分析，他们发现区域增长模式的同步性比世界范围来的大，并且经济危机极大地促进了全球经济的同步性（Gomez，2013）。

国内学者近来对复杂网络和社会网络在经济学中的应用也有很多关注。在国际贸易网络及其演化方面，刘宝全和段文奇等研究了 1950～2000 年国际贸易权重网络的度分布，度相关性，群聚性和互惠性等拓扑结构特征的演化规律，发现国际贸易网络并不是无标度网络，拓扑结构的异质性在演化过程中有不断下降的趋势，各国在全球贸易格局中的分工合作日益有序，贸易的全球化和区域一体化共存的趋势不断加强（刘宝全，2007；段文奇，2008）。冯小兵等研究了美国金融危机对亚太贸易网的影响，认为由于制度安排等原因，亚太局域贸易网比全球贸易网更加稠密、度分度更具同质性；金融危机冲击下该网络结构显现出一定的稳定性（冯小兵等，2011）。戴卓运用复杂网络分析法，以中国东盟自由贸易区为例考察了国际贸易网络的权重结构（戴卓，2012）。尤其是在单个资源（如石油和铁矿石）的国际贸易网络，孙晓蕾（2012）、程淑佳（2011，2013）、安海忠（2013）、郝晓晴（2013）等人利用复杂网络的方法做了拓扑识别和演化研究。对于产业和区域经济方面，顾朝林等讨论了中国城市体系空间联系与层域划分，开始以城市联系强度计算为主导来讨论城市间的关系，得出一种静态的等级或者位序分布规律，侧重于竞争与等级关系（顾朝林等，2008）。赵炳新等针对供应链管理、产业聚集及循环经济等经济管理研究的热点问题，提出了产业复杂网络概念，研究了产业复杂网络的建模原理和技术方法（赵炳新等，2011）。魏乐等以 2006～2011 年我国资本市场并购数据为基础，构建跨区域并购复杂网络，采用社会网络分析方法分别从中心性分析、多维尺度分析、核心—边缘结构分析等角度讨论区域间产业重组与转移的规律（魏乐等，2012）。最近，徐振宇对复杂网络和社会网络在经济学领域的应用进展做出了综述（徐振宇，2013）。

综上所述，国内外学者的研究取得了一些有价值的成果。不过从整体上来看，对于国际贸易所建立的整体网络，与目前实际的贸易情况还有相当差距。很多指标过于简化，并不能有效地描述整个网络的演化过程，难以揭示出相关变量之间的数量关系和内部变化规律性，需要构建更多指标来测度时间和空间纬度上的国际贸易系统。国际经济和区域经济内部的同质性和异质性的问题也应该引起广泛重视。所以利用网络科学理论和方法继续研究这些经济学尤其是金融学领域的问题是非常有意义的。

第三节 网络的图表示

复杂网络和社会网络的研究过程中，人们最广泛关注的是网络的最基本的结构及其较为方便的表达形式，很多链路预测算法恰恰是回归到了表现某种结构形成的机制才卓有成效。图理论及相关方法是网络研究的统一工具，也是历史起源。图就是复杂网络结构的数学模型，人们常用图来表示现实世界中的复杂网络。真实网络可以抽象为图，它由节点与边组成。根据真实网络的代表的意义，图结构可分为静态的和动态的。静态图就是节点和边属性不随时间改变；动态图就是它的各种属性会随着时间而变化，研究起来会比静态图更复杂，却更加有实际意义。

一、图的基本定义

所谓网络，在数学中一般用图来描述。一个图可以看作是一个由顶点集 $V = \{v_1, v_2, \cdots, v_N\}$ 和边集 $E = \{e_1, e_2, \cdots, e_M\}$ 构成的集合，记为 $G = (V, E)$。在网络科学理论中顶点也称为节点（node），边也称为链接（link）。顶点数（又称阶数）记为 $N = |V|$，边数记为 $M = |E|$。边 e_x 表示一个顶点对 (v_i, v_j)。如果该顶点对是有顺序的，通常记为 $v_i \to v_j$，v_i 称为起点，v_j 称为终点，此时图 G 称为有向图；如果该顶点对是无序的，通常记为 $v_i \sim v_j$，v_i 和 v_j 称为边的两个端点，此时图 G 称为无向图。本书下面对"顶点"和"节点"、"边"和"链接"不做区分。如果 V 和 E 是有限集合，则称图 $G = (V, E)$ 为有限图。我们讨论的现实网络都是有限图。如果以同一顶点为端点的边数不止一条，那么这样的边就是多重边，每对端点含有的边的数目称为重数。如果边是形如 (v_i, v_i)，即两端点重合，那么这样的边叫作环。如果某个图 G 既没有多重边，也没有环，则称其为一个简单图。有限的简单图的总的边数显然满足 $0 \leqslant M \leqslant$

$\binom{N}{2}$。如果图 G 中的每条边都有代表某个意义的权值，那么该图就称为带权图；否则称为无权图。当然，无权图也可看作是每条边的权重等于 1 的等权图。边的权重可以根据不同的情况表达不同的含义，比如，交通网络中连接的两个节点之间的物理距离，通信网络中连接的两个节点之间的带宽，人际关系网络中连接的两个节点的社交关系的紧密程度等。

对图 G =（V，E），以 v_i 为端点的边的数目称为 v_i 的度数，记为 $d_G(v_i)$，也简记为 $d(v_i)$，$d(i)$，d_i 或 k_i，对于简单图显然有 $0 \leqslant d_G(v_i) \leqslant N-1$。如果 G 是有向图，那么节点的度还有出度和入度之分，所有与节点 v_i 相连的边中以 v_i 为起点的有向边数就是 v_i 的出度，以 v_i 为终点的有向边数就是其入度，分别记作 $d^{out}(v_i)$ 和 $d^{in}(v_i)$。特别地，如果 $\forall v \in V$，$d(v) = k$ 是一个定值，那么则称 G 为 $k -$ 正则图。由顶点集 $V = \{v_1, v_2, \cdots, v_N\}$ 可对应出其度的序列 $\{d_1, d_2, \cdots, d_N\}$，称为图 G 的度序列。度序列信息可以进一步压缩，定义图 G 的度分布为 $\{p_1, p_2, \cdots, p_{dmax}\}$，其中 p_k 表示度为 k 的顶点数占所有顶点数的比例，也可以看成是图中随机选择一个度为 k 的顶点的概率，dmax 表示顶点最大度。

若一个度序列是某一简单图的度序列，则称这样的度序列为图序列，但是一个度序列可能会与多个图对应，即有多个图解表示，所以度序列应该是一种有损失的压缩。图中度最大的节点一般占有重要的位置，尤其是在具有幂率的度分布的真实网络中，一般称作 hub，即 $hub = \arg\max_i d(v_i)$。

有限的非空顶点与边的交错序列 $w = (v_1 e_1 v_2 e_2 \cdots e_l v_{l+1})$ 称为道路。这里的 $e_i (1 \leqslant i \leqslant l)$ 的两个端点分别为 v_i 和 v_{i+1}。道路 w 简记为 $w = v_1 v_2 \cdots v_{l+1}$。顶点 v_1 和 v_{l+1} 分别称为这条道路的起点和终点，边的数目 l 记为道路的长度。边不重复的道路是迹，点不重复的迹是路径；若路径的起点和终点重合，那么这条路径就是回路。

路径这个概念是网络中很多其他定义的基础，比如直径、连通分支和连通性。对无向图 G =（V，E），若两个顶点 u，v 之间至少存在一条路径，则称 u、v 在图中是连通的。如果记这种关系为一种等价关系，那么所有与 u 等价的顶点集合就构成了图 G 的一个连通分支，而图 G 的连通分支数就是这样的等价类数目。如果任意顶点对 u、v 都是等价的，那么称这样的图是连通图，此时的连通分支数 $c(G) = 1$。否则，称图 G 为非连通图，此时的连通分支数 $c(G) > 1$。另外，如果 $c(G-v) > c(G)$，则称顶点 v 为图的割点或者孤立点，这里的 $G-v$ 表示删除点 v。

值得注意的一种连通图为"树"，它是一种不含回路的连通图，具有顶点数与边数满足 $M = N - 1$ 的性质。每个连通分支都是树的非连通图称为树枝。

二、图的矩阵表示与图的谱

数学上使用多种不同的方法表示图结构，最常用的一种是图的邻接矩阵。图 G 的邻接矩阵 $A = (a_{ij})_{N \times N}$ 是一个 N 阶矩阵，第 i 行第 j 列上的元素 a_{ij} 定义如下：

（1）无权无向图：

$$a_{ij} = \begin{cases} 1, & 如果\ v_i\ 与\ v_j\ 相连; \\ 0, & 如果\ v_i\ 与\ v_j\ 不相连 \end{cases}$$

（2）无权有向图：

$$a_{ij} = \begin{cases} 1, & 如果\ v_i\ 指向\ v_j; \\ 0, & 如果\ v_i\ 不指向\ v_j \end{cases}$$

（3）带权无向图：

$$a_{ij} = \begin{cases} w_{ij}, & 如果\ v_i\ 与\ v_j\ 相连; \\ 0, & 如果\ v_i\ 与\ v_j\ 不相连 \end{cases}$$

其中，w_{ij} 为 v_i 与 v_j 连边的权值。

（4）带权有向图：

$$a_{ij} = \begin{cases} w_{ij}, & 如果\ v_i\ 指向\ v_j; \\ 0, & 如果\ v_i\ 不指向\ v_j \end{cases}$$

其中，w_{ij} 为 v_i 指向 v_j 的边的权值。

邻接矩阵是图结构非常基本的矩阵表示，通过对它的运算可以得到很多有用的结果，比如可用于判断图的连通性：

定理 2.1 设 G 是阶数为 N 的无向简单图，则图 G 的邻接矩阵 A 的 m 次方 $A^m = (a_{ij}^{(m)})$ 的元素 $a_{ij}^{(m)}$ 表示图 G 中长度为 m 且从点 v_i 到点 v_j 的道路条数，需要注意的是这里两个顶点之间的道路中会有很多重复的边。

定理 2.2 对无向简单图 G 的邻接矩阵 A 的 m 次方 $A^m = (a_{ij}^{(m)})$ 有：

（1）$a_{ii}^{(2)} = d(v_i)$，即 $a_{ii}^{(2)}$ 为顶点 v_i 的度数；

（2）$\frac{1}{2}\mathrm{tr}(A^2) = \frac{1}{2}\sum_{i=1}^{N} a_{ii}^{(2)}$ 是图 G 的边数，其中 $\mathrm{tr}(A^2)$ 表示矩阵 A^2 的迹，即对角线元素之和；

（3）$a_{ii}^{(3)}$ 是简单图 G 中以顶点 v_i 为其中一个顶点的三角形数目的 2 倍；

（4）$\frac{1}{6}\mathrm{tr}(A^3)$ 是由 G 的边所构成的三角形的个数。

定理 2.3 定义一个 N 阶方阵 $R = A + A^2 + \cdots + A^{M-1} = (r_{ij})_{N \times N}$，则 r_{ij} 表示点 v_i 到点 v_j 长度不超过 M 的道路条数。于是图 G 为连通图的充分必要条件为 R 中的每个非对角元素都不为 0。

当获得了一个图 G 的矩阵信息，那么接下来从这些矩阵信息中提取网络的动态属性，就可以运用理解线性系统行为的方法研究动态网络了。典型的方法是线性系统的谱分解，在数学中实际上是将线性变换矩阵 B 分解成一组基本向量（特征向量）。谱分析是找到线性系统的基本模式，并将它们表示成为特征值的常数的过程，即求解 $\det(\lambda I - B) = 0$，解得 $\lambda = (\lambda_1, \lambda_2, \cdots, \lambda_N)$。在此记 λ_{max} 表示最大特征值，最大特征值对网络的动态特性分析起到了很重要的作用，比如网络的主模式、同步性、稳定性等。图 G 的邻接矩阵 A 最大非零特征值又称为图 G 的谱半径。谱半径特征值常常是等同于结构图的平均度，或者与其密切相关。谱半径完全由图的拓扑来决定，可以表现图中拓扑性质的不均匀性。比如一般情况下对于传染病网络，谱半径越大，就越可能存在持续性的传染病。

第四节　网络中的统计指标

一、与度分布有关的指标

在前面我们提到了度分布的概念，在此对度的相关指标进行进一步总结。除了度分布以外，网络平均度和网络密度也是衡量网络节点度的统计指标。网络平均度 $<k>$ 的定义为 $<k> = \dfrac{1}{N}\sum_{i=1}^{N}d_i = \dfrac{1}{N}\sum_{i,j=1}^{N}a_{ij}$，与网络边数具有关系 $2M = N<k> = \sum_{i=1}^{N}d_i = \sum_{i,j=1}^{N}a_{ij}$，即 $<k> = \dfrac{2M}{N}$。网络的密度 ρ 定义为 $\rho = \dfrac{M}{\frac{1}{2}N(N-1)}$，表示网络中实际存在的边数 M 与最大可能的边数之比。因此网络的密度反映了网络的稀疏性。实际上，我们在现实中看到的网络都是非常稀疏的，比如对一个纽曼（Newman）提到的互联网技术网络，$N = 10\ 697$，$M = 31\ 992$，可以算出网络平均度 $<k> = 5.98$，$\rho = 5.59 \times 10^{-4}$。可以看出平均度与网络密度之间具有如下的简单关系 $<k> = (N-1)\rho \approx N\rho$。在分析网络模型时，如果当 $N \rightarrow \infty$ 时网络密度趋向于一个非零常数，表明网络实际存在的边数很多，我们就认为该网络是稠密的；如果当 $N \rightarrow \infty$ 时网络密度趋向于 0，表明网络实际存在的边数不多，我们就认为该网络是稀疏的。

另一种衡量网络度数据的方法是绘制累积度分布函数：$P_k = \sum_{k'=k}^{d_{max}}P(k')$，它表示度不小于 k 的节点的概率分布。这种方法可以用来处理显示网络中度分布的原始数据，比如度分布是幂律分布，即 $p(k) \sim k^{-\lambda}$，那么累积度分布服从幂指数为 $\lambda - 1$ 的幂律：$p(k) \sim k^{-(\lambda-1)}$。

二、路径与直径

网络中两个节点 v_i 和 v_j 之间的最短路径也称为测地路径（测地线），是指连接这两个节点的边数最少的路径。节点 v_i 和 v_j 的距离 d_{ij} 定义为连接着两个节点的最短路径上的边的数目，也称为这两个节点之间的测地距离或者跳跃距离。如果考虑带权的网络，两个节点 v_i 和 v_j 之间的最短路径是指连接这两个节点的边权和（$d_{ij}^{w} = \sum_{l \in L}w_l$，L 表示节点 v_i 和 v_j 之间的路径）最小的路径。

网络里更常见的指标是网络的平均路径长度和网络直径。网络的平均路径长度 $<L>$ 定义为任意两个节点之间的距离的平均值，即：

$$<L> = \frac{1}{\frac{1}{2}N(N-1)}\sum_{i>j}d_{ij}$$

网络的平均路径长度也称为网络的特征路径长度或平均距离。著名的小世界网络的最大特征就是网络规模虽然很大，但是平均距离却小得惊人。有时为了克服由于网络不连通而导致平均距离为无穷的情况，也定义网络的平均路径长度为网络中任意两个节点之间距离的简谐平均值，即：

$$H = \frac{1}{GE}, \quad GE = \frac{1}{\frac{1}{2}N(N-1)} \sum_{i>j} \frac{1}{d_{ij}}$$

其中，GE 表示这样的意义：如果两个节点之间的距离越短，在它们之间发送信息的效率越高，那么 GE 就定量反映了网络中节点之间发送信息的平均效率，因此 GE 也称为全局效率。

网络中任意两个节点之间的距离的最大值称为网络的直径，记为 $D = \max_{i,j} d_{ij}$。考虑到实际网络往往并不是连通的，因此实际应用中网络直径通常是指任意两个存在有限距离的节点（也称连通的节点对）之间的距离的最大值。所谓的"六度（six degrees）分离"指的就是网络中任意两个节点距离小于等于 6 的概率几乎等于 1。

三、聚类系数

网络的聚类系数是根据网络的聚类特性定义的，反映了网络节点邻居之间的关系。沃茨和斯特罗加茨给出的定义是：假设网络中节点 v_i 的度为 d_i，那么它的邻居之间最多可以有 $\frac{d_i(d_i-1)}{2}$ 条边相连。但在实际情形中，这 d_i 个邻居未必都两两互为邻居，因此定义度为 d_i 的节点 v_i 的聚类系数为它的邻居之间实际存在的边数 E_i 和总的可能边数之比：

$$C_i = \frac{2E_i}{d_i(d_i-1)} = \frac{1}{d_i(d_i-1)} \sum_{j,k=1}^{N} a_{ij} a_{jk} a_{ki}$$

其几何意义是：

$$C_i = \frac{\text{包含节点 } v_i \text{ 的三角形数目}}{\text{以节点 } v_i \text{ 为中心的连通三元组数目}}$$

整个网络的聚类系数 C 定义为所有节点的聚类系数的平均值，即：

$$C = \frac{1}{N} \sum_{i=1}^{N} C_i$$

纽曼、斯特罗加茨和沃茨基于社会学应用给出了另外一种聚类系数的定义：3 倍的网络中的三角形数目与网络中连通三元组数目的比，即：

$$C = \frac{网络中三角形的数目}{网络中连通三元组数目 /3} = \frac{\sum_{i=1}^{N}\sum_{j\neq i, k\neq i, j\neq k} a_{ij}a_{jk}a_{ki}}{\sum_{i=1}^{N}\sum_{j\neq i, k\neq i, j\neq k} a_{ij}a_{ki}}$$

显然有 $0 \leq C \leq 1$。当 $C = 0$ 时，网络中所有的节点均为孤立节点；当 $C = 1$ 时，网络是全局耦合的，即任意两个节点之间都有边相连。研究表明，对于许多实际网络，聚类系数具有幂律形式 $k^{-\alpha}(\alpha > 0)$，这一形式反映了网络具有层次结构。

四、节点的中心性

所谓的节点的中心性是指采用定量的方法对每个节点在网络中的地位程度进行刻画，从而描述整个网络中是否存在核心，存在什么样的核心。中心性的度量有：

1. 度中心性

即一个节点的度越大就意味着这个节点越重要，定义为：$DC_i = \frac{d_i}{N-1}$。

2. 介数中心性

即通过某个节点的最短路径数目越多就意味着这个节点越重要，Newman 给出的定义为：$BC_i = \frac{1}{N^2}\sum_{s,t}\frac{n_{st}^i}{g_{st}}$，其中 g_{st} 为节点 s 到节点 t 的最短路径的数目，n_{st}^i 为以上最短路径中经过节点 i 的数目。

3. 接近中心性

即某节点到所有其他节点的总距离最小就意味着这个节点越重要，因为该点应该是此网络的拓扑中心。网络中每一个节点 i，可计算该节点到网络中所有节点的总距离为 $L_i = \sum_{j=1}^{N} l_{ij}$，其中 l_{ij} 表示节点 i 到节点 j 的距离。由此接近中心性定义为：$CC_i = \frac{N}{L_i} = \frac{N}{\sum_{j=1}^{N} l_{ij}}$。

五、网络的同质性与异质性

网络的同质性和异质性反映了由节点分布的不均匀而导致整个网络结构的某些倾向性和无序性，对整个网络结构的复杂性刻画和不同网络的比较具有重要意义。一般地，网络结构越是均匀有序，则同质性越高；反之，不同节点的差异越大，则异质性越高。如果总体上度大的节点倾向于连接度大的节点，则称网络是同配的，意味着同质性较高；如果总体上度大的节点倾向于连接度小的节点，则称网络是异配的，意味着异质性较高。具有相同度序列的网络可以有完全不同的同质性与异质性。可用同配系数 r 来衡量网络的这种性质，其定义为：

$$r = \frac{S_1 S_e - S_2^2}{S_1 S_3 - S_2^2}$$

其中 $S_e = \sum_{i,j} a_{ij} d_i d_j = 2 \sum_{(i,j) \in E} d_i d_j$，$S_1 = \sum_i d_i$，$S_2 = \sum_i d_i^2$，$S_3 = \sum_i d_i^3$。可以推出，$-1 \leqslant r \leqslant 1$。如果 $r > 0$，则认为网络是同配的；如果 $r < 0$，则认为网络是异配的。$|r|$ 的大小反映了不均匀性的程度。

第五节　一些著名的网络模型

一、最近邻耦合网络

最近邻耦合网络是一种规则网络，设网络中有 N 个节点排成一个环，每个节点和左右各 $\frac{K}{2}$ 个邻居节点相连（比如图中 K = 4），这里的 K 是一个偶数。可以得到该网络的度分布为 $p_k = 1$，平均度 $<k> = K$，聚类系数 $C = \frac{3(K-2)}{4(K-1)}$，都与 N 无关，当 K 较大时，聚类系数趋向于一个固定值，表明该网络是高度聚类的。网络的平均路径长度为 $<L> \approx \dfrac{N}{2K} \propto N$，当 K 固定时，$<L>$ 与 N 成正比。故当 N→∞ 时，$<L> \to \infty$（见图 2-1）。

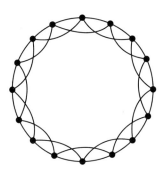

图 2-1 最近邻耦合网络

二、星形网络

星形网络也是一种规则网络，它有一个中心点，其余 N-1 个点都只与这个中心点相连，而它们彼此之间不相连。可以得到该网络的度分布为 $p_1 = \dfrac{N-1}{N}$，$p_{N-1} = \dfrac{1}{N}$，平均度 $<k> = \dfrac{2N-2}{N}$，聚类系数 C=0。网络的平均路径长度为 $<L> = 2 - \dfrac{2(N-1)}{N(N-1)} = 2 - \dfrac{2}{N}$，故当 N→∞ 时，$<L> \to 2$（见图 2-2）。

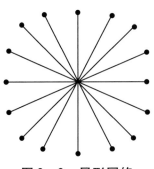

图 2-2 星形网络

三、ER 随机图（随机网络）

ER 随机图是埃尔代斯和瑞尼（Erdös & Rényi）于 20 世纪 50 年代末开始提出的，可描述为：（1）给定网络的节点总数 N 以及连边的概率 p；（2）任意选择两个没有边的节点，生成一个随机数 q，如果 q < p，则在这对节点之间连一条边，否则就不连；（3）重复步骤（2）直到所有的节点对都被选过一次。可以证明，边数的期望值为 $\frac{1}{2}pN(N-1)$。该网络的平均度 $<k> = p(N-1) \sim pN$，与 N 成正比；度分布为 $p_k = \binom{N-1}{k}p^k(1-p)^{N-1-k} \sim e^{-<k>}\frac{<k>^k}{k!}$，即度分布是围绕 $<k>$ 的泊松分布；聚类系数 $C = p = \frac{<k>}{N-1} \sim \frac{<k>}{N} \ll 1$，说明大规模的系数 ER 随机图没有聚类特性。网络的平均路径长度 $<L> \sim \frac{\ln N}{\ln <k>}$，说明平均路径长度为网络规模的对数增长函数，具有小世界特征（见图 2-3）。

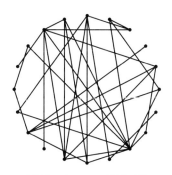

图 2-3 ER 随机图

四、小世界网络

WS 小世界网络的构造如下：（1）从规则网络开始：考虑一个含有 N 个点的最近邻耦合网络，它们围成一个环，其中每个节点都与它左右相邻的各 K/2 节点相连，K 是偶数；（2）随机化重连：以概率 p 随机地重新连接网络中的每个边，即将边的一个端点保持不变，而另一个端点取为网络中随机选择的一个节点，其中规定，任意两个不同的节点之间至多只能有一条边，并且每一个节点都不能有边与自身相连。图 2 - 3 反映了小世界网络处于规则网络与 ER 随机图之间。

WS 小世界网络的度分布类似于 ER 随机图的度分布，即近似于泊松分布，聚类系数平均的期望值为 $C = \dfrac{3(K-2)}{4(K-1)}(1-p)^3$，平均路径长度 $<L> \sim \ln N$，因此小世界网络类似于规则网络的大平均聚类系数和类似于 ER 随机图的小平均距离（见图 2 - 4）。

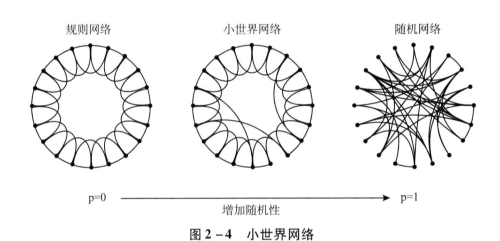

规则网络　　　　　小世界网络　　　　　随机网络

p=0 ——————————————————————→ p=1

增加随机性

图 2 - 4　小世界网络

五、BA 无标度网络

BA 无标度网络的是一个动态变化的网络，包含有两个要素：

（1）增长：从一个具有 m_0 个节点、M_0 条边的网络开始，每次引入一个新的节点，并且连接到 m 个已存在的节点上，这里 $m \leq m_0$。

（2）优先连接：一个新节点与一个已经存在的节点 i 相连接的概率 $\prod_i$ 与节点 i 的度 d_i 之间满足如下关系：$\prod_i = \dfrac{d_i}{\sum\limits_j d_j}$。

在经过 t 步后，这种算法产生一个有 $N = t + m_0$ 个节点、$mt + M_0$ 条边的网络。该网络的度分布近似为 $p_k \approx 2m^{1/\beta}k^{-\gamma}$，即度分布遵循幂律。聚类系数满足 $C \sim \frac{(\ln t)^2}{t}$，随着网络规模的增加，聚类系数会变小，说明 BA 小世界网络并不具有明显的聚类特征。平均路径长度 $<L> \sim \frac{\ln N}{\ln \ln N}$，说明随着网络规模的增加，平均路径长度网络规模的对数还要小。BA 无标度网络具有"富者更富"或者"马太效应"的现象，是一种具有实际意义的复杂网络。

第六节　网络的传播模型

在复杂网络和社会网络中，学者们花费了大量精力来研究基于网络的传播动力学。一个典型的例子就是社会网络与疾病传播密切相关，因为传染病就是通过人与人之间的接触进行传播的。如果我们把每一个人看成是社会网络中的一个节点，在经常接触从而有可能相互传染的人之间连一条边，那么传染病的流行就可以看成是在上述人群关系网络上的一种特殊的传播行为。人们在这些网络结构的实证研究方面已经开展了大量的工作。再有，在自然科学领域人们广泛观察到，大量复杂系统都可以由某些简单规则组织演化形成，通过建立网络加以描述，比如电力网络、交通网络等。在网络传播的过程中，网络结构对于信息传播的影响是至关重要的。如果在网络中相连接（接触）的人很少，那么病毒就不可能大面积传播；如果有些网络中的团体是孤立存在的，那么这个孤立团体就不会被传染（或信息不能到达等）。网络连接的密度会直接影响着传播的速度。在社会经济网络上的信息、观念、产品流通、流行趋势、项目的参与等一些行为的传播性，与疾病的传染过程可以看作是类似的。要想达到预想的传播效果（组织或改变传播方向或速度），就需要对网络结构与传播的影响之间的关系做一些分析和研究，弄清楚两者之间的机理。

学者们设计了多种网络传播的模型，其中最简单也最常见的是 SIS 模型。在 SIS 模型中，每个节点只能处于两种离散状态中的一种，一种是健康但会被感染的，另一种是已被感染从而具有传染性的。为了更切合现实人们对这个模型进行了进一步修改，得到了 SIR 模型，增加了一种所谓免疫的状态。这种状态下，节点既不会被感染到，也不会感染其他节点，相当于已经从网络中被清除了。

在 SIS 模型下，初始时随机选择网络中的一个或者若干节点为感染节点，其余为健康节点。在每一个时间点，如果一个健康节点与一个或多个感染节点相邻，则它以某个事先设定的概率变成感染节点，这一概率称为感染概率。同时每一个感染节点都依某个事先设定的治愈率变成健康节点。在每个时间点，这些演化规则在整个网络中并行地进行。显然，感染概率越大，治愈率就会越小，疾病就越有可能感染更多的人，这里，定义感染概率和治愈率的比值为传播强度，并用这个参数综合地衡量疾病自身的特征。假设开始的时候，网络中只有一个节点感染，当传播强度非常小的时候，过了一段有限长的时间之后，所有节点都会变成健康节点，这种情况下我们就认为疾病没有在网络上传播开来，并记该疾病的波及范围为零。反之，当传播强度足够大时，疾病将一直在网络中存在而非完全消失，只是感染节点的数目时多时少，在这种情况下，感染节点数占节点总数的比例在这段时间内的平均值称为该疾病的波及范围。对于每一个传播强度，总可以通过大量相互独立但初始条件相同的实验求得其对应的波及范围的平均值。当波及范围近似于零时，疾病的危害是较小的，反之则非常可怕。把平均波及范围从零向正实数变化的那个点所对应的传播强度称作传播阈值，它是衡量网络上的传播行为最重要的参数之一。

自 20 世纪末，以小世界网络（small-world）、无标度网络（scale-free）为代表的复杂网络理论研究兴起以来，科学家们发现现实中的许多复杂网络和社会网络都具有小世界、无标度的特性，从而促使学者们开展基于复杂网络理论的传播问题的研究。网络上的各种传播模型体现了复杂系统建模的思想，这就是给系统设定一些抽象的规则之后让这个系统在一定的环境下自主演化，然后考察系统演化过程中所表现出来的一些性质。这项研究具有十分深刻的意义，比如信息或谣言在社会中的扩散，金融市场上的恐慌情绪波动和羊群效应等，都可以表现为网络上的疾病传播。所以研究传播规律，从而分析和控制传播的影响是学者们一直关注的现实问题。

一、传染病传播的经典模型

1. SI 模型

SI 模型是一种最简单的传染病模型。在 SI 模型中，每个个体只可能处于两个状态中的一种，即易感染状态（susceptible）和感染状态（infective），简记为 S 和 I。模型中每个个体的状态变迁过程是易感染状态 S→感染状态 I，如图 2-5 所示：

$$\boxed{\text{S}} \longrightarrow \boxed{\text{I}}$$

图 2-5 SI 模型状态

该模型的假设条件为：

（1）所有个体都是易感染的，即所有个体遇到感染状态的个体都会被感染。

（2）单个个体如果被感染后就会永远处于已感染状态。

（3）设模型中个体总数为 N，在 t 时刻两类个体在总个体数中所占比例分别表示为 s(t) 和 i(t)。

（4）每个患者每天有效接触的平均人数是常数 β，β 又称作为日接触率。当患者与健康者有效接触时，健康者（易感染状态）受感染成为患者（感染状态）。

根据假设，每个患者每天可使 βs(t) 个健康者变为患者。因为患者总数为 Ni(t)，所以每天共有 βNs(t)i(t) 个健康者被感染，于是 βNs(t)i(t) 就是患者数的增加率，即有：

$$N \frac{di}{dt} = \beta N s i \tag{2-1}$$

又因为 s(t) + i(t) = 1，若记初始时刻（t = 0）患者的比例为 t_0，则：

$$\begin{cases} \dfrac{di}{dt} = \beta i (1 - i) \\ i(0) = i_0 \end{cases} \tag{2-2}$$

式（2-2）的解为：

$$i(t) = \frac{1}{1 + \left(\dfrac{1}{i_0} - 1 \right) e^{-\beta t}} \tag{2-3}$$

由式（2-2）可知，当 $i = \dfrac{1}{2}$ 时，$\dfrac{di}{dt}$ 达到最大值，这个时刻可由式（2-2）和式（2-3）求得为 $t_m = \dfrac{1}{\beta}\ln\left(\dfrac{1}{i_0} - 1\right)$。由式（2-3）可知当 $t \rightarrow \infty$ 时 $i \rightarrow 1$，即所有人最终都将会被感染。这显然是不符合实际情况的，原因是模型为考虑到患者可以被治愈。

2. SIS 模型

在 SIS 模型中，每个个体同样只有易感染状态和感染状态，如图 2-6 所示：

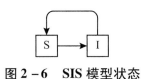

图 2-6　SIS 模型状态

该模型与 SI 模型不同的是，它考虑了个体被感染后治愈的可能，被治愈的个体对该疾病仍然是易感染的。增加的假设条件是：患者每天被治愈的人数占总数的比例为 δ，δ 又称作为日治愈率。这样，SIS 模型就考虑了患者可以被治愈为健康者的实际情况了。

考虑到增加假设条件后，SI 模型中的式（2-1）应修正为：

$$N\frac{di}{dt} = \beta Nsi - \delta Ni \qquad (2-4)$$

又因为 $s(t) + i(t) = 1$，若记初始时刻（$t = 0$）患者的比例为 t_0，则：

$$\begin{cases} \dfrac{di}{dt} = \beta i(1 - i) - \delta i \\ i(0) = i_0 \end{cases} \qquad (2-5)$$

如果定义 $\rho(t)$ 为 t 时刻被感染个体的密度，$\lambda = \dfrac{\beta}{\delta}$ 为疾病的传播速率（也叫传播强度），它的一个直观解释是一个被感染个体在被治愈之前平均能够感染其他个体的数目，那么式（2-5）可改为：

$$\frac{d\rho}{dt} = \beta\rho(1 - \rho) - \delta\rho \qquad (2-6)$$

在该模型中，只有在群体中至少有一个个体被感染的时候才有效，假设疾病传播到达平衡时的感染密度为 ρ_{eq}，利用式（2-6），根据病毒传播到达平衡

的条件$\dfrac{d\rho}{dt}=0$，可以得到

$$\rho_{eq}=\frac{\lambda}{1+\lambda} \qquad (2-7)$$

由式（2-7）可以看出，如果$\lambda=\dfrac{\beta}{\delta}>1$，即疾病的感染率比治愈率大，说明疾病的传播速率很大，可得$\lim\limits_{t\to\infty}\rho_{eq}=1$；相反，疾病的感染率比治愈率小，说明疾病的传播速率很小，可得$\lim\limits_{t\to\infty}\rho_{eq}=0$。从这里可以发现，存在大于零的传播强度临界值$\lambda_c=1$，当$\lambda>1$时，疾病在网络中传播并持久存在，当$\lambda<1$时，疾病以指数速度消亡。这就是经典的传染病传播理论。

3. SIR 模型

SIR 模型考虑到某些有传染能力的个体在疾病传播过程中会被治愈后退出传播过程，直观上就是我们在现实中看到的免疫现象。这种状态称为移除状态（removed），简记为 R。这些个体不管是否被感染，但此刻不再参与传播，不会再对疾病传播起到任何作用。其状态转移为：易感染状态 S→感染状态 I→移除状态 R，如图 2-7 所示：

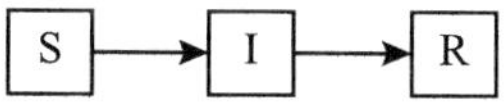

$$\boxed{S} \longrightarrow \boxed{I} \longrightarrow \boxed{R}$$

图 2-7　SIR 模型状态

在单位时间内，易感染疾病的个体以 β 的平均速率接触所有网络中其他状态的个体，又以平均速率 δ 变为移除状态（治愈成正常或者死亡状态）。记模型中个体总数为 N，$s(t)$、$i(t)$ 和 $r(t)$ 分别为在 t 时刻易感染个体、感染个体和移除个体在总个体数中所占比例，则它们满足 $s(t)+i(t)+r(t)=1$。此模型的数学公式为：

$$\begin{cases} \dfrac{ds}{dt}=-\beta si \\[2mm] \dfrac{di}{dt}=\beta si-\delta i \\[2mm] \dfrac{dr}{dt}=\delta i \end{cases} \qquad (2-8)$$

设 $s(0) = s_0$，$r(0) = 0$，$\lambda = \dfrac{\beta}{\delta}$ 为疾病的传播速率，$\rho = \dfrac{\delta}{\beta} = \dfrac{1}{\lambda}$。由式（2-8）可

得 $\dfrac{1}{s}\dfrac{ds}{dt} = -\dfrac{\beta}{\delta}\dfrac{dr}{dt} = -\lambda\dfrac{dr}{dt}$，两边积分便有：

$$s = s_0 e^{-\lambda r}, \quad s(0) = s_0 \qquad (2-9)$$

再代入式（2-8）有 $\dfrac{dr}{dt} = \delta(1 - r - s_0 e^{-\lambda r})$，于是最终的解为：

$$t = \frac{1}{\delta}\int_0^r \frac{du}{1 - u - s_0 e^{-\lambda u}} \qquad (2-10)$$

上述积分并没有显示解，但是可以通过给定初始数据进行数值计算来揭示 SIR 模型的解的演化特征，比如经过相当长的时间之后，移除人数所占比例的稳态值为 $r = 1 - s_0 e^{-\lambda r}$。对于大规模网络，通常初始时刻只有一个或少数几个个体感染并且没有移除人群，从而 $s_0 \approx 1$，$i_0 \approx 0$，$r_0 = 0$，于是到达稳态时 $r = 1 - e^{-\lambda r}$。

SIR 模型相对于 SI 模型和 SIS 模型的准确性更高，然而也有其缺点，比如疾病的传播速率会发生变化，整个网络中也会有外部行为对其进行调整等，这些也可以加入进来考虑。

4. SIRS 模型

在这个模型中，个体从感染状态恢复之后，同 SIR 模型中一样获得免疫能力，但这种免疫能力只是暂时的，在某段时间过后，该个体会失去免疫能力而重新变为易感染者。引进一个新的参数 v 表示个体失去免疫能力的平均速率，则该模型的微分方程可表示为：

$$\begin{cases} \dfrac{ds}{dt} = vr - \beta si \\[2mm] \dfrac{di}{dt} = \beta si - \delta i \\[2mm] \dfrac{dr}{dt} = \delta i - vr \end{cases}$$

其中，模型中个体总数为 N，$s(t)$、$i(t)$ 和 $r(t)$ 分别为在 t 时刻易感染个体、感染个体和移除个体在总个体数中所占比例，满足 $s(t) + i(t) + r(t) = 1$。

尽管可以用线性稳定性分析法或者其他非线性动力学工具来处理该方程组，但是仍然无法得到解析形式的解。一种更为直接的方法是采用微分方程数值积分进行求解，从而可以发现对于 3 个参数的不同取值，SIRS 模型会展现出丰富

的行为特征，包括疾病的局部病态、疾病的消失态和疾病在暴发与周期缓解之间的振荡态等。

5. 双因子（Two-factor）模型

双因子（Two-factor）模型是由邹长春等（Zou et al.，2002）在其他模型的基础上结合红色代码（CodeRed）的传播得到的一种新病毒传播模型，能更准确地刻画病毒的真正传播过程。双因子模型的微分方程为：

$$
\begin{cases}
\dfrac{dI(t)}{dt} = \beta(t)I(t)\left[N - R(t) - I(t) - Q(t)\right] - \dfrac{dR(t)}{dt} \\[2mm]
\dfrac{dR(t)}{dt} = \gamma I(t) \\[2mm]
\dfrac{dQ(t)}{dt} = \mu S(t)J(t) \\[2mm]
\beta(t) = \beta_0\left[1 - \dfrac{I(t)}{N}\right]^{\eta}
\end{cases}
$$

其中，$I(t)$ 表示 t 时刻已感染个体的数目；$\beta(t)$ 表示 t 时刻易感染个体的被感染率，它不再被看成是常量；$R(t)$ 表示 t 时刻被治愈的已感染个体的数目；$Q(t)$ 表示 t 时刻在被感染前被治愈的易感染个体的数目；$S(t)$ 表示 t 时刻易感染个体的数目；$J(t)$ 表示 t 时刻所有被感染过的个体数；N 表示网络中个体总数；γ 表示已感染个体的治愈率；μ 表示易感染个体在未感染前被治愈的概率；β_0 是初始感染率；η 是一个用于调节感染率函数准确性的指数。该模型的微分方程组同样无法得到解析解，只能通过数值计算来近似求解或者稳定性分析法来讨论模型性质。

6. 几种模型的分析总结

从上述模型介绍中可以知道已有的模型各具特点，都有其优点和不足之处，具体分析如下：

（1）SI 模型是最简单的一种模型，首次引入了生物学流行病毒模型，但是考虑的因素太少，模型太粗糙。

（2）SIS 模型引入了重复感染，认为个体只能从感染状态到易感染状态，再进入感染状态，忽略了其他因素的影响。

（3）SIR 模型第一次引入了人为因素对感染个体的影响，考虑到了对感染个体的治愈过程，还分析了疾病传播的边界条件，不过忽略了对易感染个体的影响。

（4）SIRS 模型考虑了治愈过程的局限性，去除了免疫的永久性，得到了疾病传染更为丰富的行为特征。

（5）Two-factor 模型是相对完善的模型。它考虑到对传播产生影响的因素比较多，考虑到人为因素的影响不仅移出了感染个体，也移出了易感染个体；也考虑到病毒对网络基础设施的影响会使传染率是变化的，是个逐渐减小的量；对易感染个体移出的过程描述比较完善，认为移出的易感染个体与其本身有关，也与感染的个体有关，是考虑得比较全面的模型。

二、传染病的网络传播模型

前面叙述的传染病建模都是采用了一种标准方法，即假设群体中的个体是"充分混合"的，这意味着每个个体都有机会与任何其他个体相接触，并且这些接触足以导致疾病在单位时间内以接触率 β 进行传播。然而在现实中，并非任意两个个体都可以相互接触。从全世界的人中随机挑选的两个人能够见面的机会是非常小的，足以忽略不计。大多数人都有其各自的熟人圈，如邻居、同事等，他们都是能够经常相见的人，除此之外的其他人都不相熟，可以忽略。因此，一个人与其他人之间的接触可以用网络来表示，而该网络结构对疾病的传播方式有着很大的影响，这是学者们极为关注的一个研究课题。由于 SI 模型非常简单，最后一定会达到所有个体全部被感染，因此我们不再讨论。以下我们仅分析 SIS 模型，对于 SIR 模型以及其他模型也可作类似讨论。

1. 均匀网络的传播临界值

设 SIS 模型中与感染状态的节点接触的易感染状态节点将以概率 β 被感染，而一个感染状态节点恢复到易感染状态的概率为 δ，定义有效传播率 λ（即前述的传播速率）如下：

$$\lambda = \frac{\beta}{\delta} \tag{2-11}$$

从影响疾病传播的时间尺度上看，不失一般性可以假设 δ = 1。定义时刻 t 感染节点密度为 ρ(t)，当时间 t 趋于无穷大时，感染节点的稳态密度记为 ρ。所谓的均匀网络，是指满足以下三个假设的网络：

（1）均匀性：均匀网络（如 ER 随机图或者 WS 小世界网络）的度分布在网络平均度 <k> 处有个尖峰，而当度值远大于或远小于平均度时指数下降，因此网络中每个节点的度都近似等于网络平均度 <k>。

（2）均匀混合：感染强度与感染节点的密度 $\rho(t)$ 成比例，也可以认为是 β 与 δ 都是常数。

（3）假设病毒的时间尺度远小于节点的生命周期，因此不考虑个体的出生和死亡。换句话说节点一直存在，既不会增加也不会减少。

在上述假设下，利用平均场理论，当网络规模趋于无穷大时，通过忽略不同节点间的度相关性，可以得到如下关于 $\rho(t)$ 的反应方程（Pastor，2005）：

$$\frac{\partial \rho(t)}{\partial t} = -\rho(t) + \lambda <k> \rho(t)[1 - \rho(t)] \qquad (2-12)$$

式（2-12）的意义为：等号右边第一项考虑的是被感染节点以单位速率恢复为易感染个体；等号右边第二项表示单个节点产生的新感染节点的平均密度，它与有效传播率 λ、节点的度（或者是依假设等价于网络的平均度 <k>）以及与健康的易感染节点相连的概率 $1 - \rho(t)$ 成比例。由于关心的是 $\rho(t) \ll 1$ 时的传染情况，所以式（2-12）中忽略了其他的高阶校正项。

令式（2-12）右端等于零，可以求出感染节点的稳态密度 ρ 满足：

$$\rho = \begin{cases} 0, & \lambda < \lambda_c \\ 1 - \dfrac{\lambda_c}{\lambda}, & \lambda \geq \lambda_c \end{cases} \qquad (2-13)$$

其中，$\lambda_c = \dfrac{1}{<k>}$ 为传播临界值。类似于经典的完全混合假设的 SIS 模型，当有效传播率 $\lambda < \lambda_c$ 时，感染节点数目将以指数速度衰减直至消失，无法扩散，此时称网络处于吸收相态；当有效传播率 $\lambda > \lambda_c$ 时，感染节点数目能够将病毒传播扩散病逝的整个网络感染节点数目最终稳定在一个平衡状态上，此时称网络处于激活相态。所以 λ_c 为病毒能否在网络中常驻的阈值，而该临界值又取决于网络的平均度，可见网络的拓扑结构对病毒的扩散起到了重要的作用。平均度值越大，病毒越容易扩散，并且如果有效传播率 λ 和平均度值都很大，那么网络中最终感染比例也将很大（见图 2-8）。

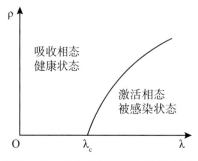

图 2 - 8   均匀网络的传播临界值

2. 非均匀网络的传播临界值

对于非均匀网络，其节点度彼此间具有明显的区别，不再近似等于网络的平均度。因此度值差异较大的节点接触感染节点的概率同样相差很大，需要对不同度值的节点作不同处理。我们定义相对密度 $\rho_k(t)$ 为度值等于 k 的节点被感染的概率。与 SIS 模型对应的平均场方程为（Pastor，2005）：

$$\frac{\partial \rho_k(t)}{\partial t} = -\rho_k(t) + \lambda k [1 - \rho_k(t)] \Theta [\rho_k(t)] \qquad (2-14)$$

这里考虑了单位恢复速率并且忽略了高阶项 $[\rho_k(t) \ll 1]$。等号右边第一项考虑的是被感染节点以单位速率恢复为易感染节点；右边第二项中 $\Theta[\rho_k(t)]$ 表示任意一条给定的边与被感染节点相连的概率，考虑到一个度值等于 k 的节点是健康的易感染节点的概率为 $1 - \rho_k(t)$，而一个健康节点被一个与之相连的感染节点传染的概率与有效传播率 λ、节点的度 k 以及其感染邻居的密度 $\Theta(\rho_k(t))$ 成正比。记 $\rho_k(t)$ 的稳态值为 ρ_k。令式（2 - 14）的右端为 0 便可得：

$$\rho_k = \frac{k\lambda\Theta_k}{1 + k\lambda\Theta_k} = 1 - \frac{1}{1 + k\lambda\Theta_k} \qquad (2-15)$$

这表明节点的度越大，被感染的概率也越高。对度不相关网络，由于任意一条给定的边连接到度为 s 的节点的概率为 $P(s|k) = \frac{sP(s)}{\langle k \rangle}$，可以求得 Θ 为：

$$\Theta = \sum_s P(s|k)\rho_s = \frac{1}{\langle k \rangle} \sum_s sP(s)\rho_s \qquad (2-16)$$

由式（2 - 15）和式（2 - 16）可以得到：

$$\Theta = \frac{1}{\langle k \rangle} \sum_s sP(s) \frac{s\lambda\Theta}{1 + s\lambda\Theta} \qquad (2-17)$$

式（2 - 17）有一个平凡解 $\Theta = 0$。而我们更关注的是其非零解，非零解存在时

传播临界值 λ_c 必须满足的条件是 $\lambda > \lambda_c$，这意味着需要满足如下条件：

$$\frac{\mathrm{d}}{\mathrm{d}\Theta}\left(\frac{1}{<k>}\sum_s sP(s)\frac{s\lambda\Theta}{1+s\lambda\Theta}\right)\bigg|_{\Theta=0} \geq 1$$

即有：

$$\sum_s \frac{sP(s)\lambda s}{<k>} = \lambda\frac{<k^2>}{<k>} \geq 1$$

从而得到非均匀网络的传播临界值 λ_c 为：

$$\lambda_c = \frac{<k>}{<k^2>} \qquad\qquad (2-18)$$

当 $0 < \lambda \leq \lambda_c$ 时，式（2－17）只存在零解；而当 $\lambda > \lambda_c$ 时，式（2－17）存在非零解。此即仅在 $\lambda > \lambda_c$ 时，微分方程式（7－14）存在非零平衡点。可以证明，这个平衡点也是方程的稳定点，也就是说初始感染率 $\rho_k(0)$ 不全为 0，则网络最终会达到平衡状态，感染比例会稳定在 ρ_k，而且这个收敛是以指数速度收敛的。这说明只要初始时刻网络中存在感染节点，则这种疾病会迅速传染给网络中不同度值得节点，使不同度值的节点均会稳定的存在一定比例的感染节点。对于网络的感染规模来说，由于对幂指数为 $2 < \gamma \leq 3$ 的具有幂律度分布的无标度网络，当网络规模 $N \to \infty$ 时，$<k^2> \to \infty$，从而 $\lambda_c \to 0$，即传播临界值趋于 0，与前述的均匀网络对应的一个有限正数完全不一样的。

图 2－9 比较了 WS 小世界网络和 BA 无标度网络上的 SIS 模型的 ρ 与 λ 的对应关系。BA 无标度网络的有效传播率 λ（图 2－9 中实线）连续而平滑地过渡到 0，这表明在规模趋于无穷大的 BA 无标度网络中，只要有效传播率大于 0，病毒就能传播并最终维持在一个平衡状态。当然，当 λ 较小时，无标度网络对应的 ρ 值（即传播范围）也是很小的。

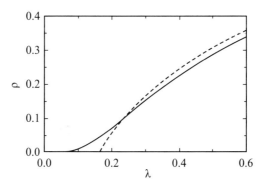

图 2－9 WS 小世界网络和 BA 无标度网络上 SIS 模型的 ρ 与 λ 的对应关系

3. 有限网络与给定邻接矩阵网络的传播临界值

上面讨论的是节点度没有限制的无标度网络，而对于更为实际的情况，网络是有限规模的，节点的最大度也是有限的，我们记为 k_c。它的大小与节点的总数 N 有关，显然也限定了整个网络中节点度值的波动范围，从而 $<k^2>$ 也是有界的。对于具有指数有界度分布 $P(k) \sim k^{-\gamma}\exp(-k/k_c)$ 的网络，SIS 模型对应的非零传播临界值 λ_c 为（Pastor，2002）：$\lambda_c \sim \left(\dfrac{k_c}{m}\right)^{\gamma-3}$，其中 m 为网络中的最小连接边数。

帕斯特（Pastor）把具有相同平均度的有限规模无标度网络的传播临界值与相应的均匀网络的传播临界值做了比较，发现对于 $2 < \gamma < 3$ 时，比如 $\gamma = 2.5$ 的情况，即使取相对较小的 k_c，有限规模无标度网络中的传播临界值约为均匀网络的 10%。这说明有限规模无标度网络的传播临界值比均匀网络的传播临界值要小得多。

前面叙述的网络均假设给定网络是度不相关的，并且实际上是用平均邻接矩阵代替了给定网络的邻接矩阵，即两个节点之间的连边的权值改用概率 $p_{ij} = \dfrac{k_i k_j}{2M}$ 来表示，这里 k_i 和 k_j 分别表示给定网络中节点 i 和节点 j 的度。如果我们直接研究一个具有给定的邻接矩阵的网络上的 SIS 模型，那么就会发现传播临界值趋于零，与网络的无标度性质无关，而是由当网络规模趋于无穷时最大度值发散造成的（Castellano & Pastor，2010）。对于任意给定网络上的 SIS 模型，传播临界值等于网络邻接矩阵的最大特征值（记为 Λ_N）的倒数，即有：

$$\lambda_c = (\Lambda_N)^{-1} \tag{2-19}$$

对于一类节点数 N 有限的幂律度分布网络，有：

$$\Lambda_N = \begin{cases} c_1 \sqrt{k_c}, & \sqrt{k_c} > \dfrac{<k^2>}{<k>}(\ln N)^2 \\ c_2 \dfrac{<k^2>}{<k>}, & \dfrac{<k^2>}{<k>} > \sqrt{k_c}\ln N \end{cases}$$

其中，c_1 和 c_2 是与网络规模无关的常数。对于度不相关的幂律网络，有：

$$k_c \sim \begin{cases} N^{\frac{1}{2}}, & \gamma \leq 3 \\ N^{\frac{1}{\gamma-1}}, & \gamma > 3 \end{cases}$$

如果 $\gamma > 3$，那么 $\frac{<k^2>}{<k>}$ 是有限的，从而 Λ_N 由 k_c 确定；如果 $2.5 < \gamma < 3$，那么

$\frac{<k^2>}{<k>} \approx k_c^{3-\gamma} \ll \sqrt{k_c}$，从而 Λ_N 同样由 k_c 确定。只有当 $2 < \gamma < 2.5$ 时，Λ_N 由

$\frac{<k^2>}{<k>}$ 确定。因此当网络规模充分大时，有：

$$\lambda_c = \begin{cases} \dfrac{1}{\sqrt{k_c}}, & \gamma > 2.5 \\ \dfrac{<k>}{<k^2>}, & 2 < \gamma < 2.5 \end{cases}$$

综上可以发现，由于对任给的幂指数 γ，k_c 都是网络规模 N 的增长函数，从而对于任意一个具有幂律度分布的给定邻接矩阵的网络，当网络规模趋于无穷时，SIS 模型的传播临界值趋于 0。注意到这里并没有要求 $\gamma \leqslant 3$，因而这一结论是与网络的非均匀程度无关的。

三、其他相关研究简述

杨（Yang，2001；2002）基于 SIS 和 SIR 模型，研究了 NW 小世界网络上的病毒传播行为特征。研究发现，NW 小世界网络中的病毒传播过程中出现了分岔、混沌和不稳定振荡等动力学现象，传播个体表现为不同的动力行为，影响整体网络结构的病毒传播终态。阿吉扎等（Agiza et al.，2003）分析了 WS 小世界网络上的疾病传播相变行为。小世界网络中，疾病的传播蔓延可能明显高于规则网络中的对应情况；同样的传播速率下，疾病在小世界网络中的波及范围明显大于其在规则网络中的波及范围，即小世界网络比规则网络更适合疾病的持续蔓延。拉马尼等（Ramani et al.，2004）基于 SIRS 模型，研究 NW 小世界网络上传染病传播动力学特征。研究发现，传染病传播演变并不是简单地趋向于一个稳定的平衡点，而是由于传染个体的自身特性及相互间的影响，存在治愈/感染条件下振荡传染的不稳定行为特征。格罗斯等（Gross et al.，2006）研究了自适应网络上的病毒传播行为。研究发现，病毒传播过程中存在着一级相变、迟滞现象、振荡以及网络结构相配型的涌现，即病毒的蔓延过程呈现不同

演变行为的统一化演进突变。倪顺江等（2009）研究了人群社会关系结构对传染病传播过程的影响。研究表明，基于 SIS 传播模型的传播动力学过程由群体内部的传播过程和群体间的全局传播过程耦合而成，且受到网络拓扑结构和实际传播机制的影响，病毒的传播过程受承载空间以及主体行为的差异在不同范围内实现演变。唐等（Tang et al.，2009）在无标度网络上研究了扩散人群中的疾病传播，发现人群在无标度网络上扩散时，会出现凝聚现象，而加剧疾病传播的速度，导致某种范围内的演化状态的一致性突变。高等（Gao et al.，2010）考虑到个体免疫能力的消失情况，研究了小世界网络上的 SIRS 传染病传播特征。研究发现，当个体免疫能力消失速度较慢时，系统表现出从稳定到大幅振动的转变；当个体免疫能力消失速度较快时，系统则一直保持稳定。艾伦等（Allen et al.，2011）研究了复杂网络上基于 SIR 模型的传染病传播动力学特征，发现传染病传播过程表现出局域牵制和迅速暴发两种状态；通过具有双峰特征的概率分布来度量基于 M 树结构的病毒传播，模拟发现病毒传播过程中存在相变特征。潘灶烽等（2006）基于莫雷诺等（Moreno et al.）提出的谣言传播模型，研究了可变聚类系数的无标度网络上的谣言传播问题。研究发现，聚类系数越大，传播者所占比重的峰值在演化过程中越小，传播结束后免疫者的比重也越小；而聚类系数越小，谣言传播所造成的影响反而越大。周等（Zhou et al.，2007）基于 SIR 模型，研究了复杂网络拓扑结构与感染节点间的非同等关系对谣言传播的影响。研究发现，最终感染人群密度依赖于网络的拓扑结构，并且随着网络从随机网络向无标度网络转变的过程中不断减少。内科维等（Nekovee et al.，2007）提出了一种谣言传播的一般分析模型并分析了复杂网络下的谣言传播过程特征。研究发现，谣言在同质网络中传播时存在一个临界值，当低于该临界值时，谣言无法传播；无标度网络上，却存在很小的临界值，网络中的谣言无论传播速率多小，都可以在网络中无限传播。艾沙姆等（Isham et al.，2010）基于 SIR 谣言传播模型，研究了具有度相关性特征的随机网络上的谣言传播。研究发现，相比于确定性模型的感染阈值，随机性模型中的最终感染节点数目从单峰分布向双峰分布转变。

　　以上关于网络上的疾病传播的理论是金融市场上关于信息传播研究的基础。因为现代金融市场的参与主体众多，比如投资者、筹资者、套利者等，他们的行为活动与其所处环境以及社会地位和社会关系等都有关系。反过来，市场参与主体的决策行为特征、理性程度和心理因素对金融市场的其他主体又产生了重大影响，导致金融市场中的微小波动会迅速传染，呈现出我们观察到的金融恐慌、羊群行为、风险变大、追涨杀跌等宏观现象。所以，利用网络中相关的传染模型理论研究金融市场的这些现象，可以引导投资者理性投资，保障投资者的投资收益，实现金融市场的可持续健康发展，是很有现实意义的。

第七节　本 章 小 结

　　网络在现实世界中无处不在，对于网络模型的研究也日益增加。自从小世界网络模型和 BA 无标度网络模型于 20 世纪末被提出后，在网络科学理论发展的这些年里，新现象的不断发现，经典模型的不断提出与改进，到现在网络模型已经非常多样，并且针对不同的研究目的也有不同的模型，人们也开始注重把真实网络中越来越多的本质特点和因素加入模型中。本章介绍了网络科学理论的发展历程，并且详细介绍了网络的图表示方法，网络中的重要统计指标和几个常见的典型网络模型。随后全面介绍了网络中的传播模型。网络传播是网络研究中重要的动力学行为之一，通过了解网络传播的相关特性，可以了解现实社会中很多传播现象，比如疾病的传播、流言的传播等。我们对网络中的传播模型做了详尽地分析，针对不同的网络，给出了对应的传播临界值。这些临界值与网络的谱有着密切的联系，是实际网络分析中的重点关注对象，决定了网络变化的趋势。最后我们对近期关于复杂网络和社会网络中的传播研究做了一个简要的回顾，说明了网络上的传播模型对于探讨实际网络中流言、信息等传播研究的重要性。对于网络科学理论中不同模型的讨论，会为我们在后文研究金融市场网络中的信息传播打下坚实的基础。

第三章
金融市场的复杂性特征（一）：
基于分形特征分析的中国股票
市场价格波动研究

第一节 引 言

作为金融市场理论研究的起点，随机游走理论认为市场的波动是完全随机的，我们无法通过市场过去的趋势去预测其未来的变化。这就意味着投资者对于市场的研究完全依赖于技术性的分析，市场所提供的信息对于波动是无效的。这种理论将所有的金融市场问题的讨论置于正态分布的假定中。美国芝加哥大学金融学教授尤金·法玛（Eugene Fama）对于有效市场假说（EMH）的提出是随机游走理论迈出的巨大进步，外生的市场信息在该理论中占据了重要的地位。有效市场假说认为，市场的价格是所有投资者在理性分析了市场所提供的所有信息以后其所做出行为的反映。比起随机游走理论完全放任市场信息，有效市场假说又将市场信息作为整个理论的核心内容。但是仔细思考我们就会发现，若以有效市场假说为理论基础讨论金融市场的投资行为，那么市场上的每一个投资者都无法获利，因为市场的价格已经在所有投资者的理性分析下达到了平衡。不管是从信息的角度还是获利的角度，上述两种理论都存在巨大的缺陷，这种缺陷就体现在它们在市场较为稳定的情况下还可以适用，一旦市场出现意料之外的大幅度波动，这两种理论都会陷入崩溃的境地。

当一个投资者想要在市场上进行交易时，他总能找到合适的买家或者卖家，在这种情况下就说市场具有充分的流动性。如今互联网和科技的发展使人们能更加便捷地进行交易活动，市场大部分情况下流动性都很强。市场的流动性使投资者在市场上能够迅速以自己较为理想的价格进行交易，即使是卖出与买入的量不平衡时，由于流动性的存在，市场也不会出现太大的混乱。当在某种情况下市场的境况不够好，市场明显出现流动性不足，但许多投资者都急于进行交易，那么他们就会接受低于自己期望很多的价格以期完成交易，这时市场就会形成恶性循环。值得一提的是，不能将市场的流动性与交易量相混淆，当流动性很强但是交易量很小时，市场也会出现大规模的崩溃。

市场的流动性恰恰来源于信息的不对称，或者同一种信息对不同投资者所包含的意义可能截然相反，这就使不同的投资者要进行不同的交易行为。我们可以举一个例子，这个例子也许不会在现实中发生，但它对我们理解信息对市场流动性的意义是有用的。假如某个时刻有一位 5 分钟交易起点的日交易者，此时的 5 分钟价格平均变化是 -0.01%，标准差是 0.05%。我们知道 3σ 事件是一种小概率事件，几乎不可能发生，那么如果在 5 分钟内价格下跌了 0.25%（可称这个事件为 5σ 事件），我们就有理由认为价格会继续下跌，这个日交易者将有很大概率选择卖出以避免更大的损失。然而对于该时刻的周交易者而言情况可能会完全不同，假如此时的一周价格平均变化是 0.05%，标准差是 2.5%，那么对于这位周交易者而言，价格下跌 0.25% 是一个 0.1σ 事件，几乎可以忽略不计。此时周交易者依然可以认为价格在一周内有可能上涨，从而有较大概率选择买进，这时市场就形成了流动。

有效市场假说认为投资者都处于相同的投资起点，也就是说在某一时刻，所有的投资者基于对所有信息的理性分析将做出完全相同的投资行为。可以说分形市场理论与有效市场假说最大的不同点在于，前者更加强调在同一个时刻，不同时间长度的投资者处于不同的投资起点。正如我们在市场流动性中所讲到的日交易者与周交易者的例子，他们所依据的信息是不同的，所做出的投资行为也会相应不同。我们可以简单地想象，在每一个时刻，每当一个经历了 5σ 事件的日交易者退出市场，就会有一个经历 0.1σ 事件的周交易者补充了他的位置。股票市场因为这样的行为保持充分的流动性，进而实现了相对稳定，同时表现出一定的自相似结构，这就是我们所讨论的分形市场理论。

分形市场理论认为价格所反映的是短期和长期信息共同影响所产生的结果，一般说来短期交易的信息基于技术分析，更多地表现了一种群体行为，而长期信息则基于综合基础评价，主要表现的是整个市场的经济发展状况。这样一来，不难注意到短期的价格变化会比长期变化波动更不具有规律性，这种区别在时间序列上表现为长期投资的收益序列会更为光滑。同时由于这两种信息基于不同的方面，我们也无法认定短期波动的积累就会形成长期波动。但是假如某种产品与经济循环没有关联，它的交易主要包括流动性和短期信息，那么也就不涉及长期信息。市场的流动性对于市场的稳定性以及分形结构具有重要意义。当长期投资者所依赖的信息不再具有价值从而选择依照短期信息进行交易，或者出于其他什么原因使他们不再对长期投资抱有信心而停止交易时，市场的流动性会逐渐消失，并陷入一种不稳定的状态，从而导致其分形结构的崩溃。

第二节　分形的概念与性质

一、分形的概念

在理解到底什么是分形之前，我们先来看一个经典的案例：取一个正三角形，按照其三条边中点的连线分出四个小的正三角形，去掉中间的小三角形后，对剩余的三个小三角形重复刚刚的步骤，以此类推可以得到下面的图案。

此图形叫作谢尔宾斯基三角形（Sierpinski triangle），是 1915 年由波兰数学家谢尔宾斯基所提出的。从图 3-1 中可以看到，每个小三角形都和大三角形是相似的，这种特性称为自相似性。与此同时我们还应注意到，下一个更小的三角形所出现的位置依赖于当前最小的三角形，而当前最小的三角形的位置又依赖于上一个较大的三角形。谢尔宾斯基三角形是一个典型的自相似集，同时也是一种分形。构造谢尔宾斯基三角形的方法还有许多种，我们称这种构造方法为混沌游戏（chaos game）。事实上，不管初始点在哪里，或者我们所定义的游戏规则有所不同，最后所得到的图形都将是上面所显示的谢尔宾斯基三角形。之所以会产生这种有趣的现象，是因为在确定性方式下，系统会对随机事件起反应。这种局部的随机性和系统整体的稳定性相互作用，产生了一种具有稳定性和自相似性的结构，也就是分形。

图 3-1　谢尔宾斯基三角形

二、分形的特征

1. 自相似性

在谢尔宾斯基三角形的案例中，我们已经发现了大小三角形之间存在相似的关系，可以说这是从数学角度了解了分形的自相似性。而生活中我们所接触到的大多数分形并不存在这种严格意义上的"相似"，一般情况下，我们所说到的自相似性不再是数学意义上的，而是性质和特点上的。拿数学家本华·曼德博（Benoit B. Mandelbrot）测量海岸线长度的案例来说，在不同的比例尺下，我们观察到的海岸线形状大致相同，利用这种方法就可以粗略的估计海岸线的实际长度；再比如一棵树就可以粗略的视为一个分形，在一根大的树枝上不断延伸出更小的树枝，这些树枝的结构看起来非常相似，但是又不会完全相同，它们虽然在性质上具有很强的相似性，却又像每个体的指纹一样独一无二。也就是说，客观存在和过程从统计上在不同的规模、空间、时间上是相似的，每个规模类似于其他规模，但不是同一的。与其他的演绎推理相比，自相似性缺乏特征规模变化，因此我们将这种现象称为规模不变。

为了更好地理解什么叫作规模不变，再举一个含有特征规模变化的例子——对数螺线。鹦鹉螺的贝壳形状就恰好是一个对数螺线，当鹦鹉螺长大时，它的贝壳也会随之变大。但这个贝壳的形状特征并没有产生根本的变化，依然是原来的对数螺线，因为这个对数螺线也随着贝壳的变化成比例变化，而这就叫作特征规模变化。艾略特波浪理论（Elliott Wave theory）是美国证券分析家拉尔夫·纳尔逊·艾略特（R. N. Elliott）提出的一种股票市场理论，对数螺线就是该理论的重要基础。艾略特波浪理论认为，无论股票市场的波动的趋势规模如何变化，它都是由几种波动复合形成的循环，这就是典型的规模特征变化。这样我们就可以很容易地理解对数螺线并不是一种分形，与之相对应的艾略特波浪理论同样也不是分形理论。

2. 分形维数

通常情况下我们所理解的维数（dimension）指的是欧几里得几何中的维数，它们的存在都是整数，比如点和线是一维，面是二维，立体就是三维。但是实际上，并非所有的客观存在都是整数维，如何理解非整数维？现在我们可以考虑一个空心的球体，很显然它不可能是二维的存在，因为它存在深度；可是它又不完全是三维的存在，因为这个球体是一个空心的，它所占的体积少于一个实心球体。那么也就是说，这个球体的维数就介于 2 和 3 之间，是一个分数而不是整数。在这个基础上我们再来看谢尔宾斯基三角形，在无限重复分割的步骤以后，我们可以近似认为谢尔宾斯基三角形全部由直线所构成，也就是说此时它的面积几乎为零[①]，但是与此同时，这个图形中又包含了无数条直线。因此我们可以推断，谢尔宾斯基三角形的维数介于一维和二维之间（此时定义的维数称为豪斯多夫维数，谢尔宾斯基三角形的豪斯多夫维数是 $\log3/\log2 \approx 1.585$）。

分形维数的意义在于，它更为精准地刻画了一个客观存在是以何种方式占据它所在的空间的，同时它还能描述规模变化的特征。与我们平常的认知不同，分形维数告诉我们，事物的存在可能不是固定的或者一成不变的，而是处在不断地变化之中。在金融统计意义上分形也有其用武之地，比如分形时间序列的分析和描述就需要分形维数的帮助，通过分形维数对时间序列规模变化的刻画，我们可以更好地掌握分形时间序列的规律。如果一个时间序列是一条单纯的直线，那么很显然它的分形维数就应当是 1；如果一个时间序列是完全随机没有任何规律的随机游走（例如白噪声序列），它向下游走或向上游走的概率相同均为 0.5，此时它的分形维数就应当是 1.5。不难看出，时间序列的分形维数 d 在 1 到 2 之间，事实上当 $1.5 < d < 2$ 时，时间序列的游走将比随机游走更为复杂。计算时间序列的分形维数，对我们研究它的确定性与随机性具有重要意义。

第三节　中国股票市场的基本特点

一、正态性检验

有效市场假说对金融市场的分析基于随机游走的立场，这是因为当时间序

[①]　事实上可以通过等比数列计算得到，谢尔宾斯基三角形面积确实为零。

列是一个随机游走序列时，它所服从的正态分布将具有十分优良的特性，便于进行进一步的分析。实际上正态分布这个要求是比较难以达到的，因此在探讨我国股票市场的分形结构前，我们首先要通过一些基本的统计检验方法对它的特点作一个简单的分析。

本章所采用的数据是 1990 年 12 月 19 日至 2018 年 2 月 22 日的上证指数及深证成指的每日收盘价[①]，根据该数据计算两支股票的日收益率，用 P(t)(t=1，2，…，T) 表示每日的收盘价，此时日收益率 r 的计算公式为：

$$r = 100(\ln P(t) - \ln P(t-1))$$

计算收益率后可得到两个日收益率的时间序列。

为了判断这两个时间序列是否符合正态分布，先利用 EViews 作出两个序列的 Q-Q 图：

如果时间序列服从正态分布，那么它在 Q-Q 图中应当表现为一条直线，显然图 3-2（a）、图 3-2（b）中表现为两条曲线，因此可以认为这两个收益率序列都不服从正态分布。为了验证这点，再绘制这两个收益率序列的频率分布直方图，根据 JB 统计量判断它们的正态性。

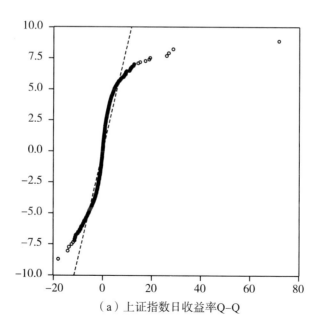

（a）上证指数日收益率Q-Q

---

① 收盘价数据下载自网易财经官方网站。

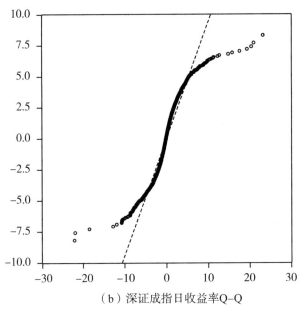

（b）深证成指日收益率Q-Q

图 3 - 2　两个序列的 Q - Q 图

资料来源：笔者计算而得，下同。

　　根据图 3 - 3、图 3 - 4 所示，从 JB 统计量的角度来看，两个序列的 JB 统计量 P 值都为零，这表明有充足的理由拒绝它们服从正态分布的假设。另外从图像的角度来看，可以直观感受到两个收益率序列是不符合正态分布的，它们比正态分布更加"瘦高"，而两端又有一些异常值。还是在这两个图中，可以看到上证指数日收益率序列的偏度（skewness）和峰度（kurtosis）分别为 5. 29 和

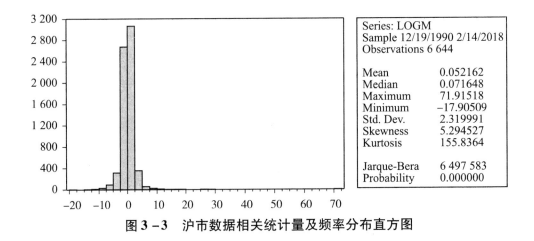

图 3 - 3　沪市数据相关统计量及频率分布直方图

155.84，这表明相对于正态序列而言，上证指数日收益率序列更为高峰和右偏，同理可以看出深证成指日收益率序列也具有这样的特性。一般将股票市场相对于正态分布所表现出的这种特点称为"尖峰厚尾"。至此我们可以确定，我国股票市场沪深两市的收益率并不服从正态分布。于是利用有效市场假说等基于随机游走的金融市场理论，来解决我国股票市场的问题是不符合现实规律的，这不利于我们得到正确和有意义的结论。

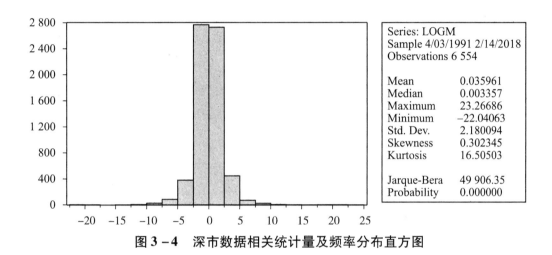

图 3-4　深市数据相关统计量及频率分布直方图

二、相关性检验

在对时间序列进行相关性检验前，我们需要判断沪深两市日收益率序列是否平稳。对序列的平稳性检验有两种方法，一种是根据时序图和自相关图显示的特征做出判断的图检验方法，另一种是构造检验统计量进行假设检验的方法。基于以上理论，利用 EViews 绘制并观察两个序列的时序图。

根据平稳时间序列均值、方差为常数的性质，平稳时间序列的时序图应该显示出该序列始终在一个常数值附近波动，而且波动的范围有界的特点。从图 3-5、图 3-6 中可以看到，上证指数和深证成指的日收益率始终在 0 附近波动，基本可以判定沪深两市日收益率序列是平稳的。下面继续利用 EViews 对序列进行单位根检验。

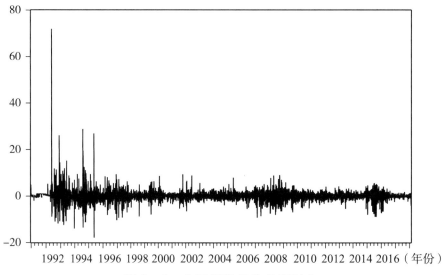

图 3 - 5　上证指数日收益率时序

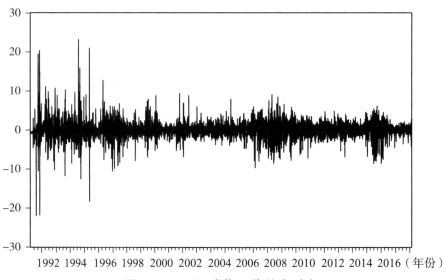

图 3 - 6　深证成指日收益率时序

表 3 - 1、表 3 - 2 是两个序列分别进行单位根检验的结果。可以看到，t 统计量的值都非常大，相对应的 P 值只有 0.0001，因此有充分的理由拒绝序列非平稳的原假设，即在 99% 的显著性水平下可以认为沪、深两市日收益率序列已经趋于平稳。

表3-1　　　　　　　　上证指数日收益率单位根检验

		t-Statistic	Prob*
Augmented Dickey-Fuller test statistic		-77.66325	0.0001
Test critical values：	1% level	-3.431156	
	5% level	-2.861781	
	10% level	-2.566940	

表3-2　　　　　　　　深证成指日收益率单位根检验

		t-Statistic	Prob*
Augmented Dickey-Fuller test statistic		-76.57799	0.0001
Test critical values：	1% level	-3.431169	
	5% level	-2.861787	
	10% level	-2.566943	

　　然而从时序图中来看，序列在大部分时段虽然是平稳的，但在某些时段（比如1992~1996年）波动会异常明显，这种现象称为集群效应（volatility cluster），对于这种序列可以建立ARCH模型。ARCH模型的实质是将历史波动信息作为条件，并采用某种自回归形式来刻画波动的变化，能及时反映序列即期波动的特征。建立ARCH模型需要利用ARCH效应检验来检验序列方差是否存在自相关性。下面对以上两个序列分别进行ARCH效应检验。

　　根据表3-3、表3-4可见，上证指数和深证成指的日收益率序列在一定的滞后阶数内均具有较小的P值，也就是说这两个序列方差非齐且具有自相关关系。在这种情况下，我们可以将这样的自相关关系理解为两个收益率序列存在着长期记忆效应。

表3-3　　　　　　　　上证指数日收益率 ARCH 检验

Variable	Coefficient	Std. Error	z-Statistic	Prob
RESID(-1)^2	0.164619	0.011308	14.55801	0.0000
RESID(-2)^2	0.173225	0.021586	8.024725	0.0000
RESID(-3)^2	-0.093117	0.026920	-3.459068	0.0005

续表

Variable	Coefficient	Std. Error	z – Statistic	Prob
RESID(– 4)^2	0. 003124	0. 025056	0. 124671	0. 9008
RESID(– 5)^2	– 0. 177883	0. 018587	– 9. 570079	0. 0000
RESID(– 6)^2	– 0. 055575	0. 008365	– 6. 644123	0. 0000

表 3 – 4   深证成指日收益率 ARCH 检验

Variable	Coefficient	Std. Error	z – Statistic	Prob
RESID(– 1)^2	0. 118837	0. 010312	11. 52447	0. 0000
RESID(– 2)^2	0. 003099	0. 015293	2. 902642	0. 0394
RESID(– 3)^2	– 0. 032615	0. 017152	– 1. 901545	0. 0572
RESID(– 4)^2	– 0. 027379	0. 014215	– 1. 926043	0. 0541
RESID(– 5)^2	– 0. 024516	0. 012229	– 2. 004782	0. 0450
RESID(– 6)^2	0. 005927	0. 008268	0. 716782	0. 4735

第四节 中国股票市场的分形特征分析

一、R/S 分析法

20 世纪初，英国水文学家赫斯特（H. E. Hurst）在尼罗河流域工作时遇到了测量水域流量的问题。在当时的发展状况下，大多数水文学者往往都选择将流量视为一个随机游走序列，但是这种方法尽管是最便捷的，却不是最合理的。因此赫斯特经过大量研究，创立了一种全新的方法——重标极差分析法（rescaled range analysis），通常我们将它简称为 R/S 分析法。接下来主要讨论赫斯特对时间序列是如何进行处理的。

对一个时间序列 $\{X_i, i = 1, 2, \cdots, n\}$，定义其均值 X_m 和标准差 S_n

分别为：

$$X_m = \frac{1}{n} \sum_{i=1}^{n} X_i$$

$$S_n = \sqrt{\frac{1}{n} \sum_{i=1}^{n} (X_i - X_m)^2}$$

定义离差序列 $\{Z_i, i = 1, 2, \cdots, n\}$ 为 $Z_i = X_i - X_m$，不难发现此时序列 $\{Z_i\}$ 的均值为零。

定义累计序列 $\{Y_i, i = 1, 2, \cdots, n\}$ 为 $Y_i = \sum_{j=1}^{n} Z_j$。由于序列 $\{Z_i\}$ 的均值为零，故序列 $\{Y_i\}$ 的最后一项 Y_n 一定为零，且此时 $\{Y_i\}$ 的均值为零，最大值总是大于等于零，最小值总是小于等于零。

定义 $\{Y_i\}$ 的极差序列 $\{R_i, i = 1, 2, \cdots, n\}$ 为：

$$R_i = \max(Y_1, Y_2, \cdots, Y_i) - \min(Y_1, Y_2, \cdots, Y_i)$$

经过一系列的调整后，此时的极差序列 $\{R_i\}$ 中的每一个值都是非负的。赫斯特研究后发现序列 $\{R_n\}$ 和 $\{S_n\}$ 之间存在一个数量关系：

$$(R/S)_n = c \cdot n^H \tag{3-1}$$

式（3-1）被称为重标极差，c 为常数，H 为赫斯特指数（Hurst Exponent）。求赫斯特指数的方法也很简单：绘制 $\log(R/S)$ 和 $\log(n)$ 的坐标图后，赫斯特指数就是这条直线的斜率，可以通过最小二乘法进行估计：

$$\log(R/S)_n = \log c + H \log n + \varepsilon \tag{3-2}$$

式（3-2）是赫斯特指数的估计式。

赫斯特使用 R/S 分析法对温度、压力甚至是树轮等自然现象进行了大量分析，并从中发现比如赫斯特指数经常取到大于 0.5 的数值等许多规律。下面是一些简单的解读。

当 $H = 0.5$ 时，表明序列是一个独立随机过程的实现，即未来的变化趋势与过去趋势无关。独立过程种类丰富，因为它对分布的形态并没有特殊的要求，不仅包括最为常见的正态分布，还有 t 分布、r 分布等。R/S 分析法是一种非参数分析方法，适用面更加广泛[①]。

当 $0.5 < H \leq 1$ 时，表明序列具有长期记忆性。当时间序列存在持续性

---

① Peters. E. Fractal markets analysis – applying Chaos Theory to Investment and Economics. New York：John Wilcy，1994.

时，序列的前一段必将对后一段产生影响，可以理解为此时序列的波动对初始条件非常敏感。但这种变化不随着时间变化产生规模变化，这是分形的重要特点之一。于是当某个序列的赫斯特指数在这个范围内时，可以认定它具有分形的特征。

当 $0 \leqslant H < 0.5$ 时，表明序列具有反持续性。关于反持续性的理解，我们可以认为当一个序列已经出现向下的波动趋势，那么在下一个时间点它会有极大的概率向上波动。由于这种序列的波动相比随机游走序列而言距离均值更近，有些理论人士会将这种序列等同于均值回复，但我们在这里显然不能简单地做出这样的假设。

持续性序列作为金融市场中经常出现的一种序列，具有普遍的研究意义，接下来的研究将着重于实证分析。

二、中国股市的 R/S 分析

1. 操作步骤

（1）若原始序列长度为 M，将该序列转换为长度为 N = M − 1 的新序列：

$$N_i = \log\left(\frac{M_{i-1}}{M_i}\right), \quad i = 1, 2, \cdots, M-1$$

（2）将这个长度为 N 的时间序列均分为 A 个长度为 n 的子序列，此时 N = A · n。将每个子序列记为 I_a，a = 1, 2, $\cdots$, A，子序列中的每个元素记为 $N_{k,m}$，k = 1, 2, $\cdots$, n，此时每个子序列的均值 e_a 为：

$$e_a = \frac{1}{n} \sum_{k=1}^{n} N_{k,a}$$

（3）定义每个序列 I_a 的累计离差序列 $X_{k,a}$ 为：

$$X_{k,a} = \sum_{i=1}^{k} (N_{i,a} - e_a), \quad k = 1, 2, \cdots, n$$

（4）定义每个序列 I_a 的极差序列 R_{I_a} 为：

$$R_{I_a} = \max_{1 \leqslant k \leqslant n} X_{k,a} - \min_{1 \leqslant k \leqslant n}$$

（5）定义每个序列 I_a 的标准差 S_{I_a} 为：

$$S_{I_a} = \sqrt{\frac{1}{n} \sum_{i=1}^{n} (N_{k,a} - e_a)^2}$$

（6）由以上步骤可以得到每个子序列的 R/S 值为 R_{I_a}/S_{I_a}，现在我们有 A 个长度为 n 的子序列，因此可以计算此时的平均 R/S 值：

$$(R/S)_n = \frac{1}{A} \sum_{a=1}^{A} \frac{R_{I_a}}{S_{I_a}}$$

（7）将 n 的取值依次递增并重复 1 至 6 的步骤，直到 n =（m - 1）/2 为止，从而得到由（R/S）$_n$ 构成的序列。现在以 log（n）为自变量，log（R/S）为因变量，按式（3 - 2）使用 OLS 方法作线性回归，此时得到的截距是对常数 logc 的估计，斜率则是对赫斯特指数 H 的估计。

2. 实证分析

根据以上步骤可以编写 MATLAB 程序对中国股票市场的数据进行实证分析。首先对 1990 年 12 月 19 日到 2018 年 2 月 14 日的上证指数以及 1991 年 3 月 4 日到 2018 年 2 月 14 日的深证成指的日收益率进行 R/S 分析。下面是利用 EViews 绘制的 log（R/S）~ log（n）图像，并通过最小二乘法估计了赫斯特指数 H（见图 3 - 7、图 3 - 8）。

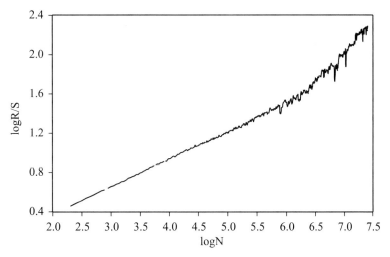

图 3 - 7 上证指数日收益率 R/S 分析

在表 3 - 5、表 3 - 6 中，C（1）、C（2）分别表示截距和斜率，也就是式（3 - 2）中的常数 logc 和赫斯特指数 H。从表 3 - 5 和表 3 - 6 中可以很明显地看到，无论是上证指数还是深证成指的日收益率序列的赫斯特指数均小于 0.5，而且在统计意义上非常显著，这似乎说明我国股票市场不存在分形特征。为了保证结论的严谨，我们将对两个收益率序列波动较大的时间段再次进行 R/S 分析。

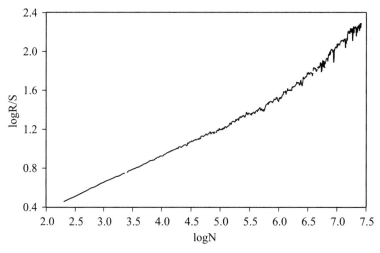

图 3 - 8　深证成指日收益率 R/S 分析

表 3 - 5　　　　　　　　　上证指数日收益率 R/S 回归结果

项目	Coefficient	Std. Error	t - Statistic	Prob
C(1)	- 0.806966	0.015242	- 52.94185	0.0000
C(2)	0.401252	0.002341	171.3848	0.0000

表 3 - 6　　　　　　　　　深证成指日收益率 R/S 回归结果

项目	Coefficient	Std. Error	t - Statistic	Prob
C(1)	- 0.832050	0.013250	- 62.79600	0.0000
C(2)	0.407734	0.002035	200.3415	0.0000

　　分别对两个序列从起始到 2005 年 12 月 31 日为止的部分再次进行上面的操作，可以得到以下结果：

　　从图 3 - 9、图 3 - 10 来看，显然这两个日收益率子序列的波动更为剧烈和明显，尤其是上证指数日收益率的波动显得更不具有规律性，因此在对两组收益率序列前半部分波动较大的子序列的 R/S 分析中发现，在这段时间里上证指数收益率序列的赫斯特指数 H 已经高达 0.5939，深证成指收益率序列的赫斯特指数 H 也达到了 0.5100，均大于 0.5；同时由于 P 值为零，表明这两个系数的显著性也非常强（见表 3 - 7、表 3 - 8）。

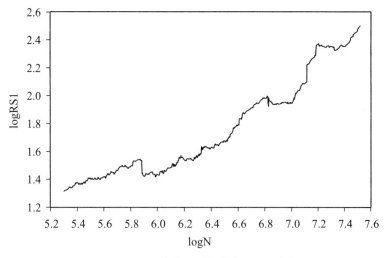

图 3 - 9　上证指数日收益率 R/S 分析图

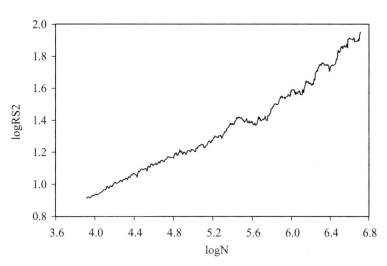

图 3 - 10　深证成指日收益率 R/S 分析图

表 3 - 7　　　　　　　　上证指数部分日收益率 R/S 回归结果

项目	Coefficient	Std. Error	t - Statistic	Prob
C(1)	- 2.058871	0.027536	- 74.77016	0.0000
C(2)	0.593889	0.004040	146.9866	0.0000

表 3 – 8　　　　　深证成指部分日收益率 R/S 回归结果

项目	Coefficient	Std. Error	t – Statistic	Prob
C(1)	– 1. 413540	0. 014470	– 97. 69010	0. 0000
C(2)	0. 510001	0. 002031	251. 1666	0. 0000

综合两个分析的结果，对前段部分序列的研究结果与整个序列的截然相反，其实显示了中国股票市场长期记忆性的特点和分形特征随着时间的增长正在逐渐减弱。

第五节　本章小结

本章通过引入分形市场理论并对其作出严谨的分析讨论，利用 R/S 分析法对上证指数（000001）和深证成指（399001）进行了统计研究。之所以选取这两个指标，其实是因为在中国股票市场中，上证综指和深证成指代表的并非某一只具体的股票，而是上海证券交易所和深圳证券交易所中具有代表性的股票按照一定加权方式所得到的一种具有极大参考意义的指标，因此利用这两个指标作为样本能在较大程度上反映这两个股票市场的运行特征。

先将上证指数和深证成指的日收盘价转化为两个收益率序列，对这两个收益率序列的正态性和相关性分别进行了一系列完整的检验。通过这些检验可以得到，中国股票市场的收益率序列不服从正态分布，相比较正态分布而言，收益率序列在分布上表现为"尖峰厚尾"的特殊形态；另外，由于股票市场的波动也有着明显的集群特点，经过 ARCH 效应的检验可以发现收益率序列的方差具有自相关性，自相关性的含义可以理解为历史的波动会影响未来的波动，因此中国股票市场的波动还具有长期记忆性。

接下来利用 R/S 分析法，本章成功得到了对两个收益率全部序列及其前半段子序列的分析结果。在全部序列的回归分析结果中，两个序列的赫斯特指数 H 均小于 0.5，这说明此时序列不存在分形特征；而在到 2005 年为止的子序列中，两个序列的赫斯特指数 H 都大于 0.5，而且深证成指的赫斯特指数 H 甚至已经接近 0.6，说明在这段时期内股票市场的波动规律非常符合分形理论的特点。

通过对实证分析结果的总结，可以得到这样的结论：在 2005 年以前，中国股票市场发展时间太短，各种机制还很不完善，从而使股票市场的价格波动分形特征十分明显。但在最近十多年的发展中，中国股票市场的体系随着市场参与者的增多和金融市场的日益活跃逐渐趋于成熟，因此价格波动的分形特征已经渐渐消失。

尽管已经有了较为广泛的运用和发展，分形理论依旧是一种新兴的理论。将这个理论运用于金融市场的研究尤其是金融市场的复杂性研究，不管是对于市场的参与者和投资者，还是金融经济界的广大学者，都具有重大的参考意义和应用价值。

第四章
金融市场的复杂性特征（二）：
投资者情绪和股市收益
之间相互影响研究

第一节 引 言

自20世纪80年代以来，行为金融学作为行为经济学的一个分支得到了迅速发展，它研究人们在金融市场上心理特征和行为，对理性人假设进行了修正，是一门分析投资者心理特征，并以此来研究投资者决策行为及其对资产定价等金融问题影响的学科。投资者行为一直是行为金融学领域的一个重点研究对象，而投资者情绪也是该领域的经典话题之一。通常来说，投资者情绪可以被定义为投资者受自身的情绪影响，而产生对于未来的现金流和投资风险的一种观点，也有研究人员将其解释为一种投机倾向抑或是对特定资产的悲观和乐观的看法。已有的大量证据表明，投资者情绪在金融市场中起着重要作用，并被证明会影响资产价格，并对一些众所周知的资产定价异常谜团具有一定的解释力。

对于金融市场的投资者行为理论来说，投资者情绪一直是一个很经典的话题。西方学者对于投资者情绪的研究最早可以追溯到凯恩斯（Keynes，1936）在其著作《就业、利息及货币通论》中认为人们在受到理性动机影响的同时，还会受到一种称为"动物精神"的非理性支配。而特韦尔斯基和卡尼曼（Tversky & Kahneman，1974）在他们的研究中，将"动物精神"这一表述向前推进一步，表明人的一些心理上的偏见可能影响到他们做出判断。结合之前的经济学和心理学的研究，布莱克（Black，1986）提出市场上那些相对于套利而言的所谓噪声交易者，对于市场效应可能有一定的影响。随后，德隆等（De Long et al.，1900）的研究表明，由于对套利的限制，噪声交易者的情绪变化将导致市场波动过度以及股票价格偏离其基本价值。施莱费尔和维斯尼（Shleifer & Visshny，1997）也提出了理性套利者也会面对有限套利的状况。而后在洪和斯坦（Hong & Stein）（1999）的研究中，他们认为短期行为和长期行为是存在不同之处的，短期行为可能导致反应不足，然而长期行为又可能导致反应过度。在最近的一些实证研究中，研究者们开始关心如何去度量投资者情绪和分歧，以及如何量化其对市场活动的影响。比较典型的有贝克和伍尔格勒（Baker & Wurgler，

2006）建立的一套投资者情绪指数的方法，他们通过选取了市场上一些比较具有代表性的指标，使用主成分分析法建立了一个综合性的情绪指数即 BW 情绪指数。还有一些研究人员采用了调查的方法，例如密歇根大学的研究者采用实地调查的方法建立的消费者情绪指数。而还有一些研究者使用的是文本分析的方法，比如安特韦勒和弗兰克（Antweiler & Frank，2004）采用了网络上的帖子进行分析，泰特洛克（Tetlock，2007）和加西亚（Garcia，2013）使用了新闻上的文本，拉夫兰和麦克唐纳（Loughran & McDonald，2011）分析了上市公司的年报中的隐含信息，达、恩格尔伯格和高（Da，Engelberg & Gao，2015）通过分析谷歌搜索的关键词来判断情绪。在建立了度量情绪指数的体系之后，研究人员对于情绪指数与市场的关系又进行了实证分析。布朗和克里夫（Brown & Cliff，2004）研究了投资者情绪及其与近期股市收益的关系，发现过去的市场回报也是情绪的重要决定因素。贝克等（Baker et al.，2012）对全球的六大股票市场均构建了投资者情绪指数，并将其分解为一个全球指数和六个本地指数，发现全球情绪是国家层面回报的逆向预测因素，而全球和本地市场情绪都是市场内横截面回报时间序列的逆向预测因素。

早期分析金融市场中非平稳时间序列的分形特征和相关性时，所用的方法大多数都是参考赫斯特（Hurst）的重标极差分析法（rescale range analysis，R/S）的理论。彭（Peng，1994）等使用了去趋势波动分析法（DFA）来研究脱氧核糖核酸中分子链的分形结构，这种方法可以避免在长期过程中出现伪长程自相关，因为它在时间序列中将长程幂律关系引入，由此补足了严格的短程相关条件。坎特哈特等（Kantelhardt et al.，2002）提出了去趋势多重分形法（MF – DFA），该方法的前提是在 DFA 的基础上引入多重分形（multifracta），它已被广泛用于检测金融市场中的多重分形特征中。为了量化来自各种复杂系统的非平稳时间序列之间的互相关，波多布尼克和斯坦利（Podobnik & Stanley，2011）将 DFA 扩展到去趋势互相关分析（DCCA）。基于 MF – DFA 和 DCCA 方法，周（Zhou，2009）提出了多重分形去趋势互相关分析（MF – DCCA）来揭示两个非平稳时间序列的长期自相关。之后，MF – DCCA 被广泛用于检测非固定金融市场（股票市场、未来市场和外汇市场）的交叉相关性。最近曹（Cao，2013）等人将 MF – DCCA 扩展到波动受限的 MF – DCCA，非对称 MF – DCCA 和 MFDCCA – MODWT 以研究金融市场、碳和能源市场。

中国学者对于投资者情绪的研究相对较晚，但近年来随着行为金融学的逐渐火热，也正在逐步建立一套较为系统的研究体系。例如张俊喜和张华（2002）在西方投资者情绪理论的基础上，对于封闭式基金折价进行解析。而伍燕然和韩立岩（2007）则使用 BW 指数构造方法，从非理性方向运用投资者情绪理论对封闭式基金之谜做出阐释。张强和杨淑娥（2009）在 DSSW 模型的基础上进行了修正，对中国股市投资者情绪与收益波动进行实证分析。又如易志高和茅宁（2009）在 BW 指数的基础上，结合了中国股票市场的实际情况，建立了适合中国市场特色的 CICSI 指数。宋双杰等（2011）利用了谷歌搜索的数据建立情绪体系，对 IPO 市场存在的三种异常现象做出行为金融学方向的解释。张宗新和王海亮（2013）的研究发现投资者主观上的信念调整是情绪的重要影响因子，可能对市场波动产生一定影响。徐浩萍和杨国超（2013）分析了股市投资者情绪对于债市的传染机制，发现当投资者情绪涨高的时候能够达到更低的债券融资成本。而巴曙松和朱虹（2016）研究了融资融券市场的开通对于股市情绪的影响，通过加入融资融券的影响因子对情绪指数进行了新的构建。胡昌生和程志富（2019）研究了投资者情绪对于金融衍生品的影响，比较了个体与机构投资者情绪对上证 50ETF 期权隐含偏度的关系。徐龙炳等（1992）采用 R/S 方法证明了分形和长期记忆特征存在于中国证券市场中。后来，王继田等人对外汇市场中多重分形进行研究。随着 MF – DCCA 方法的不断成熟，国内也有很多学者采用多重分形互相关来对我国金融市场进行研究。例如，黄健柏等（2013）利用该方法对金属期货量价关系的多重分形特征进行了研究。苏方林等（2018）对中国香港股市与沪深股市交叉相关及多重分形特征的研究都是基于该方法。MF – DCCA 方法消除了局部趋势影响，在研究非平稳时间序列之间的长期幂律互相关的相关性质上是很有优势的。

本章参考已有文献对于投资者情绪的构建方法，使用市场上的已有指标进行合成以建立一个综合的投资者情绪指数。对于这一综合指数的构建选择使用主成分分析法，它的优点在于通过降维的方式用少数几个综合变量来代替原指标，可以使计算操作变得简便易行。考虑到我国市场的实际情况和数据的可获得性，选取了 2008 年 1 月至 2017 年 12 月之间的月度数据进行处理与分析，并遵循客观与主观相结合的规则，在选取了封闭式基金折价率等 6 个客观性指标后，还添加了消费者信心指数这一主观指标作为辅助，以便得到一个更为贴近

市场实际的投资者情绪综合指数。在建立了投资者情绪指数之后，本章对情绪
与市场之间的关系进行分析。除了分析我国内地的沪深市场外，本章还探究了
情绪与境外市场的关系，但考虑到我国与西方市场尚未达到高度接轨的状态，
因此在境外市场中选择了中国香港市场进行分析，并使用恒生指数的收益率作
为中国香港市场的代表。同时，本章探究了与内地联系更为紧密的中国香港中
概股市场和境外中概股市场，使用恒生中国企业指数和道中境外 50 指数作为它
们的代表，在进行平稳性分析之后，对其建立向量自回归模型，并做了格兰杰
因果分析和脉冲响应分析，希望可以探究内地投资者情绪与境外市场的相互关
系。最后，本章采用 MF－DFA 方法检验个体投资者情绪和中国股票收益的多重
分形，以上证综合指数（SSEC）和深证综合指数（SZSE）的回报作为上海证券
交易所和深圳证券交易所收益的代理变量。采用 MF－DCCA 方法，检验个体投
资者情绪与股票市场收益之间的关联性，研究个体投资者情绪与中国股票收益
之间互相关的多重分形来源。

第二节　投资者情绪指数的建立

一、情绪指标的选择

对于投资者情绪的衡量与测度，目前的主流研究一般集中在三种方法，一
通过对市场上一些具有代表性的指标进行合成，获得一个综合性的投资者情绪
指数，或是对投资者做市场调查等方式获取直观的第一手数据，另外，随着近
些年来网络爬虫技术和机器学习的盛行，还有一些研究者选择通过挖掘网络文
本等进行情感分析。本节选用的目前最为成熟的情绪建立方法，即通过选取市
场上的一些具有代表性的指标进行合成，同时参考了贝克和伍尔格勒（Baker &
Wurgler，2006）建立的 BW 情绪指数，采用主成分分析的方法建立综合情绪指

数。但是，由于中国金融市场的特殊性，适用于西方发达金融市场的 BW 情绪指数在中国市场中可能存在限制，结合数据的可获得性，本节选取了以下 7 个指标，其中包含 6 个客观指标和 1 个主观指标，以此建立了适合中国市场的投资者情绪指数。

1. 封闭式基金折价率

根据有效市场的理论，资产价格受到资产基本价值的影响，因此，资产价格的变化可以反映出基本面的变化，即封闭式基金的市场价格应等于其单位净资产的股票组合的价值。但是，封闭式基金在实际市场中通常是折价发行的。根据易志高和茅宁（2009）的研究结果，封闭式基金折价率能够反映投资者情绪的变化，与投资者情绪呈现出负相关。本节采用的是行情基金按照基金份额加权的综合折价率月度值，计算公式如下：

$$DCEF_t = \sum_{i=1}^{n} \left[(P_{it} - NAV_{it}) \times N_i \right] / \sum_{i=1}^{n} (N_i \times NAV_{it})$$

其中，n 为沪深市场当期公开发行的封闭式基金数量，P_i 是基金 i 在每月最后一个交易日的收盘价，NAV_i 为每月最后一个交易日的单位净值，N_i 是基金 i 的份额。$DCEF_t$ 大于 0 时为溢价，小于 0 时为折价。

2. IPO 个数

股票市场中 IPO 个数能够较好地反映当前市场的火热程度，根据贝克和伍尔格勒（Baker & Wurgler，2006）的研究结果表明，当月 IPO 数量也能在一定程度上代表该月的投资者情绪变化。此变量为当月 IPO 的个数，若没有则为 0。但考虑到部分 IPO 数据的缺失，本节参考以往文献的做法，采用以发行公告日为基准统计每月的 IPO 数量。

3. IPO 首日收益

市场上往往是"火热"与"冷酷"并存，因此，市场选择的不同也会造成不同的 IPO 收益，从贝克和伍尔格勒（Baker & Wurgler，2006）的研究结果来看，这些市场选择正是反映当前投资者情绪的一个重要风向标，因此，本节在选取月 IPO 数量的指标外，增加了 IPO 首日收益这一指标，即 IPO 流通股数加权的平均收益率，计算公式如下：

$$IPOR_t = \sum_{i=1}^{n} (P_i - P_i') \times LSN_i / \sum_{i=1}^{n} LSN_i$$

其中，n 为当月新股的发行数量，P_i 为新股 i 上市首日的收益率，P_i' 为其发行价格，LSN 为其发行流通股数。

4. 新增投资者开户数

中国市场的一个显著特殊性就在于其个体投资者数量的庞大，但其占据的 82% 市场交易额却仅仅占据 20% 左右的市值，因此，个体投资者对于中国市场的情绪影响是非常巨大的，可以推断，股票行情的持续走高与这些个体投资者的变化数量之间具有密切联系。根据魏星集等（2014）的研究成果，对于我国的股票市场而言，新增投资者开户数能够较好地反映投资者对于市场的投资热切程度，即情绪处于高位时，想要进入市场进行操作的投资者数目会增加，反之则会减少。因此，本节将每月新增的投资者开户数纳入情绪指数的计算中，为方便数据的分析，采用了每月新增开户数目的三分位形式进行计算。

5. 市场换手率

与世界其他市场相比之下，中国股市的换手率位于各国前列，这对于中国市场的投资者情绪衡量是一个重要指标，根据魏星集等（2014）的研究成果，它反映了市场交易的活跃程度。若换手率突然上升，成交量放大，可能意味着有大量买进产生，带动价格上涨，是情绪的一个重要体现。因此，本节采用月市场换手率指标作为情绪指数的一个组成部分，计算公式为：（月市场成交额/近两个月总市值均值）×（月平均交易天数/各月累计交易天数）。

6. 交易量

同样地，市场的流动性在一定程度上能够通过交易量反映出来，交易量同时还可以反映出投资者的参与程度。根据易志高和茅宁（2009）的研究结果，我国股票市场仍然处于发展上升阶段，因此股票数量和市值也同样处于一个上升期，这也会使市场交易规模扩大。交易量的计算采用月交易金额与月流通市值的均值比来进行计算。

7. 消费者信心指数

尽管从实际上来看，消费者信心可能无法完全代表投资者的主观行为心理，但是考虑到数据的可获得性，同时结合薛斐（2005）的研究表明，消费者信心指数能够在一定程度上度量投资者情绪，本节中使用的消费者信心指数来源为国家统计局所编制。

二、主成分分析法的基本思想与理论

在处理一组具有相关关系的变量组建成的数据集时，主成分可以仅仅用几个少数综合原始数据集中的大部分变异新息的典型变量对数据集进行概括，而主成分方向可以被解释为特征空间中原始数据的高度变异的方向。主成分分析（principal component analysis，PCA）是一种可以从多个变量中得到低维变量的有效方法，它计算主成分并使用主成分理解数据，找到一个尽量含有足够多数据集变异信息的低维表示。因此，主成分分析其实是一种降维方法。主成分分析的思想是 n 个观测虽然都存在于 p 维空间中，但并不是所有维度都有同样的价值，因此需要致力于寻找少数但又尽可能有意义的维度，而这些维度是否有意义是由观测在每一维度上的离散程度所度量的。通过主成分分析所找到的每一个维度都是原始 p 个特征的线性组合。

一组变量 X_1，X_2，$\cdots$，X_p 的第一主成分（first principle component）是变量标准化线性组合中方差最大的组合：

$$Z_1 = \phi_{11}X_1 + \phi_{21}X_2 + \cdots + \phi_{p1}X_p$$

其中，ϕ_{11}，$\cdots$，ϕ_{p1} 指的是第一主成分的载荷（loading）。同时，这些载荷构成了主成分的载荷向量 $\phi_1 = (\phi_{11}\phi_{21}\cdots\phi_{p1})^T$。为防止载荷绝对值任意大而导致方差变得任意大，限定这些载荷的平方和为 1。

接下来对第一主成分进行计算，首先假设有一个 $n \times p$ 维数据集 X，对 X 中的每个变量都经过中心化处理，其均值均为 0（即矩阵 X 在列方向上的均值均为 0），然后寻求具有如下形式的样本特征值的线性组合。

$$z_{i1} = \phi_{11}x_{i1} + \phi_{21}x_{i2} + \cdots + \phi_{p1}x_{ip} \tag{4-1}$$

该线性组合在限定条件 $\sum_{j=1}^{p} \phi_{j1}^2 = 1$ 下有最大的样本方差，换句话说，第一主成分的载荷向量可以看成最优化问题。

$$\max_{\phi_{11},\cdots,\phi_{ip}} \left\{ \frac{1}{n} \sum_{i=1}^{n} \left(\sum_{j=1}^{p} \phi_{j1}x_{ij} \right)^2 \right\}, \quad \sum_{j=1}^{p} \phi_{j1}^2 = 1 \tag{4-2}$$

将式（4-1）代入式（4-2）中，将需要最大化的目标函数写成 $\frac{1}{n} \sum_{i=1}^{n} z_{i1}^2$。因为

$\dfrac{1}{n}\sum\limits_{i=1}^{n}x_{ij}=0$，所以 z_{11}，$\cdots$，z_{n1} 的均值也为 0。因此，（4 - 2）中需要最大化的目标函数正是 z_{i1} 的 n 个值的样本方差。z_{11}，$\cdots$，z_{n1} 即为第一主成分的得分。要解式（4 - 2），可以通过线性代数中的特征分解实现。

当这组特征的第一主成分 Z_1 确定之后，可以继续寻找第二主成分 Z_2。第二主成分也是 X_1，X_2，$\cdots$，X_p 的线性组合，这个线性组合是与 Z_1 不相关的各种线性组合中方差最大的一个。第二主成分的得分 z_{12}，z_{22}，$\cdots$，z_{n2} 有以下形式：

$$z_{i2}=\phi_{12}x_{i1}+\phi_{22}x_{i2}+\cdots+\phi_{p2}x_{ip}$$

当 ϕ_2 是第二主成分的载荷向量时，其分量是 ϕ_{12}，ϕ_{22}，$\cdots$，ϕ_{p2}。它表明，要使 Z_2 和 Z_1 不相关，相当于使 ϕ_2 的方向与 ϕ_1 垂直。要得到 ϕ_2，可以解决一个类似于式（4 - 2）的优化问题，只需要把其中的 ϕ_1 替换成 ϕ_2，并且加上 ϕ_2 的方向与 ϕ_1 垂直这一附加条件即可。

三、情绪指数的构建与修正

基于上文的分析与中国金融市场的实际情况，本节在改进 BW 情绪指数与 CICSI 情绪指数的情况下，纳入了 7 个能够反映中国金融市场投资者情绪的指标变量，即封闭式基金折价率、IPO 数量、IPO 上市首日收益、新增投资者开户数、市场换手率、交易量和消费者信心指数，构建了中国金融市场的投资者情绪指数。考虑到市场可能发生的剧烈变化和数据的可获得性，各指标均采用月度数据进行计算，时间跨度为 2008 年 2 月至 2017 年 12 月共 119 个月，数据来源为国泰安（CSMAR）数据库。

1. 初始投资者情绪指数构建

考虑到各指标单位可能不一样，如果各自改变量纲，则结果会不一样，因此先对所有数据进行无量纲化处理，消除量纲影响。同时，考虑到情绪可能存在"提前影响"或"滞后影响"的效应，因此对各变量的提前项数据与当期数据同时作为变量，建立一个包含了 14 个指标变量的情绪指数体系，然后参考 BW 情绪指数的构造方法，采用主成分分析法对数据进行处理分析，得到结果如下：

（1）KMO 检验与 Bartlett 球状检验。KMO（kaiser-meyer-olkin）检验统计量是用于比较变量间相关关系和偏相关系数的指标，取值范围为 0～1。KMO 取值越接近 1，表明变量间相关性越强。Bartlett 球形度检验用于检验各个变量之间的独立程度的指标，其值越大，表明变量之间的独立性越高（见表 4－1）。

表 4－1   KMO 检验与 Bartlett 球状检验结果

取样足够度的 Kaiser – Meyer – Olkin 度量		0. 715
Bartlett 的球形度检验	近似卡方	1 746. 065
	df	91
	Sig.	0. 000

检验结果 KMO＝0. 715，Bartlett 球形度检验 P 值小于 0. 05，则拒绝原假设，表明各变量之前有共享因子的可能性较低，可做主成分分析。

（2）主成分分析。根据软件结果，得到提取主成分的累计方差解释率如下，此处本节对 BW 情绪指数法中只采用第一主成分的方法进行了改进，严格遵守累计方差解释率 85% 的标准以保留更多信息。根据累计方差解释率的结果来看，提取前五个主成分可以使累计方差解释率符合标准，因此提取五个主成分因子。根据成分得分系数矩阵，可以得到出每个主成分的得分函数表达式，并根据贡献率确定最终主成分的系数，得到综合情绪指数（见表 4－2）。

表 4－2   初始情绪指数的主成分分析结果   单位：%

成分	方差解释率	累计方差解释率
1	38. 627	38. 627
2	22. 028	60. 655
3	11. 17	71. 825
4	7. 1286	78. 9536
5	6. 5012	85. 4548
6	5. 7122	91. 167
7	2. 2953	93. 4623
8	1. 9424	95. 4047
9	1. 7628	97. 1675

续表

成分	方差解释率	累计方差解释率
10	1.2266	98.3941
11	0.85854	99.25264
12	0.37608	99.62872
13	0.30048	99.9292
14	0.070395	100

2. 修正一次的投资者情绪指数

在上述的分析中，采用主成分分析的方法得到初始的情绪指数，但是由于构造指数所用的变量数目较多，因此，需要对变量进行相关性分析，筛选出相关性较大的变量进入情绪指数体系中，相关性分析结果如表4-3所示。

表4-3　　　　　　　　　　　指标相关性分析结果

变量名	相关系数	变量名	相关系数
封闭式基金折价率	0.492	上月封闭式基金折价率	0.465
IPO 个数	0.768	上月 IPO 个数	0.743
IPO 首日收益	0.345	上月 IPO 首日收益	0.276
新增投资者开户数	0.645	上月新增投资者开户数	0.640
市场换手率	0.236	上月市场换手率	0.226
交易量	0.772	上月交易量	0.777
消费者信心指数	0.714	上月消费者信心指数	0.716

可以看到，各指标均通过了显著性检验，其中封闭式基金折价率、IPO 个数、上月 IPO 个数、新增投资者开户数、上月新增投资者开户数、交易量、上月交易量、消费者信心指数、上月消费者信心指数这9个变量与情绪指数的相关性较大，因此采用这9个变量构造新的投资者情绪指数，同样采用的是主成分分析的方法，累计方差贡献率的结果如下，共提取三个主成分，随后通过计算得到修正一次的投资者情绪指数（见表4-4）。

表4-4　　　　　修正一次情绪指数的主成分分析结果　　　单位：%

成分	方差解释率	累计方差解释率
1	55.305	55.305
2	22.248	77.553
3	7.9577	85.5107
4	6.2852	91.7959
5	3.2152	95.0111
6	2.2347	97.2458
7	1.9532	99.199
8	0.67587	99.87487
9	0.12523	100

3. 消除宏观经济影响的投资者情绪指数

上文构造的投资者情绪指数虽然经过了一次相关性分析的修正，但是没有消除宏观经济的影响，因此对情绪指数进行二次修正。结合我国宏观经济运行的实际情况和数据的可获得性，本节选取了居民消费价格指数和宏观经济景气指数作为宏观经济的代理变量，同样进行无量纲化处理后，将上述的9个指标分别与居民消费价格指数和宏观经济景气指数进行回归，取回归残差作为消除宏观经济影响的指标数据，然后再对这些残差变量进行同样的主成分分析，得到累计方差贡献率如下，共选取3个主成分，通过计算得到最终的投资者情绪指数（见表4-5）。

表4-5　　　　消除宏观经济影响的情绪指数主成分分析结果　　　单位：%

成分	方差解释率	累计方差解释率
1	55.046	55.046
2	24.526	79.572
3	6.8807	86.4527
4	4.7537	91.2064
5	3.4554	94.6618
6	2.4674	97.1292
7	2.1679	99.2971
8	0.58015	99.87725
9	0.12244	100

第三节 投资者情绪与沪深股市收益的分析

在上文的分析中，通过主成分分析法及两次的修正后，得到了最终的投资者情绪指数，为了衡量所建立的投资者情绪指数对股市收益的影响，本节选择了沪深 300 指数收益率作为中国股票市场的代表，与投资者情绪指数进行分析，建立二元向量自回归模型，并做格兰杰因果分析和脉冲响应函数分析。数据来源为锐思 (RESSET) 金融数据库。

一、平稳性检验

由于沪深 300 指数收益率和上文所建立的投资者情绪指数都是时间序列数据，因此在进行计量分析之前，首先做平稳性检验，若直接使用非平稳的时间序列进行分析，有可能会导致伪回归。本节中采用的是 ADF 检验 (augmented dickey-fuller test)，这是一种可以检验时间序列模型是否存在单位根的方法，如果含有单位根，则模型是非平稳的。

1. ADF 检验的原理

为了检验在 AR(p) 过程中是否存在单位根，用 x_t 表示该序列，可使用如下回归来对原假设 $H_0: \beta = 1$ 和备择假设 $H_\alpha: \beta < 1$ 进行检验。

$$x_t = c_t + \beta x_{t-1} + \sum_{i=1}^{p-1} \phi_i \Delta x_{t-i} + e_t \qquad (4-3)$$

其中，c_t 是关于时间指标 t 的确定性函数，$\Delta x_j = x_j - x_{j-1}$ 是 x_t 的差分序列。在实际中，c_t 可以是零、常数，或者 $c_t = \omega_0 + \omega_1 t$。$\hat{\beta} - 1$ 的 t 比为：

$$ADF - test = \frac{\hat{\beta} - 1}{std(\hat{\beta})}$$

其中，$\hat{\beta}$ 为 β 的最小二乘估计，上述 t 比即扩展的 Dickey - Fuller 单位根检验。注意到由于一阶差分，式 (4-3) 等价于一个带确定性函数 c_t 的 AR(p) 模型。

式（4－3）还可以改写为：

$$\Delta x_t = c_t + \beta_c x_{t-1} + \sum_{i=1}^{p-1} \phi_i \Delta x_{t-i} + e_t$$

其中，$\beta_c = \beta - 1$。等价地，可以检验原假设 $H_0: \beta_c = 0$ 和备择假设 $H_\alpha: \beta_c < 0$。

2. 平稳性检验结果

首先对上文中构造的情绪指数进行平稳性检验，采用 ADF 检验得到结果如表 4－6 所示。

表 4－6 平稳性检验结果

变量名	P 值	是否平稳
投资者情绪指数	0.6903	不平稳
一阶差分的投资者情绪指数	0.0000	平稳
沪深 300 指数回报率	0.0509	平稳
一阶差分后的沪深 300 指数回报率	0.0000	平稳

由检验结果可知，情绪指数在 10% 的置信水平下不平稳，但在进行一阶差分后为平稳时间序列，沪深 300 指数回报率和一阶差分后的沪深 300 指数回报率在 10% 的置信水平下均为平稳时间序列。

二、向量自回归模型的建立

1. 向量自回归模型理论

对于多个经济变量的预测，一种方法是用单变量时间序列的方法对每个变量分别作预测，另一种方法是将这些变量放在一起，作为一个系统来预测，以使预测相互自洽（mutually consistent），这被称为多变量时间序列（multivariate time series）。由西姆斯（Sims，1980）所提倡的"向量自回归"（vector autoregression，VAR）正是这样一种方法。假设有两个时间序列变量 $\{y_{1t}, y_{2t}\}$，分别作为两个回归方程的被解释变量，而解释变量为这两个变量的 p 阶滞后值，构成一个二元的 VAR(p) 系统：

$$y_{1t} = \beta_{10} + \beta_{11}y_{1,t-1} + \cdots + \beta_{1p}y_{1,t-p} + \gamma_{11}y_{2,t-1} + \cdots + \gamma_{1p}y_{2,t-p} + \varepsilon_{1t}$$

$$y_{2t} = \beta_{20} + \beta_{21}y_{1,t-1} + \cdots + \beta_{2p}y_{1,t-p} + \gamma_{21}y_{2,t-1} + \cdots + \gamma_{2p}y_{2,t-p} + \varepsilon_{2t}$$

其中，$\{\varepsilon_{1t}\}$ 与 $\{\varepsilon_{2t}\}$ 均为白噪声过程（故不存在自相关），但允许两个方程的扰动项之间存在"同期相关性"（contemporaneous correlation），

$$\text{cov}(\varepsilon_{1t},\ \varepsilon_{2t}) = \begin{cases} \sigma_{12}, & \text{若 } t = s \\ 0, & \text{否则} \end{cases}$$

注意到上面两个方程的解释变量完全一样。将两个方程写在一起：

$$\begin{pmatrix} y_{1t} \\ y_{2t} \end{pmatrix} = \begin{pmatrix} \beta_{10} \\ \beta_{20} \end{pmatrix} + \begin{pmatrix} \beta_{11} \\ \beta_{21} \end{pmatrix} y_{1,t-1} + \cdots + \begin{pmatrix} \beta_{1p} \\ \beta_{2p} \end{pmatrix} y_{1,t-p}$$
$$+ \begin{pmatrix} \gamma_{11} \\ \gamma_{21} \end{pmatrix} y_{1,t-1} + \cdots + \begin{pmatrix} \gamma_{1p} \\ \gamma_{2p} \end{pmatrix} y_{2,t-p} + \begin{pmatrix} \varepsilon_{1t} \\ \varepsilon_{2t} \end{pmatrix}$$

将同期变量写成列向量，并把相应的系数合并为矩阵，

$$\begin{pmatrix} y_{1t} \\ y_{2t} \end{pmatrix} = \begin{pmatrix} \beta_{10} \\ \beta_{20} \end{pmatrix} + \begin{pmatrix} \beta_{11} & \gamma_{11} \\ \beta_{21} & \gamma_{21} \end{pmatrix} \begin{pmatrix} y_{1,t-1} \\ y_{2,t-1} \end{pmatrix} + \cdots + \begin{pmatrix} \beta_{1p} & \gamma_{1p} \\ \beta_{2p} & \gamma_{2p} \end{pmatrix} \begin{pmatrix} y_{1,t-p} \\ y_{2,t-p} \end{pmatrix} + \begin{pmatrix} \varepsilon_{1t} \\ \varepsilon_{2t} \end{pmatrix}$$

记 $y_t = \begin{pmatrix} y_{1t} \\ y_{2t} \end{pmatrix}$，$\varepsilon_t = \begin{pmatrix} \varepsilon_{1t} \\ \varepsilon_{2t} \end{pmatrix}$，则有：

$$y_t = \underbrace{\begin{pmatrix} \beta_{10} \\ \beta_{20} \end{pmatrix}}_{\tau_0} + \underbrace{\begin{pmatrix} \beta_{11} & \gamma_{11} \\ \beta_{21} & \gamma_{21} \end{pmatrix}}_{\tau_1} y_{t-1} + \cdots + \underbrace{\begin{pmatrix} \beta_{1p} & \gamma_{1p} \\ \beta_{2p} & \gamma_{2p} \end{pmatrix}}_{\tau_p} y_{t-p} + \varepsilon_t$$

定义相应的系数矩阵为 Γ_0，Γ_1，$\cdots$，Γ_p，可得：

$$y_t = \Gamma_0 + \Gamma_1 y_{t-1} + \cdots + \Gamma_p y_{t-p} + \varepsilon_t$$

这个形式与 AR(p) 很相似，故名 VAR(p)。其中，$\{\varepsilon_t\}$ 是一维白噪声过程的推广，被称为向量白噪声过程（vector white noise process）。

由于 VAR(p) 系统中的解释变量 $\{y_{t-1}, \cdots, y_{t-p}\}$ 依赖于 $\{\varepsilon_{t-1}, \varepsilon_{t-2}, \cdots\}$，而 ε_t 与 $\{\varepsilon_{t-1}, \varepsilon_{t-2}, \cdots\}$ 不相关，故可视所有解释变量为前定变量（predetermined），与当期扰动项 ε_t 不相关，故可以用 OLS 对每个方程分别进行估计。由此可见，"扰动项 $\{\varepsilon_t\}$ 不存在自相关"是保证 OLS 一致性的重要条件。如果假设扰动项服从正态分布，则可以推导出条件 MLE 估计量。条件 MLE 等价于对每个方程分别用 OLS 进行估计。

在进行 VAR 建模时，需要确定变量的滞后阶数，其中一个方法是使用

信息准则。根据残差 $\widehat{\varepsilon}_t$ 可以估计协方差矩阵 $\sum$，记为 $\widehat{\sum}$。矩阵 $\widehat{\sum}$ 的 (i, j) 元素为 $\widehat{\sum}_{ij} \equiv \frac{1}{T} \sum_{t=1}^{T} \widehat{\varepsilon}_{it} \widehat{\varepsilon}_{jt}$，其中 T 为样本容量。则 VAR 模型的 AIC 与 BIC 分别为：

$$AIC(p) \equiv \ln \left| \widehat{\sum} \right| + n(np + 1) \frac{2}{T}$$

$$BIC(p) \equiv \ln \left| \widehat{\sum} \right| + n(np + 1) \frac{\ln T}{T}$$

其中，n 为 VAR 系统中变量的个数，p 为滞后阶数，$\left| \widehat{\sum} \right|$ 为 $\widehat{\sum}$ 的行列式，而 $n(np + 1)$ 为 VAR 模型中待估计系数之总数。可以看出，以上表达式为单一方程的信息准则向多方程情形的推广。

2. 沪深 300 指数回报率与情绪指数的 VAR 分析

根据上文的平稳性分析结果，考虑使用一阶差分的投资者情绪指数和沪深 300 指数回报率构建二元 VAR 系统。首先根据信息准则，估计 VAR 模型的阶数，结果如表 4 - 7、表 4 - 8 所示。

表 4 - 7　　　　　　　　　　VAR 模型的阶数估计

滞后阶数	AIC	HQIC	SBIC
0	3.65036	3.66985	3.69837
1	1.7338	1.79224	1.87781
2	1.52837	1.62578	1.76839
3	1.51585	1.65222	1.85187
4	1.47677	1.6521	1.9088

因此，考虑建立二阶向量自回归模型，并检验各阶系数的联合显著性。可以看出，无论是单一方程还是两个方程作为整体，各阶系数均高度显著。随后进行残差的白噪声检验，即残差是否为自相关，结果显示可以接受残差"无自相关"的原假设。

表 4 - 8　　　　　　　　　　　　VAR 模型的系数估计

项目	沪深 300 指数收益率（HS300）				投资者情绪指数（SENT）			
	沪深 300 滞后一阶	沪深 300 滞后两阶	情绪指数 滞后一阶	情绪指数 滞后两阶	沪深 300 滞后一阶	沪深 300 滞后两阶	情绪指数 滞后一阶	情绪指数 滞后两阶
系数	1.063	-0.173	0.045	0.037	0.381	-0.382	0.265	-0.222
标准差	0.094	0.093	0.104	0.102	0.076	0.075	0.084	0.082
P 值	0.000	0.063	0.666	0.713	0.000	0.000	0.002	0.007

因此，以沪深 300 指数收益率为解释变量的模型中，主要受沪深 300 指数收益率的一阶滞后变量和二阶滞后变量的影响，且一阶滞后变量系数显著为正，二阶滞后变量系数显著为负。而在以情绪指数为解释变量的模型中，主要受其一阶滞后变量、二阶滞后变量和沪深 300 指数收益率一阶滞后变量、二阶滞后变量的影响，且其一阶滞后变量系数和沪深 300 指数一阶滞后变量系数显著为正，其二阶滞后变量系数和沪深 300 指数二阶滞后变量系数显著为负。根据回归结果，得到 VAR 模型为：

$$\widehat{HS300}_t = 1.063 HS300_{t-1} - 0.173 HS300_{t-2}$$

$$\widehat{SENT}_t = 0.381 HS300_{t-1} - 0.382 HS300_{t-2} + 0.265 SENT_{t-1} - 0.222 SENT_{t-2}$$

根据模型结果可以得出，情绪指数与滞后一阶的沪深 300 指数收益率之间存在正相关关系，但是与滞后二阶的沪深 300 指数收益率之间存在负相关关系，结果均是显著的。而滞后一阶和滞后二阶的情绪指数对于沪深 300 指数收益率均有正向影响，但是，不管是滞后一阶还是滞后两阶的情绪指数对于沪深 300 指数收益率的影响都不是显著的。

进一步，对 VAR 系统的稳定性进行检验。根据检验结果和判别图可以得到，所有特征值均在单位根之内，因此 VAR 系统是稳定的（见表 4 - 9）。

表 4 - 9　　　　　　　　　　　VAR 系统的稳定性检验结果

Eigenvalue	Modulus
0.8526023	0.852602
0.08511571 + 0.442577i	0.450687

Eigenvalue	Modulus
$0.08511571 - 0.442577i$	0.450687
0.3063528	0.306353

另外，对 VAR 模型的残差是否服从正态分布进行检验，结果显示在 5% 的显著性水平上，无论是情绪指数还是沪深 300 指数收益率变量或二者联合分布均不是正态分布的，但是这对 VAR 模型的影响不大，尽管残差项的非正态性显示了模型可能偏离了真实的数据生成过程，并且使对变量未来值的预测区间变得不可信（见图 4 – 1）。

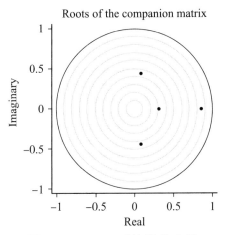

图 4 – 1　VAR 系统的稳定性

三、格兰杰因果分析

1. 格兰杰因果分析理论

经济学中常常需要确定因果关系究竟是从 x 到 y，还是从 y 到 x，抑或双向因果关系。格兰杰（1969）提出的检验方法基于以下思想。如果 x 是 y 的因，但 y 不是 x 的因，则 x 的过去值可以帮助预测 y 的未来值，但 y 的过去值却不能帮助预测 x 的未来值。考虑以下时间序列模型：

$$y_t = \gamma + \sum_{i=1}^{p} \alpha_i y_{t-i} + \sum_{i=1}^{p} \beta_i x_{t-i} + \varepsilon_t$$

其中，滞后阶数 p 可根据"信息准则"或"由大到小的序贯 t 规则"来确定。检验员假设"$H_0: \beta_1 = \cdots = \beta_p = 0$"，即 x 的过去值对预测 y 的未来值没有帮助。如果拒绝 H_0，则称 x 是 y 的"格兰杰原因"（Granger cause）。将以上回归模型中 x 和 y 的位置互换，则可以检验 y 是否为 x 的格兰杰原因。在实际操作中，常将（x，y）构成一个二元 VAR 系统，然后在 VAR 的框架下进行格兰杰因果关系检验。

2. 沪深 300 指数回报率与情绪指数的格兰杰因果分析

表 4 – 10 考察情绪指数变量和沪深 300 指数收益率变量之间的格兰杰因果关系。根据软件结果显示，当情绪指数为被解释变量时，其 P 值远小于 0.05，但当沪深 300 指数收益率为被解释变量时，P 值大于 0.05。因此，沪深 300 指数收益率是情绪指数的格兰杰原因，但情绪指数不是沪深 300 指数收益率的格兰杰原因。

表 4 – 10　　　　　　　　　　**格兰杰因果检验结果**

Equation	Excluded	chi2	Prob > chi2
情绪指数	沪深 300 指数收益率	26.6	0.000
情绪指数	All	26.6	0.000
沪深 300 指数收益率	情绪指数	0.44122	0.802
沪深 300 指数收益率	All	0.44122	0.802

四、脉冲响应分析

1. 脉冲响应函数理论

类似于一元情形，一个 VAR(p) 模型可以表示为过去新息的线性函数，即：

$$r_t = \mu + \alpha_t + \Psi_1 \alpha_{t-1} + \Psi_2 \alpha_{t-2} + \cdots$$

其中，$\mu = [\Phi(1)]^{-1} \phi_0$，此处假定 $\Phi(1)$ 的逆是存在的，系数矩阵 Ψ_i 可以由与下面 B^i 的系数相等得到：

$$(I - \Phi_1 B - \cdots - \Phi_p B^p)(I + \Psi_1 B + \Psi_2 B^2 + \cdots) = I$$

其中，I 为单位矩阵。这是 r_t 的滑动平均表示，其中系数矩阵 Ψ_i 为过去新息 α_{t-i} 对 r_t 的影响。同样地，Ψ_i 也是 α_t 对未来观测 r_{t+i} 的影响。因此，通常称 Ψ_i 为 r_t 的脉冲响应函数。

2. 沪深 300 指数回报率与情绪指数的脉冲响应分析

接下来考察脉冲响应函数，结果如图 4-2 所示，横坐标代表冲击的滞后阶数，纵坐标代表冲击单位，中间的曲线代表脉冲响应后验分布的均值。从图 4-2 左下图的结果来看，当沪深 300 指数收益率有一个正的冲击时，情绪指数的一阶差分首先上升，然后下降向零回落，在第一期时有一个正向的影响，但是这个影响随着时间的推移而减弱，当到达第四期之后几乎消失，这说明当沪深 300 指数受到外部条件的冲击时，会在第一期对情绪指数产生一个正向的关系。另外，从图 4-2 右上图的结果来看，情绪指数的一阶差分对沪深 300 指数收益率几乎没有影响。

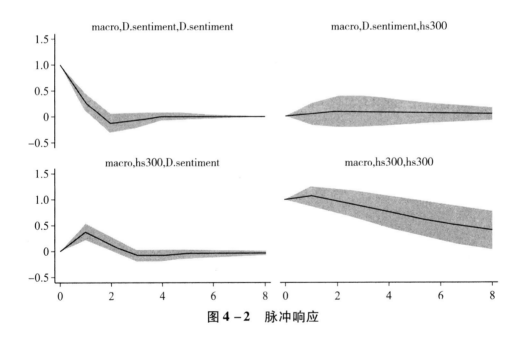

图 4-2　脉冲响应

下面估计正交化的脉冲响应函数，结果如图 4-3 所示。可以看出，正交化的脉冲图与未正交化的脉冲图之大致轮廓十分接近，但前者的响应幅度要小得多。

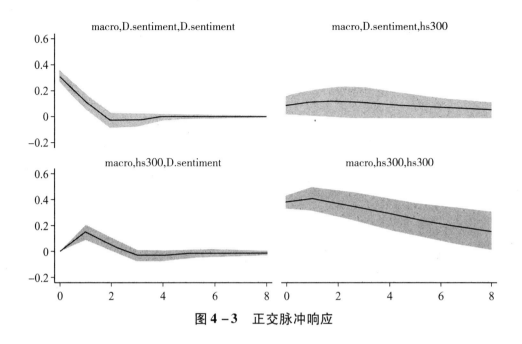

图 4 - 3　正交脉冲响应

第四节　投资者情绪与其他市场收益的分析

在前面的小节中，我们对投资者情绪与沪深 300 指数收益率的关系进行了分析，但是随着中国的金融市场愈发国际化，中国投资者也开始逐渐走向境外，成为影响世界金融市场的一个重要部分。因此，本节考虑投资者情绪对境外市场的影响，同时结合中国投资者可能具有偏好本土企业进行投资的实际情况，分别对中国香港市场、中国香港中概股市场和境外中概股市场进行探究，选取了恒生指数、恒生中国企业指数、道琼斯中国境外 50 指数的收益率作为以上三者的代表，分析它们和投资者情绪之间的关系。数据来源为锐思（RESSET）金融数据库。

一、投资者情绪与中国香港市场

同前文对沪深 300 指数收益率的处理分析一样，首先对数据作平稳性检验，随后利用信息准则估计 VAR 模型阶数，根据软件结果，考虑建立二阶 VAR 模型，回归结果如表 4 – 11 所示。

表 4 – 11　　　　　　　　　**VAR 模型系数估计**

项目	投资者情绪指数（SENT）				恒生指数（HSI）			
	$SENT_{t-1}$	$SENT_{t-2}$	HSI_{t-1}	HSI_{t-2}	$SENT_{t-1}$	$SENT_{t-2}$	HSI_{t-1}	HSI_{t-2}
系数	0.309	− 0.305	0.067	0.083	0.708	− 0.578	0.109	0.008
标准差	0.087	0.088	0.033	0.032	0.241	0.242	0.089	0.088
P 值	0.000	0.001	0.038	0.010	0.003	0.017	0.220	0.927

$$\widehat{SENT}_t = 0.309SENT_{t-1} - 0.305SENT_{t-2} + 0.067HSI_{t-1} + 0.083HSI_{t-2}$$

$$\widehat{HSI}_t = 0.708SENT_{t-1} - 0.578SENT_{t-2}$$

可以看到，以情绪指数为解释变量的模型中，主要受其自身一阶滞后、二阶滞后变量及恒生数收益率的一阶滞后变量和二阶滞后变量的影响，且其一阶滞后变量、恒生指数一阶滞后、二阶滞后变量系数均显著为正，其二阶滞后变量系数显著为负。而在以恒生指数为解释变量的模型中，主要受情绪指数一阶滞后变量、二阶滞后变量的影响，且情绪指数一阶滞后变量系数显著为正，情绪指数二阶滞后变量显著为负。因此，情绪指数受到其自身的影响外，还受到恒生指数的影响，并且恒生指数对情绪均为正向影响，说明当恒生指数走高时，投资者情绪也会随之高涨；而恒生指数也受到情绪指数的影响，并且这种影响高于其自身的滞后变量的影响，一阶滞后的情绪变量对恒生指数的影响为正相关，说明一阶滞后的情绪高涨时，恒生指数会随之上涨，但二阶滞后的情绪指数对恒生指数有负向影响，虽然这种影响不如一阶滞后的情绪来的显著，但也可说明在二阶滞后的情况下，情绪与恒生指数可能呈现反向变动的状态。

接下来对情绪指数和恒生指数收益率作格兰杰因果检验，根据检验结果，无论是以哪个作为被解释变量，其 P 值均小于 0.05，因此恒生指数和投资者情绪互为因果（见表 4 – 12）。

表 4 – 12　　　　　　　　　　　　格兰杰因果检验结果

Equation	Excluded	chi2	Prob > chi2
情绪指数	恒生指数收益率	11.432	0.022
情绪指数	All	11.432	0.022
恒生指数收益率	情绪指数	11.677	0.020
恒生指数收益率	All	11.677	0.020

　　而根据脉冲响应图 4 – 4 可以看出，恒生指数收益率受投资者情绪的冲击趋势起伏较大，首先表现出由正向负冲击，随后又恢复到正向冲击，继而回落至接近零的冲击趋势，并且表现出很长的影响持续时期，在第五期之后才开始有所减缓。但是，投资者情绪几乎不受到恒生指数的冲击影响。

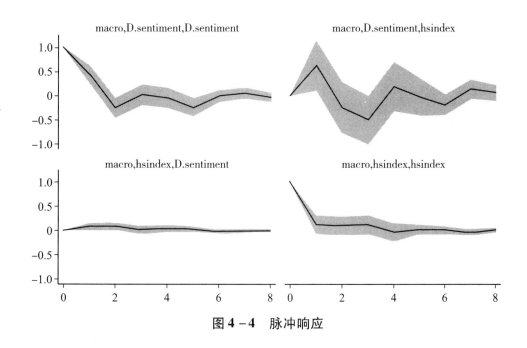

图 4 – 4　脉冲响应

二、投资者情绪与境外中概股市场

　　上文分析了投资者情绪与中国香港市场的关系，发现虽然所建立的投资者情绪指数是基于中国内地的股票市场，但仍能对中国香港市场产生较强影响，说明两地的金融市场的联系较为紧密。基于此，本节将对境外的中国概念股（以下简称"中概股"）市场进行进一步探究，并将其分为中国香港的中概股市场，即中国香港市场的中国内地概念股板块，使用恒生中国企业指数收益率作为代表。除此之外，本节还将对境外（非香港）市场的中概股收益率与投资者情绪进行探究，此处使用的是道琼斯中国境外50指数收益率。数据来源为RES-SET锐思金融数据库。

同样地，首先对数据进行平稳性检验后，利用信息准则确定VAR模型阶数，均建立了二阶向量自回归模型，模型估计结果如下：

$$\begin{cases} \widehat{SENT_t} = 0.277SENT_{t-1} - 0.288SENT_{t-2} + 0.091HSZGR_{t-1} + 0.067HSZGR_{t-2} \\ \widehat{HSZGR_t} = 0.565SENT_{t-1} - 0.426SENT_{t-2} \end{cases}$$

$$\begin{cases} \widehat{SENT_t} = 0.286SENT_{t-1} - 0.290SENT_{t-2} + 0.078D50_{t-1} + 0.075D50_{t-2} \\ \widehat{D50_t} = 0.521SENT_{t-1} - 0.548SENT_{t-2} \end{cases}$$

可以看出，境外中概股市场和中国香港中概股市场与投资者情绪的关系具有许多相似之处。当以投资者情绪作为解释变量的模型中，两个市场都表现出受到自身滞后一阶和滞后二阶的影响，但是滞后一阶变量和滞后二阶变量呈现出相反的影响效果，同时，还受到市场指数收益率变化的影响，其中，投资者情绪受中国香港中概股市场滞后一阶变量的影响较大，而境外市场的影响相对较小。反过来可以看到，中国香港中概股市场和境外非港中概股市场也都受到投资者情绪的影响，一阶滞后的投资者情绪对中国香港中概股市场的影响要大于境外（非港）市场，但是在二阶滞后的情况下，境外市场受到的影响要大于中国香港市场，考虑可能是因为中国香港中概股市场与内地市场的关系要更为紧密，因此受到的影响更加迅速。

与上文对恒生指数的分析一样，同样对两个中概股市场做格兰杰因果分析，得到结果如表4-13和表4-14所示。因此，不论是中国香港中概股市场还是境外（非港）的中概股市场，都和投资者情绪是一个双向的因果关系。

表4-13　　　　　　　　　中国香港中概股格兰杰因果检验结果

Equation	Excluded	chi2	Prob > chi2
投资者情绪指数	香港中国企业指数收益率	12.729	0.002
投资者情绪指数	All	12.729	0.002

续表

Equation	Excluded	chi2	Prob > chi2
香港中国企业指数收益率	投资者情绪指数	6.5676	0.037
香港中国企业指数收益率	All	6.5676	0.037

表 4 - 14　　　　　　境外非港中概股格兰杰因果检验结果

Equation	Excluded	chi2	Prob > chi2
投资者情绪指数	道中境外 50 指数收益率	10.781	0.005
投资者情绪指数	All	10.781	0.005
道中境外 50 指数收益率	投资者情绪指数	8.1965	0.017
道中境外 50 指数收益率	All	8.1965	0.017

从脉冲响应图 4 - 5、图 4 - 6 来看，中国香港中概股市场和境外非港的中概股市场受到投资者情绪的冲击具有很强的相似之处，二者均为由正向冲击转为负向，再经过一段较小的波动后回落至零。

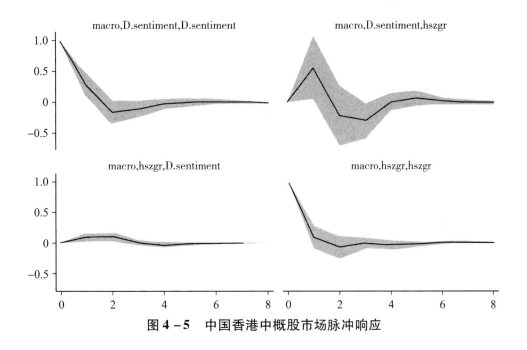

图 4 - 5　中国香港中概股市场脉冲响应

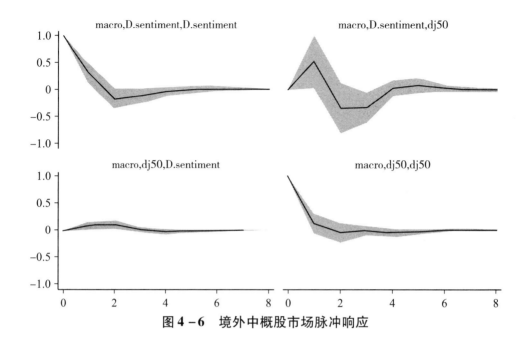

图 4 - 6　境外中概股市场脉冲响应

第五节　个体投资者情绪与股市收益
之间的相互关系实证分析

一、多重分形去趋势互相关分析（MF - DCCA）方法概述

在本节中，我们采用 MF - DCCA 方法通过动态的角度来分析中国个体投资者情绪与市场收益的关系。下面简要介绍一下 MF - DCCA[①] 方法。

设时间序列分别为 $x(t)$ 和 $y(t)$，$t = 1, 2, \cdots, N$，它们的长度一样都为 N。

第一步：构造两列基于 $x(t)$ 和 $y(t)$ 的新时间序列，

---

① Ma F., Wei Y., Huang D. Multifractal detrended cross-correlation analysis between the Chinese stock market and surrounding stock markets. Physica A：Statistical Mechanics and its Applications，2013，392（7）：1659 - 1670.

$$X(t) = \sum_{k=1}^{t} (x(k) - \bar{x}), \ t = 1, 2, \cdots, N$$

$$Y(t) = \sum_{k=1}^{t} (y(k) - \bar{y}), \ t = 1, 2, \cdots, N$$

其中时间序列的平均值分别为 $\bar{x}$ 和 $\bar{y}$。

第二步：将时间序列 $x(t)$ 和 $y(t)$ 划分为 N_s 个无相交区域的区间（即改变时间长度），其长度为 s。其中 $N_s = \mathrm{int}(N/s)$ 取整，为了保证在划分过程中序列的信息的完整，对两个时间序列按照 i 由小到大和由大到小各划分 1 次，这样，共得到 $2N_s$ 个区间。

第三步：将最小二乘法运用到每个子序列的拟合中，产生拟合曲线 $\tilde{X}_v(i)$ 和 $\tilde{Y}_v(i)$：

$$\tilde{X}_v(i) = \tilde{a}_k i^m + \cdots + \tilde{a}_1 i + \tilde{a}_0$$

$$\tilde{Y}_v(i) = \tilde{b}_k i^m + \cdots + \tilde{b}_1 i + \tilde{b}_0$$

其中，$i = 1, 2, \cdots, s, \ v = 1, 2, 3, \cdots, 2N_s, \ m = 1, 2, \cdots$

第四步：为了去除每一个子序列的趋势特征，我们对其分别进行去趋势处理，最终得到子序列将趋势协方差公式：

$$F_{(s,v)}^2 = \frac{1}{s} \sum_{i=1}^{s} |X[(v-1)s+i] - \tilde{X}_v(i)| \cdot |Y[(v-1)s+i] - \tilde{Y}(i)|$$

第五步：定义 q 阶波动函数：

$$F_q(s) = \left\{ \frac{1}{2N_s} \sum_{v=1}^{2N_s} [F_{(s,v)}^2]^{\frac{q}{2}} \right\}^{\frac{1}{q}}, \ q \neq 0$$

当 q = 0 时，运用洛必达法则计算出：

$$F_0(s) = \exp\left\{ \frac{1}{4N_s} \sum_{v=1}^{2N_s} [F_{(s,v)}^2] \right\}$$

第六步：如果长程相关性存在于两列时间序列中，那么波动函数 $F_q(s)$ 与时间标度 s 存在一种幂律关系式：$F_q(s) \sim s^{h_{xy}(q)}$，即：

$$\log F_q(s) = h_{xy}(q)\log(s) + \log C$$

其中，对于每个 q 值，基于普通最小二乘法（OLS）对 $\log F_q(s)$ 和 $\log(s)$ 进行回归得到的直线斜率就是 $h_{xy}(q)$，即广义赫斯特（Hurst）指数。当 $h_{xy}(q)$ 随着 q 的变动而变动时，两列时间序列交叉相关性具有多重分形特征，若不存在这种变动关系则是单分形特征。当 q = 2 时，$H_{xy} = h_{xy}(q=2)$，即 Hurst 指数，该指数的取值范围为（0，1）。当 $H_{xy} = 0.5$ 时，两个时间序列为独立过程或者短程相关；当 $0.5 < H_{xy} \leqslant 1$ 时，两个时间序列具有长程相关性，表示未来的趋势与过去一致，H_{xy} 越接近 1，持续性越强；当 $H_{xy} < 0.5$ 时，两个时间序列存在负长程相关性，即反持续性，表示未来的趋势与过去相反，H_{xy} 越接近 0，反持续性越强。

第七步：算出多重分形标度指数（The Renyi Exponent）：

$$\tau_{xy}(q) = qh_{xy}(q) - 1$$

若 $\tau_{xy}(q)$ 是 q 的线性函数，则交叉相关性存在单重分形的特征；否则，即存在多重分形的特征。采用勒让德变换（Legendre Transform）后得出奇异性强度函数和多重分形谱函数：

$$\alpha_{xy} = \frac{\partial \tau_{xy}(q)}{\partial q} = h_{xy}(q) + q\frac{\partial h_{xy}(q)}{\partial q}$$

$$f_{xy}(\alpha) = q\alpha_{xy} - \tau(\alpha_{xy}) = q(\alpha_{xy} - h_{xy}(q)) + 1$$

奇异性强度反映了时间序列中的奇异性和单一性。奇点谱 $f_{xy}(\alpha)$ 描述了时间序列的奇异性部分。频谱宽度 α_{xy}，相当于 $\max(\alpha_{xy}) - \min(\alpha_{xy})$，描述了多重分形的强度。越宽的奇异谱，表明两列时间序列交叉相关关系存在越强的多重分形特征；反之，则表现出较弱的多重分形特征。

二、数据来源与描述

本节采用余额宝入市意愿情绪指数（YSI）作为个体投资者情绪的代理变量。与现有的情绪指数相比，YSI 结合了自上而下和自下而上的分析优势。一方面，YSI 以每日基数发布，更新频率高于基于自下而上分析的投资者情绪。另一方面，YSI 可以反映个体投资者情绪而没有样本偏见。由于投资者可以在余额宝账户中持有的最高金额有限，因此订户通常是个体投资者，因此 YSI 能够反映个体投资者的情绪，而不是市场中的所有投资者。此外，在 2019 年 1 月 8 日余额宝宣布其用户量正式突破 6 亿，这个数字覆盖了中国大多数个体投资者，可以排除投资者调查样本量小的潜在问题。检验发现，该指数点位与银证转入新增资金密切相关，相关度能达到 0.9，即当"情绪指数"点位越高时，市场上从银行账户转到证券账户的新增资金也就越多，可见在反映全市场入市资金量变动上，该指数的精确性较高。接下来将 YSI、上证综合指数（SSEC）和深圳综

合指数 (SZSE) 的每日收盘价进行处理,探讨个体投资者情绪与中国股市收益之间的相互关系。数据来源于国泰安 (CSMAR) 数据库以及天虹网站①。样本期间涵盖 2014 年 4 月 1 日至 2018 年 4 月 27 日,对消除了不匹配及缺失数据后的 996 个数据进行观察。

图 4 – 7 描绘了余额宝入市意愿情绪指数,上证综合指数和深圳综合指数日收盘价时间序列的统计图。从图 4 – 7 可以看出,中国股市从 2014 年 7 月到 2015 年 6 月经历了快速扩张,然后从 2015 年 7 月的峰值开始下跌。同时,YSI 也经历了很大的变化,尤其是在市场风险加大的期间。

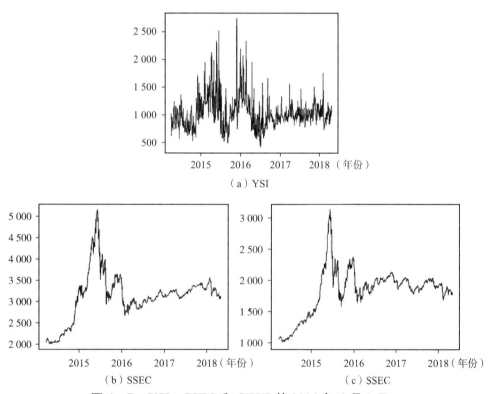

图 4 – 7 YSI,SSEC 和 SZSE 从 2014 年 4 月 1 日 ～
2018 年 4 月 27 日时间序列

将余额宝入市意愿情绪指数和上证指数、深证指数的日度收盘价进行对数化处理。定义个体投资者的情绪变化 ($\hat{ysi}$) 为:$\hat{ysi} = 100(\ln(YSI_t) - \ln(YSI_t))$。

---

① http://www.thfund.com.cn/en/yuebao.html.

SSEC 和 SZSE 的每日回报可以计算为收盘价的对数差，得到日度对数收益率序列：

$$r_{SSEC,t} = 100(\ln(P_{SSEC,t}) - \ln(P_{SSEC,t-1}))$$

$$r_{SZSE,t} = 100(\ln(P_{SZSE,t}) - \ln(P_{SZSE,t-1}))$$

其中，$P_{SSEC,t}$ 表示 SSEC 在 t 天的收盘价，而 $P_{SZSE,t}$ 表示 SZSE 在 t 天的收盘价。

表 4 – 15 展示了 $\hat{ysi}$，$r_{SSEC,t}$ 和 $r_{SZSE,t}$ 的描述性统计数据，从该表中可以发现，每一组数据中偏度都不为 0，峰度大于 3，雅克—贝尔（Jarque – Bera）检验在 1% 的显著性水平下拒绝样本数据具有正态分布的原假设，说明它们都违背了有效市场假设。这些检验表明 $\hat{ysi}$，$r_{SSEC,t}$ 和 $r_{SZSE,t}$ 是尖峰厚尾的。

表 4 – 15　　　　$\hat{ysi}$，$r_{SSEC,t}$ 和 $r_{SZSE,t}$ 的描述性统计数据

项目	Obs	Mean	Min	Max	S. D	Skew	Kurt	JB 统计量
$\hat{ysi}$	996	0. 0072	– 84. 55	99. 86	18. 11	0. 1	3. 58	469. 9382 ***
$r_{SSEC,t}$	996	0. 0411	– 8. 87	5. 6036	1. 56	– 1. 34	7. 28	2 230. 2436 ***
$r_{SZSE,t}$	996	0. 053	6. 32	– 8. 6001	1. 79	– 1. 134	4. 35	1 012. 7987 ***

注：*** 表示在 1% 的水平内显著。

三、结果分析与讨论

1. 多重分形的初步测试

由于大量文献证明中国股票市场效率低下且呈现分形或多重分形，所以我们首先使用 MF – DFA 方法[①]来检验 $\hat{ysi}$，$r_{SSEC,t}$ 和 $r_{SZSE,t}$ 的分形特性。

根据坎特哈特等和周[②]的理论，当时间尺度 s 太大时，上面 MF – DCCA 方法中第五步平均过程的分段数 N_s 将非常小，那么 $F_q(s)$ 在统计上将变得不可靠。因此在本部分中，设定 $N/60 < s < N/6$，$-10 < q < 10$ 以及 $m = 1$。

在表 4 – 16 中我们得到了当 q 在 – 10 到 10 之间变化时自相关广义 Hurst 指

---

① Kantelhardt J. W., Zschiegner S. A., Koscielny – Bunde E., et al. Multifractal detrended fluctuation analysis of nonstationary time series. Physica A Statistical Mechanics & Its Applications, 2002, 316 (1): 87 – 114.

② Zhou, Wei – Xing. The components of empirical multifractality in financial returns. EPL (Europhysics Letters), 2009, 88 (2): 28004.

数的值，以及多重分形度 Δh。$\hat{ysi}$，$r_{SSEC,t}$ 和 $r_{SZSE,t}$ 的广义 Hurst 指数是递减的而不是常数，表明 $\hat{ysi}$，$r_{SSEC,t}$ 和 $r_{SZSE,t}$ 中分别存在多重分形。具体地，当 $q = 2$ 时，$\hat{ysi}$ 的 Hurst 指数为 0.1117，小于 0.5，表明 $\hat{ysi}$，是反持续的。而 $r_{SSEC,t}$ 和 $r_{SZSE,t}$ 和 $r_{SZSE,t}$ 的 Hurst 指数分别为 0.4959 和 0.4916，表明中国股市的回报是弱持续性的。在表 4 – 16 的最后计算了多重分形度 Δh，它可以通过 $h(q)$ 的最小值和最大值之差得出。$r_{SZSE,t}$ 的多重分形度大于 $r_{SSEC,t}$ 的多重分形度，表明深圳股市有更强的多重分形度并且深圳股市的效率低于上海股市的效率。

表 4 – 16　　　　q 从 –10 到 10 变化时单一时间序列的自相关广义 Hurst 指数

q	$\hat{ysi}$	$r_{SSEC,t}$	$r_{SZSE,t}$
– 10	0.2924	0.7465	0.7343
– 8	0.2734	0.7312	0.7112
– 6	0.2456	0.7103	0.6798
– 4	0.2126	0.6780	0.6344
– 2	0.1805	0.6365	0.5806
0	0.1490	0.5815	0.5467
2	0.1147	0.4959	0.4916
4	0.0736	0.4123	0.4215
6	0.0435	0.3544	0.3651
8	0.0224	0.3203	0.3271
10	0.0080	0.2983	0.3091
Δh	0.2844	0.4482	0.4252

进一步地，在表 4 – 17 通过计算多重分形谱的宽度来估计其多重分形的强度。

表 4 – 17　　　　　　　　　多重分形谱宽度值 $\Delta\alpha$

项目	$\hat{ysi}$	$r_{SSEC,t}$	$r_{SZSE,t}$
α_{max}	0.3456	0.9801	0.7862
α_{min}	– 0.0642	0.2198	0.1950
$\Delta\alpha$	0.4098	0.5889	0.6215

2. DCCA 系数

为了检验个体投资者情绪 $\hat{ysi}$ 与上证综合指数回报 $r_{SSEC,t}$ 和深圳综合指数回报 $r_{SZSE,t}$ 之间的交叉相关性，采用了波多布尼克等[①]提出的去趋势相关系数定性的方法去检验这两对序列的相关性。DCCA 系数定义为去趋势后的波动协方差函数 F^2_{DCCA} 与两个去趋势后波动的方差 F_{DFA} 的乘积的比率。

$$\rho_{DCCA} = \frac{F^2_{DCCA}}{F_{DFA1}(s)F_{DFA2}(s)}$$

ρ_{DCCA} 的值在 -1 到 1 之间，当 $\rho_{DCCA} = 0$ 时，不存在互相关；$\rho_{DCCA} = 1$ 表示存在完美的互相关；$\rho_{DCCA} = -1$ 表示存在完美的负互相关。表 4 – 18 显示了 $\hat{ysi}_t - r_{SSEC,t}$ 和 $\hat{ysi}_t - r_{SZSE,t}$ 基于不同时间尺度 $s(s = 4, 8, 16, 32, 64, 128, 256)$ 时的 ρ_{DCCA} 的值。$\hat{ysi}_t - r_{SSEC,t}$ 和 $\hat{ysi}_t - r_{SZSE,t}$ 在这些时间尺度下的 ρ_{DCCA} 都是非零的，说明 $\hat{ysi}_t - r_{SSEC,t}$ 和 $\hat{ysi}_t - r_{SZSE,t}$ 都存在互相关。

表 4 – 18　　　　　　　　给定的标度值对应的交叉相关系数

Scale(s)	4	8	16	32	64	128	256
$\hat{ysi}_t - r_{SSEC,t}$	-0.2460	-0.2180	-0.2356	-0.1513	0.0189	-0.0345	0.2345
$\hat{ysi}_t - r_{SZSE,t}$	-0.2856	-0.2675	-0.2341	-0.1342	0.0435	0.0234	0.2987

3. MF – DCCA 分析

由于在上文中已经证明出 $\hat{ysi}$，$r_{SSEC,t}$ 和 $r_{SZSE,t}$ 表现了多重分形的特征，现在可以使用多重分形去趋势互相关分析（MF – DCCA）来进一步研究个体投资者情绪与中国股票收益之间的互相关关系。

首先描述图 4 – 8 中 $\hat{ysi}_t - r_{SSEC,t}$ 和 $\hat{ysi}_t - r_{SZSE,t}$ 的波动函数 $F_q(s)$ 对时间尺度 s 的 log-log 图。在图 4 – 8 中，$F_q(s)$ 随着 s 一起线性增加，说明个体投资者情绪与中国股票收益之间存在幂律行为和长期互相关。此外，基于上文的方程式计算出 q 从 -10 变化到 10 时的互相关广义 Hurst 指数 h_{xy} 及多重分形度 Δh，结果如表 4 – 19 所示。

---

① Podobnik B., Jiang Z. Q., Zhou W. X., et al. Statistical tests for power-law cross-correlated processes [J]. Physical Review E, 2011, 84 (6): 066118.

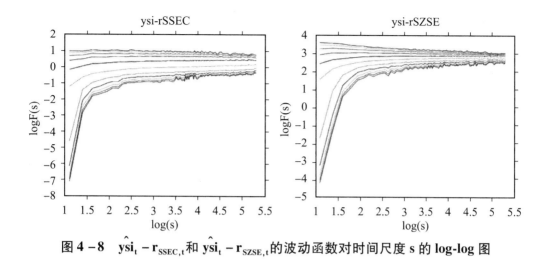

图 4 - 8 $\hat{ysi}_t - r_{SSEC,t}$ 和 $\hat{ysi}_t - r_{SZSE,t}$ 的波动函数对时间尺度 s 的 log-log 图

表 4 - 19 q 从 -10 到 10 变化时 $\hat{ysi}_t - r_{SSEC,t}$ 和 $\hat{ysi}_t - r_{SZSE,t}$ 互相关广义 Hurst 指数

q	$\hat{ysi}_t - r_{SSEC,t}$	$\hat{ysi}_t - r_{SZSE,t}$
-10	0.5019	0.5165
-8	0.4892	0.4812
-6	0.4532	0.4503
-4	0.4271	0.4180
-2	0.3887	0.3665
0	0.3491	0.3215
2	0.3018	0.2859
4	0.2469	0.2523
6	0.1980	0.2244
8	0.1689	0.2003
10	0.1432	0.1883
Δh	0.3587	0.3282

如表 4 - 19 所示，$\hat{ysi}_t - r_{SSEC,t}$ 和 $\hat{ysi}_t - r_{SZSE,t}$ 的互相关广义 Hurst 指数 h_{xy} 随着 q 从 -10 变化到 10 而递减，表明这两对的互相关是多重分形的。此外，当 q = 2 时，$\hat{ysi}_t - r_{SSEC,t}$ 的 Hurst 指数 t 为 0.3018，而 $\hat{ysi}_t - r_{SZSE,t}$ 的 Hurst 指数 t 为 0.2967。Hurst 指数均低于 0.5，表明个体投资者情绪与投资者情绪之间存在相互关联，同时中国股票回报展现反持续性。而且，$\hat{ysi}_t - r_{SSEC,t}$ 的 Hurst 指数小于 $\hat{ysi}_t - r_{SZSE,t}$，表明个体投资者情绪与深证指数收益之间的互相关性比个体投资者情绪

与上证指数收益之间的互相关性具有更强的反持续性。个体投资者情绪与股市收益之间的关系差异可能是由于不同的市场结构,由于个体投资者倾向于交易市值较小,市盈率较高且风险较高的股票,深圳股票市场中较多的这些小股票可能会受到个体投资者情绪的强烈影响,因此其回报与个体投资者情绪的关系更为密切。当 q 为正时,互相关广义 Hurst 指数 h_{xy} 描述了大波动的缩放特性。相反,当 q 为负时,互相关广义 Hurst 指数 h_{xy} 描述了小波动的缩放属性。

除了当 q = -10 时,由互相关得到的 $\hat{ysi}_t - r_{SSEC,t}$ 和 $\hat{ysi}_t - r_{SZSE,t}$ 的 Hurst 指数大于 0.5 外,其余时候都是小于 0.5 的,说明 $\hat{ysi}_t - r_{SSEC,t}$ 和 $\hat{ysi}_t - r_{SZSE,t}$ 除了极小的波动外其他都是呈负相关的。

进一步地,计算多重分形谱 $\Delta\alpha$ 的宽度和多重分形度 Δh,结果呈现在表4 - 20 中:$\hat{ysi}_t - r_{SSEC,t}$ 的 $\Delta\alpha$ 大于 $\hat{ysi}_t - r_{SZSE,t}$ 的,表明个体投资者情绪与上海股市收益之间的互相关的多重分形程度强于个体投资者情绪与深圳股市收益之间的互相关性的多重分形程度。

表 4 - 20　　　　　　　　　　多重分形谱宽度值 $\Delta\alpha$

项目	$\hat{ysi}_t - r_{SSEC,t}$	$\hat{ysi}_t - r_{SZSE,t}$
α_{max}	0.5780	0.6161
α_{min}	0.0469	0.1149
$\Delta\alpha$	0.5311	0.5012

4. 多重分形来源

依据前人研究,多重分形特性的两个主要来源是波动的长期记忆性及波动的厚尾分布。然而一些文献也将极端事件考虑进去,并发现极值（EV）会对多重分形产生重大影响。由于样本期间包括 2015 年的股票崩盘,因此这种规模较大的个体投资者情绪的波动可能会导致多重分形。在本节中,除了要考虑波动的长期记忆性和厚尾分布外,还要研究极值产生的影响。

为了量化长程相关、厚尾分布和极端的贡献值,分别构造随机重排序列,替代序列和去极值时间序列。我们随机重排了原始数据,使其长期记忆性特征得到缓解,但原始时间序列的分布特征保持不变,如果随机重排序列的多重分形强度与原始时间序列相比更弱,就可以得出结论:原始序列多重分形的主要来源是波动的长期记忆性。替代时间序列则弱化了其非高斯性，但保持原始数据序列相关性不变，使用的方法是通过替代数据法生成高斯分布序列来替代原始时间序列分布。简单地说，首先随机生成一列高斯分布时间序列 $\{y'_t, t=1, \cdots, N\}$，然后使其大小顺序产生变动。这需要满足的条件是：如果原始数据 $\{x_t, t=1, \cdots, N\}$ 中第 i 小的数排在第 j 位，则排在第 j 位的变成了 $\{y'_t, t=1, \cdots, N\}$ 中第 i 小的数，从而产生了 $\{y_t, t=1, \cdots, N\}$ 这一替代序列。高斯分布时间序列使用傅立叶相位随机化获得。如果替代序列的多重分形度更弱那么意味着厚尾分布有助于多重分形的属性。在本节中，使用周（Zhou，2012）提出的截断法[①]来构建的 EV 时间序列，步骤如下：

步骤一：对于给定的时间序列，找到极值 $x(i)$，其中 $|x(i)| > M\sigma$，M 是归一化阈值，σ 是 $x(t)$ 的标准偏差。

步骤二：用从数据中随机选择的数据点 $x(i)$，其中 $|x(i)| \leqslant M\sigma$ 替换极值点。在本文中，我们定义 $M=3$ 并用极值替换数据点。

依据坎特哈特等的理论计算出随机重排序列，替代序列和上海、深圳证券市场去极值时间序列的广义 Hurst 指数，结果如表 4 - 21 所示。

表 4 - 21　q 从 -10 到 10 变化时原始序列、随机重排序列、替代序列和去极值时间序列互相关广义 Hurst 指数

q	$\hat{ysi}_t - r_{SSEC,t}$				$\hat{ysi}_t - r_{SZSE,t}$			
	Original	Shuffled	Surrogate	EV removed	Original	Shuffled	Surrogate	EV removed
-10	0.5013	0.6878	0.4322	0.5012	0.5140	0.6698	0.4081	0.5132
-8	0.4843	0.6714	0.4124	0.4851	0.4886	0.6571	0.3851	0.4829
-6	0.4565	0.6543	0.3978	0.4511	0.4562	0.6321	0.3641	0.4541
-4	0.4276	0.6342	0.3785	0.4321	0.4121	0.6139	0.3414	0.4127
-2	0.3856	0.6084	0.3564	0.4098	0.3689	0.5861	0.3256	0.3951
0	0.3498	0.5834	0.3309	0.3987	0.3241	0.5741	0.3154	0.3872
2	**0.3016**	**0.5678**	**0.3124**	**0.3951**	**0.2987**	**0.5712**	**0.3092**	**0.3982**

---

① Zhou W X. Finite-size effect and the components of multifractality in financial volatility [J]. Chaos, Solitons and Fractals, 2012, 45 (2): 147-155.

续表

q	$\hat{ysi}_t - r_{SSEC,t}$				$\hat{ysi}_t - r_{SZSE,t}$			
	Original	Shuffled	Surrogate	EV removed	Original	Shuffled	Surrogate	EV removed
4	0.2478	0.5442	0.2843	0.3596	0.2591	0.5698	0.2810	0.3761
6	0.1907	0.5125	0.2539	0.3205	0.2216	0.5576	0.2671	0.3316
8	0.1657	0.4967	0.2361	0.2987	0.2008	0.5501	0.2416	0.3256
10	0.1467	0.4755	0.2142	0.2763	0.1832	0.5341	0.2248	0.2845
Δh	0.3546	0.2123	0.2180	0.2249	0.3308	0.1357	0.1833	0.2287

从表 4 - 21 中可以看到除了随机重排序列外所有双变量时间序列的 Hurst 指数 $h_{xy}(q=2)$ 均小于 0.5，这表明原始序列、替代序列和去极值时间序列都表现出持续性负互相关，而随机重排序列系列表现出持续性互相关。

为了研究多重分形的主要来源，计算原始序列、随机重排序列、替代序列和去极值时间序列多重分形谱宽度值，结果如表 4 - 22 所示。

表 4 - 22　　　　　　原始序列、随机重排序列、替代序列和去极值时间
序列多重分形谱宽度值 Δα

项目	$\hat{ysi}_t - r_{SSEC,t}$				$\hat{ysi}_t - r_{SZSE,t}$			
	Original	Shuffled	Surrogate	EV removed	Original	Shuffled	Surrogate	EV removed
α_{max}	0.5780	0.7240	0.4967	0.5578	0.6161	0.7431	0.4942	0.6132
α_{min}	0.0469	0.4129	0.1340	0.2198	0.1149	0.4791	0.1354	0.2187
Δα	0.5311	0.3111	0.3627	0.3380	0.5012	0.2640	0.3588	0.3945

对于上海证券交易所来说，随机重排序列、替代序列和去极值时间序列的多重分形谱宽度值都是 0.36 左右，表明长程相关、厚尾分布和极端值都会促使 $\hat{ysi}_t - r_{SSEC,t}$ 多重分形的出现。对于深圳证券交易所原始序列、随机重排序列、替代序列和去极值时间序列的多重分形谱宽度值分别为 0.5012、0.2640、0.3588 和 0.3945。也就是说，长程相关性是 $\hat{ysi}_t - r_{SZSE,t}$ 多重分形的主要来源。

第六节　本 章 小 结

本章首先选取了 2008 年 2 月至 2017 年 12 月间的月度数据作为研究的样本，在借鉴了 BW 情绪指数和 CICSI 情绪指数的基础上，并结合以往的文献研究，选择了封闭式基金折价率、IPO 数量、IPO 首日收益、消费者信心指数等七个变量，使用主成分分析法，建立了一个综合的投资者情绪指数。随后对投资者情绪指数和几个不同市场之间的影响关系进行分析研究，构建了向量自回归模型进行分析。

在此基础上我们发现，对于沪深市场来说，情绪指数对于沪深市场的影响不显著，但是沪深市场对于情绪指数具有重大影响，并且具有一定的先导作用，这种作用在前几期内表现较为明显，在之后就逐渐归于平静；然而在对境外市场的研究中我们发现，中国香港市场与内地投资者情绪具有相互的影响作用，两者互为格兰杰原因，从脉冲响应分析看来，恒生指数收益率受投资者情绪的冲击趋势起伏较大，首先表现出由正向负冲击，随后又恢复到正向冲击，继而回落至接近零的冲击趋势，并且表现出很长的影响持续时期，在第五期之后才开始有所减缓。但是，投资者情绪几乎不受到恒生指数的冲击影响；随后我们对中国香港中概股市场和境外（非港）的中概股市场进行与投资者情绪进行了分析，发现二者受到中国内地市场的投资者情绪的冲击趋势十分相似，并且都和投资者情绪互为格兰杰原因，但境外市场相对受到情绪的影响有一定的滞后，这可以解释为投资者情绪对于中国香港市场中概股的影响要更为直接，对境外的中概股市场的影响在传递的时候可能有一定的减弱。

接下来本章采用 MF－DCCA 方法来研究个体投资者情绪与中国股市收益之间的相互关系。我们利用余额宝入市意愿情绪指数（YSI）作为个体投资者情绪的代理值，利用上证综合指数（SSEC）回报和深证综合指数（SZSE）来反映中国股市的回报。首先采用 MF－DFA 方法，我们发现个体投资者情绪和中国股市收益分别存在多重分形。深圳股市的多重分形程度远高于上海股市。此外通过使用互相关检验和 DCCA 系数方法，我们得出了个体投资者情绪与股票市场收益之间有着反持续互相关性的结论。进一步地分析证明了上面两者之间存在反持续的互相关关系。同时，我们发现个体投资者情绪与深圳证券交易所股票回报之间的相互关联性比个体投资者情绪与上海证券交易所的回报之间的相关性更强。最后我们研究了多重分形的来源，发现长程相关性、厚尾分布和极端值都会导致个体投资者情绪与 SSEC 之间的互相关多重分形，而长程相关性成为个体投资者情绪与 SZSE 是互相关多重分形的主要来源。

个体投资者会在情绪的引导下做出许多"非理性"甚至对股票市场健康发展不利的行为，对股市的回报产生重要影响。所以关注微观个体的行为金融学可以为我们提供一个新的视角来研究投资者情绪对股市收益的影响，这也是研究金融市场复杂性的一个重要方面。

第五章
基于社会网络的股票价格波动研究

第一节　引　言

金融市场是一个非线性互动的复杂经济系统，这种非线性互动表现为不同市场或者不同预期的行为人等市场要素之间的相互作用。2008 年爆发的金融危机使得全球范围内的股票市场出现大幅剧烈波动，这些大的波动并不能完全视作行为人对经济基本面的理性反应。一个直观合理的解释是，这些极端的大波动是由经济的负面消息所触发，紧接着又被有限理性的异质性预期的行为人群体之间的互动的"非理性"过度反应所扩大（Hommes，2013）。

在经济活动中，经济行为人今天的决策取决于他们对未来的预期。欧洲央行前主席特里谢（Trichet）曾呼吁政策制定者采取应对金融危机的新方法，首先，我们必须要考虑如何描述任意模型的核心的经济行为人的特征。现有模型的基本的最优化假设并没有刻画出危机期间的行为人的特征。我们需要更好地处理行为人之间的异质性以及这些异质的个体之间的互动。[①] 正如特里谢所说，我们需要更好地处理异质行为人之间的互动，而社会网络则是研究行为互动的有力工具。人与人之间的交流是信息共享和传递的重要方式，基于社会网络的互动交流在经济活动中扮演着重要的角色（Shiller，1995）。社会网络从个体的层面出发，有效地刻画了金融市场中异质性预期的行为人之间的社会互动，为经济金融领域的金融传染、交易者行为和资产价格等方面的研究提供了微观基础。因此，基于社会网络结构的微观层面探究互动的交易者的异质性预期转换以及资产价格的形成机制具有重要意义。

本章假设金融市场中的交易者通过社会网络进行交流互动，他们是有限理性的。由于所处的社会网络结构不同，交易者形成了对股票价格的异质性预期。应用随机过程相关理论，我们将交易者异质性预期的状态转换刻画成离散时间的马尔科夫过程。通过对社会网络中交易者预期状态的分析，将探究网络结构

---

① 2010 年 11 月 18 日，欧洲央行前主席让—克洛德·特里谢（Jean–Claude Trichet）在法兰克福的欧洲央行会议上的演讲。

对股票动态价格的影响机制。通过分析，本章给出了股票价格被低估（高估）的条件。进一步地，数值模拟合理地解释资产价格的动态运动及泡沫的产生与破灭过程。此外，模拟结果还表明投机者和基础价值投资者的交易量之比较高时，价格的波动也会相应升高。本章的主要结果是基于社会网络建立了交易者异质性预期的转换与价格动态运动的传染模型，给出了股票价格动态变化的形成机制，解释了泡沫的产生与破灭过程。

第二节　相关理论与文献回顾

社会网络是交易者沟通交流的基础，交易者通过社会网络获取或传播信息，影响着彼此的决策，许多国内外的研究表明社会网络在金融市场活动中起着重要的作用。希勒和庞德（Shiller & Pound，1989）所做的关于机构和个体投资者的调查发现人与人之间的交流在投资者决策中起着关键作用，他们的决策很多都是受到其朋友或者熟人的影响。近年来，一些研究表明社会网络对金融市场的参与情况有着重要影响。资本市场的参与率受到社会网络交流的影响，如果一个个体大多数的"社会邻居"是股票市场的投资者；那么该个体也有很大的可能性参与到股票市场中（Brown et al.，2008）。洪等（Hong et al.，2004）和李涛（2006）分别就美国和我国国内的居民调查数据进行研究，他们的结果表明社会互动推动了居民参与股市的程度。周铭山等（2011）依据社会互动推动家庭股市参与不同机制的理论基础，进一步探究了不同的具体机制。他们发现在局部品支出比例高、收入分布集中度高的区域，社会互动推动股市参与的作用更显著。

个体股票的选择行为往往受到其社会网络中的"社会邻居"的影响，伊夫科维奇等（Ivkovic et al.，2007）的研究认为个体投资者选择哪一行业的股票与他们的邻居是否也购买该行业的股票密切相关。除了个体投资者，机构投资者也会通过社会交流相互影响，从而导致投资行为的相似性（Hong et al.，2005；Pool et al.，2015）。肖欣荣等（2012）发现信息通过投资者网络进行传播，进而影响基金经理的投资决策。科恩等（Cohen et al.，2008）研究发现与上市公司的高管通过校友网络连接的公共基金经理通常有较好的收益。申宇等（2015）构建了我国证券市场的校友关系网络，表明校友关系能够为基金经理带来正的业绩。

社会网络从个体层面构建了交易者之间相互影响的微观机制，网络结构的作用至关重要，越来越多的研究着眼于网络结构对交易者行为以及资产价格的影响机制。厄兹索伊列夫和沃尔登（Ozsoylev & Walden，2011）通过刻画交易者的信息网络推导出了资产价格的表达，结果表明资产价格是网络结构的函数。厄兹索伊列夫等（2014）的实证研究进一步验证了交易者通过社会网络进行交流以及信息的传递，这一互动显著影响风险资产的价格。海因等（Hein et al.，2012）模拟分析发现价格的波动受到网络结构的影响，当网络中心化程度较高时，价格波动也会相应升高。潘琴科等（Panchenko et al.，2013）构建了考虑社会互动的交易者异质性预期模型，研究表明社会网络结构影响股票动态价格的稳定性。

随着人与人交流的不断加强，从社会网络出发研究金融资产价格已成为当今的研究热点。上述文献多从实证的角度验证了社会网络对金融活动的重要性，然而从理论分析的角度探究社会网络对交易者行为以及资产价格的影响机制的相关研究较为少见，并且这些文献多是利用数值模拟的方法得出结论。基于此，本章应用社会网络描述金融市场中交易者的社会互动结构，建立基于社会网络的股票价格动态模型，试图探究社会网络结构对股票价格的影响机制，并给出相应的理论和分析。

第三节　股票价格波动理论模型的构建

根据勒克斯（Lux，1995）的思想，假设经济体中存在两类交易者，第一类交易者构成社会网络，他们是有限理性的并且所掌握的信息是不完全的，这类交易者可看作投机者。另一类交易者作为第一类交易者的交易对手存在，可视为基础价值投资者，他们为市场提供流动性。

1. 社会网络

假设金融市场中共有 N 个第一类交易者，他们构成社会网络，表示为 G =（V，E）。每一个交易者表示为社会网络中的一个节点，关系 E⊂V×V 表示社会网络中交易者 i 与交易者 j 相连。在现实世界中，社会网络 G 可以理解为许多种网络，例如朋友之间的社会互动、微博、微信朋友圈等社交网络。假设每个交易者相互交流时并不隐瞒自己的信息，交易者之间的交流是双向的，基于此本章所构建的社会网络是无向图。

令矩阵（A_{ij}）$_{n×n}$ 表示为社会网络 G 的邻接矩阵，如果（i，j）∈E，则元素 $A_{ij}=1$，否则 $A_{ij}=0$。设（i，i）∈E，即 $A_{ii}=0$。在社会网络中，节点 i 的邻居[①]是指在网络中与 i 相连的所有节点的集合，即 $N_i(G)=\{j: A_{ij}=1\}$。每个交易者的邻居结构不尽相同，他们正是基于这样异质的社会网络结构相互交流，从而形成异质性预期。令矩阵（A_{ij}）$_{n×n}$ 的特征值为 $λ_1$，$λ_2$，…，$λ_n$，则社会网络的谱半径为 $ρ_A=\max\{|λ_i|, i=1,2,…,n\}$，我们引入网络的谱半径（$ρ_A$）来表示社会网络的结构特征。

由于对金融市场中交易者的社会网络研究刚刚起步，并没有具体的经验研究来估计交易者的社会网络。不失一般性，本章假设社会网络满足小世界特征：最小的距离和聚类特征（Watts & Strogatz，1999），从而应用小世界网络构建金融市场中交易者之间的社会网络。

2. 异质性预期的转换

假设每个交易者在每一时刻对股票价格的预期为：乐观或者悲观，即预期价格将上升或者下降。由于社会网络的存在，每个交易者的预期会受到其邻居预期状态的影响，据此交易者形成了不同的预期状态。应用马尔科夫过程描述交易者异质性预期状态的随机变化。令 $S(t)=\{s_1(t)，s_2(t)，…，s_N(t)\}$ 表示所有交易者在时刻 t 的预期状态，于是对于每一个交易者我们有：

$$s_i(t)=\begin{cases}1, & \text{如果交易者 i 持乐观预期；}\\ -1, & \text{如果交易者 i 持悲观预期}\end{cases}$$

持不同预期的交易者可能受到其邻居和市场信息的影响保持原有的预期或

---

① 这里所说的邻居严格来讲是一步邻居，即不考虑间接相连的情况，模型只考虑一步邻居的社会交流。

者变为相反的预期状态，这里只刻画悲观预期的转换，乐观预期可类似描述。假设存在两方面的因素影响悲观预期交易者变为乐观预期：一方面是悲观预期交易者受到其乐观邻居交易者的影响，用函数 $\varphi(t)$ 表示；另一方面是交易者规避风险的偏好，用函数 $\theta(t)$ 表示。考虑股票历史收益率 $R(t)$ 的反馈作用，假设函数 $\varphi(t)$ 和 $\theta(t)$ 受到收益率的短期、中期和长期的综合影响，并且 $\varphi(t)$ 和 $\theta(t)$ 满足以下的性质：

（1）$\varphi(t)$ 随着股票收益率的增加而增加，$\theta(t)$ 随着股票收益率的增加而减小，即：

$$\frac{\partial \varphi(t)}{\partial R(t)} > 0, \quad \frac{\partial \theta(t)}{\partial R(t)} < 0$$

（2）随着股票收益率的不断增加（减小），$\varphi(t)$ 和 $\theta(t)$ 都将逐步减小，即：

$$\frac{\partial^2 \varphi(t)}{(\partial R(t))^2} < 0, \quad \frac{\partial^2 \theta(t)}{(\partial R(t))^2} < 0$$

上述性质的直观解释为，当股票历史收益较高时，处于悲观预期的交易者与乐观预期交易者交流后更倾向于做出相对较好的预期，而对风险的规避相对较小；反之当股票历史收益较低时，交易者倾向于做出相对较差的预期，对风险的规避越谨慎。并且，交易者对价格业绩的反应具有凸性，即随着收益的变化其相对的反应函数 $\varphi(t)$ 和 $\theta(t)$ 呈 S 形函数，随着历史收益的增加或减小，交易者对收益变化的反应会相对减小。

满足上述性质，设函数 $\varphi(t)$ 和 $\theta(t)$ 分别为：

$$\varphi(t) = \frac{1}{1 + \exp(-a^\varphi \times (R(t) - b^\varphi))}, \quad \theta(t) = \frac{1}{1 + \exp(a^\theta \times (R(t) - b^\theta))}$$

其中，a^φ，b^φ，a^θ，b^θ 为待定参数；$R(t)$ 是历史收益率的线性组合，即 $R(t) = f_1 \times r_s(t) + f_2 \times r_m(t) + f_3 \times r_l(t)$。$r_s(t)$，$r_m(t)$，$r_l(t)$ 分别代表短期、中期和长期收益率，f_1，f_2，f_3 为相应的权重值。

定义交易者在时刻 t 为乐观预期的概率为 $\pi_i(t) = P\{s_i(t) = 1\}$。相对应地，定义交易者为悲观预期的概率为 $1 - \pi_i(t) = P\{s_i(t) = -1\}$。于是交易者 i 在时刻 t 为乐观预期的概率为：

$$\pi_i(t) = 1 - \{(1 - \pi_i(t-1))q_i(t) + \theta(t)\pi_i(t-1)q_i(t)\}, \quad i = 1, 2, \cdots, N$$

其中，$q_i(t) = \prod_{j=1}^{N}(1 - \varphi(t)A_{ij}\pi_j(t-1))$ 表示交易者 i 在时刻 t 不会受到其任何

一个乐观预期邻居的影响概率。

3. 股票价格表示

假设第一类和第二类交易者的人数固定，并且他们之间不会相互转换。由上一步的讨论知，时刻 t 市场中乐观预期的交易者人数为 $\eta(t) = \sum_{i=1}^{N} s_i(t)$，另外，悲观预期者的人数可表示为 $N - \eta(t)$。假设乐观预期的交易者将买入股票，悲观预期的交易者将卖出股票，并且他们每一笔买入或者卖出固定单位 k_N 的股票数量。于是第一类交易者在时刻 t 对股票的超额需求为：

$$D_N(t) = \eta(t)k_N - (N - \eta(t))k_N = k_N(2\eta(t) - N)$$

定义市场的平均预期为：

$$x(t) = \frac{[\eta(t) - (N - \eta(t))]}{N}, \quad x(t) \in [-1, 1]$$

于是有：

$$D_N = x(t)k_N N = x(t)K_N$$

其中，K_N 表示第一类交易者的交易量。可以看出，当 $x(t) > 0 (< 0)$ 时，市场中存在更多的乐观（悲观）预期交易者，此时更多的交易者倾向于买入（卖出）股票。特别地，$x(t) = 0$ 表明此时乐观预期和悲观预期交易者的人数相等，$x(t) = 1(-1)$ 则意味着市场中全为乐观（悲观）预期交易者。

参考勒克斯（Lux, 1995）文中的方法，假设基础交易者的超额需求取决于股票的价格相对于基础价值的偏离，即：

$$D_F(t) = K_F(I_f - I(t))$$

其中，K_F 表示基础价值交易者的交易量，I_f 表示股票的基础价值。

股票价格的动态变化与股票的超额需求满足：

$$\frac{dI(t)}{dt} = \beta \times (D_N(t) + D_F(t))$$

其中，β 是调整参数，度量股票的超额需求和股票价格变动的相对关系。当总需求为零时，市场出清，股票价格的动态变化可表示为：

$$I(t) = \frac{K_N}{K_F}x(t) + I_f$$

综上所述，我们已经在社会网络框架下构建了股票价格的动态模型，该模型完整地刻画了交易者异质性预期的转换以及股票价格的动态变化。注意到交易者每一时刻的预期状态都依赖于其网络的邻居的影响，接下来的分析将看到价格的变化与社会网络结构的特征密切相关，这也说明基于网络结构的价格研究是必要的。

第四节　理论分析与数值模拟

基于上一节的分析，定义传染效应：

$$e(t) = \frac{\varphi(t)}{\theta(t)}$$

传染效应 $e(t)$ 是随着时间不断变化的，这度量了悲观预期交易者通过社会网络受到其不同预期交易者影响的综合作用。从 $\varphi(t)$ 和 $\theta(t)$ 的函数性质可知，$e(t)$ 是股票收益的增函数，即随着股票收益的增加，市场中持有乐观预期态度的交易者增多。

一、模型的理论分析

基于网络传播的相关理论，我们将讨论传染效应与社会网络结构特征的相对关系对股票价格的影响。参考克拉巴蒂等（Chakrabarti et al.，2008）的结论，我们直接给出下面的引理。

引理 5.1　已知金融市场中的交易者构成社会网络 G，其谱半径为 ρ_A。如果传染效应 $e < 1/\rho_A$，那么乐观预期的交易者人数将以至少指数的速度趋于 0。

引理 5.1 给出了当 φ 和 θ 外生给定时，悲观预期的交易者占据市场的充分条件。可以看出，金融市场中最终形成的交易者预期状态与传染效应和社会网络结构特征之间的相对大小直接相关。当 $e < 1/\rho_A$，最终所有的交易者将处于消极状态，即所有的交易者对市场持悲观态度。当 $e > 1/\rho_A$，金融市场将形成一定比例的乐观预期交易者。

引理5.2　当传染效应 $e > 1/\rho_A$，金融市场中形成的乐观预期的交易者人数与 φ 呈正相关关系，与 θ 呈负相关关系。

考虑历史收益对传染效应的反馈作用，交易者预期、股票价格和社会互动形成了相互作用的自我实现系统。根据上面的讨论，令 $e(t) \equiv e_f$，为使稳定状态时的股票价格 $I(t)$ 为其基础价值 I_f 的传染效应，此时的乐观预期交易者人数为 η_f。可以得到下面的结论。

定理5.1　已知某一段时间的平稳的股票价格 $I(t_0)$，$I(t_0+1)$，$\cdots$，$I(t_0+K)$，$K>0$，如果传染效应满足：$e(t_0+K)<1/\rho_A$，股票价格将下降，并且存在时刻 T，使当 $t>T$ 时，股票的价格 $I(t)<I_f$，即股票价格被持续低估。

证明：设短期、中期、长期的历史收益率分别为 $r_s(t)=r(t-21)=\dfrac{I(t)-I(t-21)}{I(t-21)}$，$r_m(t)=r(t-63)=\dfrac{I(t)-I(t-63)}{I(t-63)}$，$r_l(t)=r(t-241)=\dfrac{I(t)-I(t-241)}{I(t-241)}$。

根据引理5.1，对于 $e(t_0+K)<1/\rho_A$，乐观预期的交易者将以指数的速度衰减一步，记为 $\eta(t_0+K+1)$，并且有 $m_1 \in R^+$，使得：

$$\eta(t_0+K+1)<e^{-m_1}\eta(t_0+K)$$

由价格的形成机制得：$I(t_0+K+1)=x(t_0+K+1)\dfrac{K_N}{K_F}+I_f$，其中 $x(t_0+K+1)=[\eta(t_0+K+1)-(N-\eta(t_0+K+1))]/N$。于是有 $I(t_0+K+1)<I(t_0+K)$，且 $I(t_0+K+1)<e^{-m}I(t_0+K)$。如果 $I(t_0+K+1)<I_f$，那么 $T=t_0+K+1$。

对于 $R(t)=f_1\times r_s(t)+f_2\times r_m(t)+f_3\times r_l(t)$，

$$r_s(t_0+K)=\frac{I(t_0+K)-I(t_0+K-21)}{I(t_0+K-21)}$$

$$r_s(t_0+K+1)=\frac{I(t_0+K+1)-I(t_0+K-20)}{I(t_0+K-20)}$$

因为 $I(t_0)$，$I(t_0+1)$，$\cdots$，$I(t_0+K)$ 波动平稳，故 $I(t_0+K-21)$ 与 $I(t_0+K-20)$ 同阶，但是 $I(t_0+K+1)<e^{-m}I(t_0+K)$，因此有 $r_s(t_0+K+1)<r_s(t_0+K)$。同理可得：$r_m(t_0+K+1)<r_m(t_0+K)$，$r_l(t_0+K+1)<r_l(t_0+K)$。故由 $R(t)$ 的定义知，$R(t_0+K+1)<R(t_0+K)$。

根据 $\varphi(t)$，$\theta(t)$ 的表达式有 $\varphi(t_0+K+1)<\varphi(t_0+K)$，$\theta(t_0+K+1)>$

$\theta(t_0 + K)$。因此此时有 $e(t_0 + K + 1) < 1/\rho_A$，故 $I(t_0 + K + 1)$ 将以指数衰减一步，且有 $m_2 \in R^+$，

$$I(t_0 + K + 2) < e^{-m_2}I(t_0 + K + 1)$$

以此类推，可以得到 $I(t_0 + K + l + 1) < I(t_0 + K + 1)$，$l = 2, 3, \cdots$

如果 $I(t_0 + K + 1) > I_f$，则有 $I(t_0 + K + 1) < e^{-m_1}I(t_0 + K)$。类似于上述讨论，对于平稳波动的一组股票价格 $I(t_0)$，$I(t_0 + 1)$，$\cdots$，$I(t_0 + K)$，存在一组 m_k，$k = 1, 2, \cdots, L$，有 $\dfrac{\varphi(t_0 + K + l)}{\theta(t_0 + K + l)} < 1/\rho_A$，$l = 1, 2, \cdots$ 使得

$$I(t_0 + K + L) < e^{-m_L} \times I(t_0 + K + L - 1) < e^{-m_L} \times (e^{-m_{L-1}} \times I(t_0 + K + L - 2))$$
$$< \cdots < e^{-(m_L + m_{L-1} + \cdots + m_1)} \times I(t_0 + K)$$

因此一定存在 T，使得当 $t > T$ 时，股票的价格 $I(t) < I_f$，即股票价格被低估，得证。

定理 5.1 给出了股票价格一直处于高位时价格下降的条件，开创性地构造了社会网络结构对股票价格动态变化的影响机制。这给出了通过观察交易者预期状态的变化预测将来价格运动趋势的依据，如果我们发现交易者的传染效应满足了价格下降的条件，可以采取相对应的宏观政策进行修正。

定理 5.2 已知一段时间的平稳的股票价格 $I(t_0)$，$I(t_0 + 1)$，$\cdots$，$I(t_0 + K)$，$K > 0$ 且 $I(t_0 + K) \leq I_f$。如果在初始时刻有一利好消息使得 $e(t_0 + K) > e_f$，则存在时刻 T，股票价格 $I(T) > I_f$，即股票价格被高估。

证明：设 $\eta(t_0)$，$\eta(t_0 + 1)$，$\cdots$，$\eta(t_0 + K)$ 分别为股票价格为 $I(t_0)$，$I(t_0 + 1)$，$\cdots$，$I(t_0 + K)$ 时所对应的乐观预期的交易者人数。根据价格机制可知，如果 $I(t_0 + k) \leq I_f$，$k = 1, \cdots, K$，则有 $\eta(t_0 + k) \leq \eta_f = \dfrac{N}{2}$，$k = 1, \cdots, K$。令 $\eta_f(t_0 + K + l)$，$I_f(t_0 + K + l)$，$l = 1, 2, \cdots$ 分别表示初始值为 $\eta(t_0)$，$\eta(t_0 + 1)$，$\cdots$，$\eta(t_0 + K)$，$e(t) \equiv e_f$ 的每一时刻所形成的乐观预期交易者的人数和对应的股票价格。

因为 $\dfrac{\varphi(t_0 + K)}{\theta(t_0 + K)} > e_f$，且 $\eta(t_0 + k) \leq \eta_f = \dfrac{N}{2}$，$k = 1, \cdots, K$。故由每一时刻交易者的状态概率及相应的乐观交易者人数的定义得：

$$\eta(t_0 + K + 1) > \eta_f(t_0 + K + 1) > \eta(t_0 + K)$$

若 $\eta(t_0 + K + 1) > \eta_f$，则 $T = t_0 + K + 1$。若 $\eta(t_0 + K + 1) < \eta_f$，则继续寻找 T。

因为 $\eta(t_0 + K + 1) > \eta_f(t_0 + K + 1)$，故由价格机制有 $I(t_0 + K + 1) > I_f(t_0 + K + 1)$。由 $R(t)$ 的定义知，$R(t_0 + K + 1) > R_f(t_0 + K + 1)$，其中，

$$R_f(t_0 + K + 1) = f_1 \times r_{sf}(t_0 + K + 1) + f_2 \times r_{mf}(t_0 + K + 1) + f_3 \times r_{lf}(t_0 + K + 1)$$

$$r_{sf}(t_0 + K + 1) = \frac{I_f(t_0 + K + 1) - I(t_0 + K - 20)}{I(t_0 + K - 20)}$$

$$r_{mf}(t_0 + K + 1) = \frac{I_f(t_0 + K + 1) - I(t_0 + K - 62)}{I(t_0 + K - 62)}$$

$$r_{lf}(t_0 + K + 1) = \frac{I_f(t_0 + K + 1) - I(t_0 + K - 240)}{I(t_0 + K - 240)}$$

因此根据 $\varphi(t)$，$\theta(t)$ 的性质有 $\varphi(t_0 + K + 1) > \varphi_f(t_0 + K + 1)$，$\theta(t_0 + K + 1) < \theta_f(t_0 + K + 1)$，故有 $\dfrac{\varphi(t_0 + K + 1)}{\theta(t_0 + K + 1)} > e_f$。

类似上述讨论，对于 $l \geq 1$，均有：$\varphi(t_0 + K + l) > \varphi_f(t_0 + K + 1)$，$\theta(t_0 + K + l) < \theta_f(t_0 + K + 1)$ 且 $e(t_0 + K + 1) = \dfrac{\varphi(t_0 + K + l)}{\theta(t_0 + K + l)} > e_f$。因此可以得到 $\eta(t_0 + K + l) > \eta_f(t_0 + K + 1)$。

令 $\eta^*(t_0 + K + l)$，$l = 1$，2，$\cdots$ 分别表示为 $e \equiv e(t_0 + K + 1)$ 时稳定状态下形成的乐观预期的交易者人数，由引理 5.2 知，$\eta^*(t_0 + K + 1) > \eta_f$。

又由于 $\eta(t_0 + K + l)$ 为时间 t 的连续变化函数，$\eta_f(t_0 + K + 1) < \eta_f$ 且 $\eta(t_0 + K + 1) > \eta_f(t_0 + K + 1)$，则存在 $l^* \in N^*$，满足 $\eta(t_0 + K + l^*) = \eta^*(t_0 + K + l^*) > \eta_f = \dfrac{N}{2}$。由价格形成机制可知此时 $I(t_0 + K + l^*) > I_f$。因此取 $T = t_0 + K + l^*$，得证。

定理 5.2 的重要性在于对于持续一段时间的较低价格，可以采取一些利好的政策改变交易者对市场的态度，使这种积极态度达到某一条件后会使得价格上升，从而起到修复市场的作用。注意到该定理中的结论，对于时刻 $t > T$ 依然会存在 $I(T) > I_f$，但由于模型的复杂性我们没有办法证明，下一部分的模拟结果证实了这一点。

二、数值模拟与结果分析

本节应用 Matlab 软件模拟演化股票价格的动态变化。通过适当的选取参数，

我们生成了自我强化的价格运动过程，并进一步解释了股票价格泡沫的形成与破灭过程。

假设金融市场的第一类交易者人数 N = 5 000，他们构成了 NW 小世界网络。每一个节点初始与左右各 1 个相邻的节点相连，重新连边的概率为 0.0006，所生成社会网络的谱半径为 5.7925。选取 2003 年 1 月 7 日到 2004 年 1 月 7 日沪深 300 的日收盘价格作为前 K = 241 期的股票价格，设股票价值为 I_f = 1 266.3。令初始时刻乐观预期的交易者人数为 $\eta_0 = \eta_f = \dfrac{N}{2}$，这从社会网络中随机选取。

图 5 - 1 模拟了传染效应以及相应的股票动态价格[①]。如图 5 - 1 所示，如果前 K 期的信息使得初始时刻 e(t) < 1/ρ_A 时，则股票市场中的乐观预期不能得到有效扩散，使投资者对市场失去信心，最终导致股票价格被持续低估。反之如果 e(t) > 1/ρ_A，交易者的乐观预期主导市场中，交易者增加对市场的信心，使股票价格在一段时间内会高于股票的基础价值，股票价格随着时间波动。由以上的分析可知，传染效应与网络谱半径的相对大小影响着股票价格的走势。

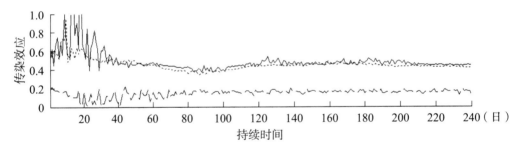

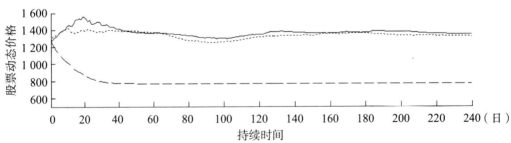

图 5 - 1　不同参数下的传染效应和股票动态价格

注：参数设定：f_1 = 0.2，f_2 = 0.3，f_3 = 0.5，K_N = 2 000，K_F = 4；实线：a^φ = 95，b^φ = 0.03，a^θ = 28，b^θ = -0.07；点线：a^φ = 100，b^φ = 0.03，a^θ = 28.3，b^θ = -0.073；波折线：a^φ = 98，b^φ = 0.035，a^θ = 22，b^θ = -0.07。

---

① 在模拟过程中，对传染效应 e(t) 加入了随机干扰因素。

选取适当的参数，接下来继续模拟不同环境下的股票价格。图 5 – 2 给出了不同参数下，持续 240 期的股票动态价格，我们据此解释股票价格的动态运动。

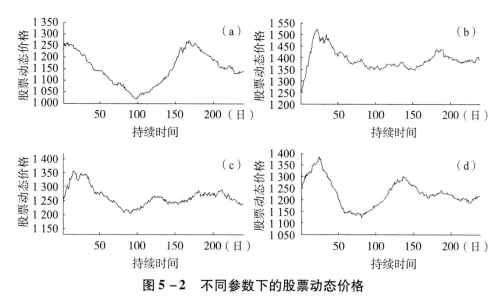

图 5 – 2　不同参数下的股票动态价格

注：相同参数设定为：$f_1 = 0.2$，$f_2 = 0.3$，$f_3 = 0.5$，$K_N = 2\ 000$，$K_F = 4$；其他参数设定：（a）$a^\varphi = 80$，$b^\varphi = 0.04$，$a^\theta = 20$，$b^\theta = -0.1$；（b）$a^\varphi = 100$，$b^\varphi = 0.03$，$a^\theta = 28$，$b^\theta = -0.08$；（c）$a^\varphi = 85$，$b^\varphi = 0.032$，$a^\theta = 20$，$b^\theta = -0.08$；（d）$a^\varphi = 90$，$b^\varphi = 0.03$，$a^\theta = 30$，$b^\theta = -0.05$。

对于图 5 – 2 中价格的上升阶段，交易者之间的传染效应基于利好信息增加，下一刻的价格上升并带动了收益的增加，从而使得交易者之间传染效应进一步增强，推动股票价格趋于更高的水平。虽然在某些时刻可能会出现股票价格的暂时下降，但是交易者不仅考虑短期的信息还会考虑中期和长期的价格信息。因此长期来看，股票价格会不断被拉向高位，从而形成了价格的正向自我强化。

当股票的价格不断上升后，股票的中长期收益相对下降，交易者之间的传染效应下降，实际的股票价格上升空间有限甚至停留在高位的价格水平。股票的收益的进一步下降弱化交易者之间的传染效应，交易者对股市的信心降低，造成股票的减持，继续拉低股票价格水平。以此类推，虽然在某些时刻可能会出现价格的暂时上升，但是由于考虑股票的长期收益，交易者之间的传染效应并不会因为价格的暂时上升而显著上升。因此，在股票价格背离高位价格的下降阶段，股票价格形成了负向的自我强化，如图 5 – 2 所示中的价格下降阶段。

当价格持续下降后，股票的中长期收益下降幅度有所缓解，交易者之间的传染效应会相应增加。市场中的交易者们重拾市场信心从而增加了股票的持有量，使股票价格开始产生上升的动力。

由上述分析可知，股票价格的动态变化可以看作是一系列正向和负向的自我强化，泡沫的产生与破灭则可以描述为股票价格正向和负向自我强化交替出现的动态过程。如果价格形成正向的自我强化，泡沫将逐渐产生直到价格收益不再上升。自我强化的强度越强，价格泡沫的幅度越大。当价格逐渐下降后，一系列的负向自我强化逐渐显现，价格泡沫开始破灭。

同一金融市场中投机者相对于基础价值投资者的交易量影响着股票价格的波动，根据数值模拟的结果分析，当投机者的交易量与价值投资者的交易量比值较小时，股票价格越平稳；当这一比值较大时，股票价格波动越剧烈。图 5 - 3 给出了两者不同比值的结果。

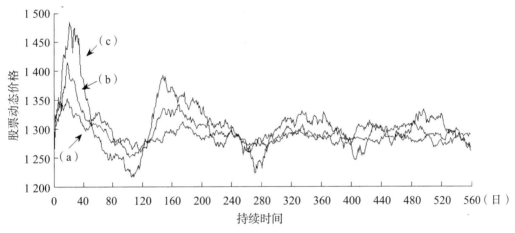

图 5 - 3　投机者与基础价值投资者交易量之比不同时的动态价格

注：相同参数设定为：$f_1 = 0.2$；$f_2 = 0.3$；$f_3 = 0.5$；$a^\varphi = 100$，$b^\varphi = 0.03$，$a^\theta = 28.3$，$b^\theta = -0.073$；其他参数设定：（a）$K_N = 1\,200$，$K_F = 5$；（b）$K_N = 1\,600$，$K_F = 5$；（c）$K_N = 2\,000$，$K_F - 5$。

注意到这一结果与真实的金融市场是非常吻合的。当投机者的交易总量占主导地位时，说明价格中的投机因素较为明显，如曲线（c）所示，此时股票价格的波动也会更加剧烈。图 5 - 3 的模拟结果说明基于社会网络的研究有助于从投资者的交易属性出发考察股票价格，可以通过考察市场中投机者的比例预测价格走势，同时为宏观决策的制定提供依据。

第五节　本章小结

基于交易者的社会网络，本章构建了股票价格的动态模型并进一步探究网络结构对股票价格的影响。考虑到股票收益的非线性反馈机制，我们分析交易者的异质性预期状态的转换，并且给出了股票价格的动态变化形式，使得交易者预期、股票价格和社会互动构成了一个自我实现的动态系统。结果分析发现，对于一段平稳的股票价格，当交易者之间的传染效应小于网络结构谱半径的倒数时，股票价格将被低估，反之股票价格将被高估。基于非线性系统自我强化的特性，数值分析给出了价格的动态变化过程，并合理地解释了股票价格泡沫的产生与破灭过程。

社会网络研究在金融市场中扮演着越来越重要的角色，已经引起了国内外诸多学者的广泛关注。基于社会网络对资产价格的研究刚刚起步，本章从交易者异质性预期相互转换的角度探究了价格的动态变化，并且验证了价格的运动与交易者所处的社会网络结构有关，这为研究投资者与价格行为的网络特征提供了新的角度。相信更多的社会网络对资产价格的影响机制将会被发现，为资本市场的运作提供指导意义。

第六章
基于社会网络的资产价格波动研究

第一节 引　言

社会网络是交易者彼此沟通交流的微观基础，已有的诸多研究表明交易者通过社会网络交流信息并对其行为决策产生重要影响。从格罗斯曼和斯蒂格利茨（Grossman & Stiglitz，1980）开始，价格与信息的关系一直是金融市场研究的一个重要课题。洪等（2004）研究表明股票市场的参与率受到社会交流的影响，他们发现如果一个个体的"社会邻居"有很高比例是股市投资者，那么该个体有更大的可能性参与到股票市场中。伊夫科维奇和韦斯本纳（Ivkovic & Weisbenner，2007）认为个体投资者选择哪一行业的股票与他们邻居的购买信息密切相关。洪等（2005）和科恩等（2008）的研究表明社会交流也是机构投资者彼此传递信息的基础，从而导致他们投资行为的相似性。肖欣荣等（2012）对我国金融市场的研究发现，信息通过投资者网络进行传播，进而影响基金经理的投资决策。

近年来，越来越多的研究表明基于社会网络的信息交流与传递影响着资产价格。厄兹索伊列夫和沃尔登（Ozsoylev & Walden，2011）通过刻画交易者的信息网络推导出了资产价格的显示表达，并说明价格及波动率是信息网络结构的函数。进一步，厄兹索伊列夫等（2014）的实证研究验证了社会网络交流的信息传递影响着风险资产的价格。韩和杨（Han & Yang，2013）研究交易者通过社会网络的信息获取，并发现无论内生还是外生的信息都对资产的市场出清价格产生重要影响。基于社会网络的信息交流，海因等（2012）和潘琴科等（2013）探究了网络结构的重要性并发现网络结构是股票价格波动的重要影响因素，这一结果进一步表明通过社会网络研究信息交流对资产价格以及其波动性等性质的重要性。

然而，交易者之间的信息交流无时无刻不在进行，每一时刻的交流对象并不固定，这使得信息交流具有随机性。因此，考虑到交易者交流的不确定性，本章基于金融市场中交易者的社会网络构建随机信息交流网络，研究金融市场中交易者的随机信息交流对资产价格及波动的影响。为度量信息在随机信息交流网络中的共享程度，我们提出信息共享度的概念。信息共享度是随机信息交流网络的整体属性，并且随着交流的随机性而随机化。应用带噪声的理性预期均衡模型，本章推导出了考虑随机信息交流的资产价格的显示表达，理论分析了随机信息交流是影响资产价格波动的重要因素。当信息共享度较高时，随机的信息交流将增加风险资产价格的波动率，当信息共享度较低时将降低价格的波动率。最后，数值模拟的结果进一步验证了这一结论。

第二节　资产价格波动理论模型的构建

1. 社会网络与随机信息交流

设 $V = \{1, 2, \cdots, n\}$ 表示金融市场中的 n 个交易者，$G = (V, E)$ 表示交易者进行信息交流的随机社会网络。社会网络 G 可以理解为许多种网络，例如朋友之间的社会互动、微博、微信朋友圈等社交网络。每一个交易者表示为网络 G 中的一个节点，关系 $E \subset V \times V$ 表示社会网络中交易者 i 与交易者 j 是否通过社会网络交流信息。假设交易者之间的信息交流建立在双方都同意的情况下，任何单方面的交流都不能实现真正意义上的交流，故在本章的研究中只考虑无向网络。注意到这种交流不是基于固定网络，而是具有某种随机性的信息交流。实际上，这样的交流根据交易者的处境或状态而定。

令随机矩阵 $(W_{ij})_{n \times n}$ 表示为社会网络 G 的邻接矩阵，W_{ij} 用来刻画交易者 i 与交易者 j 是否交流的随机状态。如果 $(i, j) \in E$，则元素 $W_{ij} = 1$，否则 $W_{ij} = 0$。设 $(i, i) \in E$，即 $W_{ii} = 0$。在社会网络中，节点 i 的邻居是指在网络中与 i 相连的所有节点的集合，即 $N_i(G) = \{j : W_{ij} = 1\}$。每个交易者的邻居结构不尽相同，他们正是基于这样异质的社会网络结构相互交流，从而修正关于风险资产价格收益的相关信息。

假设每一时刻交易者的交流是随机的，他们会根据自己的利益理性地选择交流对象。基于此，本章建立随机的信息交流社会网络，即随机信息交流网络。设在每一个随机信息网络 $G^{(k)}$ 生成的过程中，金融市场中交易者 i 的度为 $d_i(G^{(k)})$，即与 $d_i(G^{(k)})$ 个交易者进行信息的交流共享，可表示为：

$$d_i(G^{(k)}) = \#\{j: W_{ij}(G^{(k)}) = 1\} = \#N_i(G^{(k)})$$

其中，$k = 1, 2, \cdots, K$ 表示交易者交流的某一状态，K 为交易者所有交流状态的总和，即随机信息网络的个数[①]。#表示集合中的元素个数。

为准确度量金融市场中交易者的随机交流导致的信息共享程度，定义金融市场的信息共享度 $\tilde{\beta}$ 为：

$$\tilde{\beta} = \frac{1}{2n} \sum_{i,j} W_{ij}(G^{(k)})$$

注意到 $\tilde{\beta}$ 为一个随机变量，表示任意的随机网络结构下金融市场的信息共享度。可以看出，$\tilde{\beta}$ 的随机性源自交易者交流的随机性，并且对于某一随机交流状态 k，相应的信息共享度表示为 $\tilde{\beta}^{(k)}$。

2. 市场均衡的描述

假设交易者有两种资产：一种是单位化为 1 的无风险资产，另一种是风险资产，如一只股票，每股的初始价格为 $\tilde{p}$，其未来的不确定价值为 v，将在期末实现。假定 $v \sim N(\bar{v}, \sigma_v)$，$\bar{v} > 0$，$\sigma_v > 0$。金融市场中存在两类交易者：理性交易者和噪声交易者。噪声交易者为市场提供了流动性，随机供给表示为 $s \sim N(\bar{s}, \sigma_s)$，$\bar{s} > 0$，$\sigma_s > 0$。对于理性交易者，他们根据自己的信息集做出理性预期的判断。

初始时刻，所有交易者拥有相同的初始禀赋，每个交易者收到了关于股票收益 v 的噪声信号。特别的，交易者 i 观察到的信号为：

$$\tilde{x}_i = v + \tilde{\varepsilon}_i, \quad \tilde{\varepsilon}_i \sim N(0, \sigma_\varepsilon), \quad \sigma_\varepsilon > 0$$

在第二阶段，通过与邻居的相互交流，交易者 i 接收到的关于风险资产收益的信号为：

$$\tilde{y}_i^{(k)} = f_i(\tilde{x}_i, \tilde{x}_{i_1}, \cdots, \tilde{x}_{i_d} \mid G_i^{(k)})$$

其中，$G_i^{(k)}$ 表示在随机状态 k 下交易者 i 所处的社会网络，$\{i_1, \cdots, i_d\}$ 表示交易者 i 的邻居组合，$f_i: R^{i_d+1} \to R$ 为信号修正函数。特别的，设在某一随机状态信息网络结构下，交易者 i 接收到的关于风险资产收益的形式 $\tilde{y}_i^{(k)}$ 为：$\tilde{y}_i^{(k)} =$

[①] 在很多情况下，人们无法精确度量所有的交流状态，这样的交流状态有可能是无限多个。

$\dfrac{\sum\limits_{j \in N_i(G^{(k)})} \tilde{y}_j}{d_i(G^{(k)})}$。最后，每个交易者根据自己的信息集进行决策。交易者 i 在信息网络

k 下的信息集为：$F_i^{(k)} = \{\,\tilde{y}_i^{(k)},\ \tilde{p}^{(k)}\,\}$。

假设交易者具有相同的 CARA 效用函数，风险厌恶系数为 ρ。交易者根据期初的财富约束最大化期末效用，即：

$$\max U = E\big[\,-\exp(\,-\rho\,\tilde{\omega}_{1i})\,\big]$$

$$\text{s. t. } \omega_{0i} = M_i + \tilde{p}\,D_i$$

其中，ω_{0i} 和 $\tilde{\omega}_{1i}$ 分别为交易者在期初和期末的财富，且 $\tilde{\omega}_{1i} = RM_i + \tilde{v}D_i$。R 为无风险收益率，$M_i$ 为无风险资产的持有量，D_i 为风险资产的持有量。

根据线性带噪声的理性预期均衡（NREE），风险资产的价格函数为：

$$\tilde{p} = f_0(\tilde{\beta}) + f_1(\tilde{\beta})v - f_2(\tilde{\beta})s$$

其中，$\tilde{\beta}$ 为信息共享度，$f_0(\tilde{\beta})$，$f_1(\tilde{\beta})$，$f_2(\tilde{\beta})$ 为关于 $\tilde{\beta}$ 随机变化的待定参数，其随机性源于信息网络的参数 β 的随机变化。

按照施耐德（Schneider，2009）的研究思路，理性预期均衡的不动点问题转化为寻找价格函数中的均衡价格并使之满足市场出清条件。在随机信息交流网络的框架下，由于网络与网络之间生成的独立性，故随机信息网络 G 包含了所有的信息交流状态。因此每一种状态下的随机信息网络可以看成厄兹索伊列夫和沃尔登（2011）中的信息网络，并且随机信息网络的空间是完备的。那么根据随机图的性质，均衡价格以概率 1 收敛于价格函数

$$\tilde{p} = f_0(\tilde{\beta}) + f_1(\tilde{\beta})v - f_2(\tilde{\beta})s \qquad (6-1)$$

其中，

$$f_1(\tilde{\beta}) = \frac{\tilde{\beta}\,\sigma_v^2\sigma_s^2 + \sigma_v^2\,\tilde{\beta}^2}{\tilde{\beta}\,\sigma_v^2\sigma_s^2 + \sigma_s^2 + \sigma_v^2\,\tilde{\beta}^2}$$

$$f_2(\tilde{\beta}) = \frac{\sigma_v^2\sigma_s^2 + \sigma_v^2\,\tilde{\beta}}{\tilde{\beta}\,\sigma_v^2\sigma_s^2 + \sigma_s^2 + \sigma_v^2\,\tilde{\beta}^2}$$

$$f_0(\tilde{\beta}) = f_2(\tilde{\beta}) \times \frac{\sigma_v^2\bar{v} + \tilde{\beta}\,\sigma_v^2\bar{s}}{\sigma_v^2\sigma_s^2 + \sigma_v^2\,\tilde{\beta}^2}$$

需要说明的是，若随机信息交流网络是外生的，则该模型退化为厄兹索伊列夫和沃尔登（2011）中的信息网络。若交易者不与其他人分享信息，此时社会网络在交易者的信息交流中不起作用，交易者的信息集为 $F_i^{(k)} = \{\,\tilde{x}_i,\ \tilde{p}\,\}$，

该模型退化为戴蒙德和韦雷基亚（Diamond & Verrecchia, 1981）文中的标准模型。

第三节　理论分析和数值模拟

风险资产价格的波动性研究一直是学者们的研究热点，是资产定价和风险管理的核心。在给定随机的信息交流模型下，我们在这里分析价格的波动除了受资产收益、随机供给等传统意义上的因素影响，还和金融市场本身的信息共享度有关，这种交流的随机性在一定条件下影响价格波动率。

一、波动率计算

参考已有的方法，本章应用价格的无条件方差作为价格波动的度量，这一方法经常用于理性预期均衡领域资产价格的分析。

定理 6.1　若给定风险资产价格如式（6–1），则在随机化信息网络结构下，风险资产价格的波动率为：

$$\mathrm{Var}[\tilde{p}] = \mathrm{E}[f_1(\tilde{\beta})^2]\sigma_v^2 + \mathrm{E}[f_2(\tilde{\beta})^2]\sigma_s^2 + \mathrm{Var}[f_0(\tilde{\beta}) + \bar{v}f_1(\tilde{\beta}) - \bar{s}f_2(\tilde{\beta})]$$

证明　由波动率的性质可知：

$$\begin{aligned}
\mathrm{Var}[\tilde{p}] = {} & \mathrm{Var}[f_0(\tilde{\beta})] + \mathrm{Var}[vf_1(\tilde{\beta})] + \mathrm{Var}[sf_2(\tilde{\beta})] \\
& + 2\mathrm{Cov}[f_0(\tilde{\beta}), vf_1(\tilde{\beta})] - 2\mathrm{Cov}[f_0(\tilde{\beta}), sf_2(\tilde{\beta})] \\
& - 2\mathrm{Cov}[vf_1(\tilde{\beta}), sf_2(\tilde{\beta})]
\end{aligned}$$

因为 $f_1(\tilde{\beta})$ 和 v 是相互独立的，根据波动率的定义有：

$$\mathrm{Var}[vf_1(\tilde{\beta})] = \mathrm{Var}[v]\mathrm{Var}[f_1(\tilde{\beta})] + \mathrm{Var}[v](\mathrm{E}[f_1(\tilde{\beta})])^2 + \mathrm{Var}[f_1(\tilde{\beta})](\mathrm{E}v)^2$$

$$\mathrm{Var}[sf_2(\tilde{\beta})] = \mathrm{Var}[s]\mathrm{Var}[f_2(\tilde{\beta})] + \mathrm{Var}[s](\mathrm{E}[f_2(\tilde{\beta})])^2 + \mathrm{Var}[f_2(\tilde{\beta})](\mathrm{E}s)^2$$

又由于 $f_0(\tilde{\beta})$, $f_1(\tilde{\beta})$, $f_2(\tilde{\beta})$ 相互独立，于是：

$$\mathrm{Cov}[f_0(\tilde{\beta}), vf_1(\tilde{\beta})] = \mathrm{E}[v]\mathrm{Cov}[f_0(\tilde{\beta}), f_1(\tilde{\beta})]$$

$$\mathrm{Cov}[\,f_0(\tilde{\beta})\,,\ sf_2(\tilde{\beta})\,] = E[\,s\,]\mathrm{Cov}[\,f_0(\tilde{\beta})\,,\ f_2(\tilde{\beta})\,]$$

$$\mathrm{Cov}[\,vf_1(\tilde{\beta})\,,\ sf_2(\tilde{\beta})\,] = E[\,v\,]E[\,s\,]\mathrm{Cov}[\,f_1(\tilde{\beta})\,,\ f_2(\tilde{\beta})\,]$$

整理得：

$$\mathrm{Var}[\,\tilde{p}\,] = \mathrm{Var}[\,v\,]\{\mathrm{Var}[\,f_1(\tilde{\beta})\,] + (E[\,f_1(\tilde{\beta})\,])^2\}$$
$$+ \mathrm{Var}[\,s\,]\{\mathrm{Var}[\,f_2(\tilde{\beta})\,] + (E[\,f_2(\tilde{\beta})\,])^2\}$$
$$+ \mathrm{Var}[\,f_0(\tilde{\beta}) + E[\,v\,]f_1(\tilde{\beta}) - E[\,s\,]f_2(\tilde{\beta})\,]$$

由上式易得定理结论成立。

由定理 6.1 可知，均衡价格的波动率不仅取决于资产的收益特征和随机供给信息，它还受信息共享程度函数 $f_0(\tilde{\beta})$，$f_1(\tilde{\beta})$，$f_2(\tilde{\beta})$ 的特征的影响。这三个参数的随机性主要体现在交易者信息交流的随机性。金融市场中每个交易者处在自己的社交网络中，他们与朋友进行的信息交流是随机变化的，这种随机性对价格波动率的影响是通过作用在到期收益波动性 σ_v^2 和随机供给波动性 σ_s^2 共同反映的。

根据 $f_1(\tilde{\beta})$ 和 $f_2(\tilde{\beta})$ 的表达式可知，当信息共享程度 $\tilde{\beta}$ 不断变大时，$E[\,f_1(\tilde{\beta})^2\,]{\to}1$，$E[\,f_2(\tilde{\beta})^2\,]{\to}0$ 以概率 1 成立。这说明，当私有信息达到完全共享时，价格将较大程度上反映市场信息，股票收益的波动信息将完全体现，价格的波动受到随机供给的影响将下降。然而在真实的金融市场中，交易者们不可能进行充分的交流，私有信息不可能完全共享，因此噪声的影响会长期存在。而且即使 $E[\,f_2(\tilde{\beta})^2\,]{\to}0$，我们仍不能否认价格的波动在一定程度上受收益、随机供给的期望值的影响，也就是说人们对将来的预期是重要的，这种重要程度通过信息网络结构性质的修正表现出来，体现在 $\mathrm{Var}[\,f_0(\tilde{\beta}) + \bar{v}f_1(\tilde{\beta}) - \bar{s}f_2(\tilde{\beta})\,]$ 这一项。这说明随机供给的期望值一直影响价格的波动，噪声交易者引起的价格波动并未由于信息的充分共享而消失，这也在一定程度上说明噪声交易对价格的影响长期存在。

实际上，噪声交易者一直存在，只不过他们对价格波动率的影响将下降。这种影响主要是从随机供给波动的系数 $E[\,f_2(\tilde{\beta})^2\,]$ 反映。由于 $E[\,f_2(\tilde{\beta})^2\,]$ 是关于信息共享程度的严格凸函数，故供给的波动对价格波动率的影响将随着信息共享度的增加而下降。资产的噪声水平越高，其对应的精确度越低。这表现为交易者从均衡中获得的关于风险资产随机收益的精度（方差的倒数）和随机供给的方差对波动率的影响具有相关性，即 $E[\,f_1(\tilde{\beta})^2\,]$ 和 $E[\,f_2(\tilde{\beta})^2\,]$ 之间的相关关系。这意味着，随着噪声程度的加大，交易者所获取的精度下降，并且递减速度越来越慢，这与戴蒙德和韦雷基亚（1981）文中的研究结果相一致。

二、数值模拟与比较分析

本节将随机的信息交流与非随机状态做比较分析，并得到相应的理论与数值结果。当随机信息共享度 $\widetilde{\beta}$ 固定不变时，$\widetilde{\beta}$ 退化为某一随机状态下的 $\beta^{(k)}$ $=\beta_0$。参考厄兹索伊列夫（2011）的结果，资产价格的波动率是信息共享度 β 的函数。在一般情况下，$\text{Var}[\,\widetilde{p}\,]$ 可以描绘为三种曲线，称之为 O–W 波动率曲线。对于 O–W 波动率曲线，当 $\sigma_v\sigma_s \geqslant 1$ 时，曲线只有一个极值点；当 $\dfrac{2\sqrt{5}}{5} < \sigma_v\sigma_s$ <1 时，曲线有两个极值点；当 $0 < \sigma_v\sigma_s \leqslant \dfrac{2\sqrt{5}}{5}$ 时，曲线没有极值点。图 6–1 是 O–W 波动率曲线的一个模拟结果。

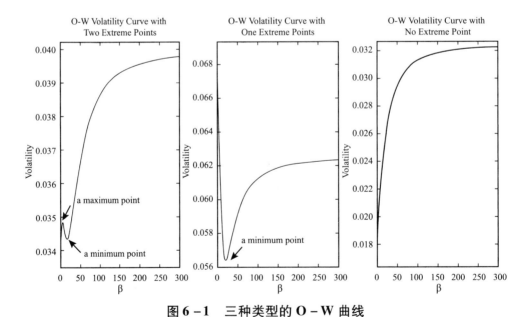

图 6–1　三种类型的 O–W 曲线

注：其中参数分别为：（a）$\sigma_v = 0.2$，$\sigma_s = 4.6$；（b）$\sigma_v = 0.25$，$\sigma_s = 4.2$；（c）$\sigma_v =$ 0.18，$\sigma_s = 4.0$。

定理 6. 2　令 $P_{\tilde{\beta}}$ 和 P_{β_0} 分别为信息共享度为 $\tilde{\beta}$ 和 β_0 相对应的资产价格，并且有 $\beta_0 = E\tilde{\beta}$。如果 $E[P_{\tilde{\beta}}]$ 不变，那么

（1）当 β_0 是 $O - W$ 波动率曲线上的极小值点时，$Var[P_{\tilde{\beta}}] > Var[P_{\beta_0}]$；

（2）当 β_0 是 $O - W$ 波动率曲线上的极大值点时，$Var[P_{\tilde{\beta}}] < Var[P_{\beta_0}]$。

证明：应用离散的方法，我们只证明 β_0 是极小值的情况，极大值的情况可类似证明。

由方差的定义知，$Var[\tilde{p}] = \dfrac{1}{N}\{\sum\limits_{i=1}^{n}(P_{\beta_i} - E[P_{\tilde{\beta}}])^2\}$，又 $E[P_{\tilde{\beta}}]$ 保持不变，于是有：

$$\frac{1}{N}\{\sum_{\beta_i \neq \beta_0}(P_{\beta_i} - E[P_{\tilde{\beta}}])^2 + \sum_{\beta_i = \beta_0}(P_{\beta_i} - E[P_{\tilde{\beta}}])^2\}$$

令 M_0 为 $\beta_i \neq \beta_0$ 的个数，则 $\dfrac{1}{N}\{\sum\limits_{\beta_i \neq \beta_0}(P_{\beta_i} - E[P_{\tilde{\beta}}])^2\} = \dfrac{M_0}{N}Var[P_{\beta_0}]$。令 M_1，M_2，$\cdots$，M_1 分别为 $\beta_i = \beta_1$，$\beta_i = \beta_2$，$\cdots$，$\beta_i = \beta_1$ 的个数，则：

$$\frac{1}{N}\{\sum_{\beta_i \neq \beta_0}(P_{\beta_i} - E[P_{\tilde{\beta}}])^2\} = \frac{M_1}{N}Var[P_{\beta_1}] + \frac{M_2}{N}Var[P_{\beta_2}] + \cdots + \frac{M_1}{N}Var[P_{\beta_1}]$$

由于 β_0 是极小值点，那么对于任意小的 $\varepsilon > 0$，$\beta_i \in U(\beta_0, \varepsilon)$ 有：

$$Var[P_{\beta_i}] > Var[P_{\beta_0}]，i = 1，2，\cdots，l$$

于是有：

$$Var[P_{\tilde{\beta}}] = \frac{M_1}{N}Var[P_{\beta_1}] + \frac{M_2}{N}Var[P_{\beta_2}] + \cdots + \frac{M_1}{N}Var[P_{\beta_1}] + \frac{M_0}{N}Var[P_{\beta_0}]$$

注意到 $M_1 + M_2 + \cdots + M_1 + M_0 = N$，即可得到结论 $Var[P_{\tilde{\beta}}] > Var[P_{\beta_0}]$，证毕。

通过比较分析可知，当只考虑到期收益的波动时，随机化的信息共享度会降低价格的波动率，价格的波动由到期收益波动性体现。当随机供给的波动远远大于到期收益的波动率时，随机化信息共享度时的价格波动率更大，此时可以通过交易者的交流或者信息的充分共享来降低噪声带来的价格波动。随机网络下的价格均值 $E[P_{\tilde{\beta}}]$ 是固定的，这一条件看起来很严格，但是经济个体频繁的信息交流使得信息共享度很高，从而导致了价格的期望值 $E[P_{\tilde{\beta}}]$ 变化很小。实际上，当 $E[P_{\tilde{\beta}}]$ 变化很小时，命题的结论仍然成立，接下来的模拟结果也证实了这一点。

首先，我们通过稳健性分析确定生成的价格序列。风险资产的期望收益和随机供给均规范化为 1，假设交易者的风险规避系数为 $\rho = 1$。令 $\sigma_v = 0.35$，$\sigma_s =$

2.8，$\widetilde{\beta}$ 服从闭区间 [2，14] 上的均匀分布。我们产生了 8 组结果和每一组生成的 100 个价格方差，如图 6 – 2 所示。注意，模拟价格序列在每个图都是不同的，数量从 10^4 到 5×10^7。从最后一个图形看出，当生成的价格数量达到 5×10^7 时方差趋于稳定，可以认为此时模型的结果是稳健可信的。

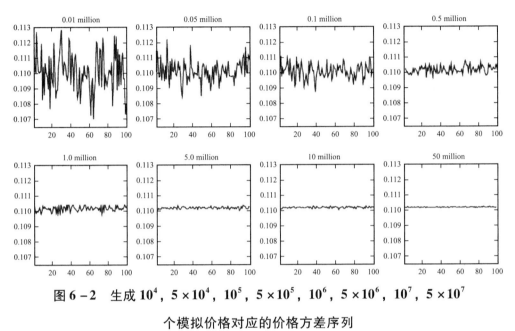

图 6 – 2　生成 10^4，5×10^4，10^5，5×10^5，10^6，5×10^6，10^7，5×10^7

个模拟价格对应的价格方差序列

注：其中横轴表示生成波动率 $\mathrm{Var}[P_{\widetilde{\beta}}]$ 的数目，纵轴表示 $\mathrm{Var}[P_{\widetilde{\beta}}]$ 的值。

　　下面讨论信息共享度 $\widetilde{\beta}$ 在极小值点和极大值点的条件下对价格波动率的影响。假设 $\widetilde{\beta}$ 服从区间 [a，b] 上的均匀分布，表 6 – 1 展示了不同的结果以及与 $\beta_0 = E\widetilde{\beta}$ 的比较情形。

表 6 – 1　　信息共享度处于波动率曲线极值点的方差和波动率比较

情形	极小值点		极大值点	
	方差	波动率（%）	方差	波动率（%）
随机情形（v，s，$\widetilde{\beta}$）	0.11021	33.2	0.00868	9.32
固定情形（v，s，$\widetilde{\beta}$）	0.10816	32.9	0.00871	9.33

注：一组参数 $(\sigma_v, \sigma_s, \widetilde{\beta})_i$ 决定一组价格波动率。参数设定分别为：极小值对应 $(\sigma_v, \sigma_s, \widetilde{\beta})_1 = (0.35, 2.8, [2, 14])$；极大值对应 $(\sigma_v, \sigma_s, \widetilde{\beta})_2 = (0.1, 9.2, [6, 34])$。

　　从表6-1可以看出，对于极小值点，价格的方差近似为0.11021，此时价格的波动率为33.2%，固定情形下的价格方差和波动率分别为0.10816和32.9%。与固定信息交流下的价格方差和波动率相比较，随机的信息交流增加了价格的波动，说明信息交流的不确定性在一定程度上加大了价格的波动。对于极大值点，价格的方差近似为0.00868，价格的波动率为9.32%。与随机化下的信息程度相比较可知，在该环境下随机化信息共享程度的价格方差相对信息共享度固定时的价格方差减少了1.8%，相应的波动率下降0.01个百分点，说明信息交流的不确定性对于价格的波动稍有减少，但是影响并不大。

　　模拟的结果说明交易者之间的随机交流是影响价格波动率的重要因素，这也正是本章的创新之处。金融市场中交易者的信息交流的不确定性在一定区间内的随机变化将增大或减小价格的波动，而这种对波动的影响将随着风险资产自身的属性如波动率、金融市场的随机供给波动等特征而不同。

第四节　本 章 小 结

　　本章基于社会网络构建了金融市场中交易者的随机信息交流网络，并探究随机的信息交流对资产价格及其波动性的影响。应用带噪声的理性预期均衡模型，本章推导出资产价格是信息共享度的函数。理论分析发现随机信息交流是影响资产价格波动的重要因素，数值模拟的结果进一步验证了这一结论。我们的研究结果表明，随机的信息交流是资产价格波动的重要影响因素。当信息共享度较高时，随机的信息交流将增加风险资产的波动率，当信息共享度较低时将降低价格的波动率。信息交流对价格的影响是一个创新性的研究，它依赖于交易者之间相互交流的社会网络，这将为资产价格提供了新的波动性分析，有助于我们从交易者的社会属性进一步探究价格的波动。

第七章
基于符号时间序列与网络方法的
金融收益研究

第一节 引 言

有效市场理论认为投资者的收益是不可以进行预测的，且长期的平均收益为零，即对投资者而言市场信息是对称的，不存在单独的套利机会，获利机会是公平的。但市场并不总是有效的，理想条件下的金融市场并不存在，投资者之间的信息也并非对称的。基于此，股票市场的收益是可以进行预测的。大多数学者在收益以及风险等的预测方面多采用传统的计量学方法，运用时间序列分析方法，通过构建各种模型进行分析与预测，该种方法现在被多数学者所接受与采用。在传统的分析方法中，通过建立线性与非线性模型，可以得到股票收益与时间变化的关系走势，也可以对未来收益进行预测，或者得到时间序列数据的其他特征等。但在对金融收益的整体把控上仍存在不足。且以往的分析方法仍需对时间序列作出平稳性等一系列的假设，运用尚且存在一定的局限性。对于从一个全新的角度来分析和刻画资产收益的规律和特征，仍要一个可以更加全面的方法。而符号时间序列分析（STSA）方法正适用于非线性研究，同时金融市场其本质即是非线性的①，故 STSA 法相比较传统方法，得出的分析结果精确度更高一些。

STSA 方法是对传统的收益序列分析方法的扩充，是从大尺度的层面对收益序列的各特征进行分析研究。其最大的特点是无须作出数据平稳性与否的假设，直接对历史数据符号化分析后可以直观地得到收益序列的主要收益变化模式以及对下一期的收益区间进行预测等。这些优势也是区别于传统的计量分析，从一个崭新的角度来认识金融市场、分析金融市场收益变化规律以便更好地为投资者确定投资组合、政府调控经济政策做贡献。

金融网络表现出较明显的群体结构特征（巴曙松，2015），对标的股票间的网络结构分析②，以及对金融市场的收益特征及规律的预测分析，对于分析金融

---

① 各变量间是相关不独立的，变量间的一级增量关系在变量的定义域内是不对称的。
② 主要是股票间的聚类分析。

市场对于政府决策、投资者的投资决策、企业运营情况等有重要的参考意义，同时更加有利于投资者及时应对政策环境以及投资环境的变化，及时发现并分散风险，对金融市场的总体有一个较为全面的认知，以便更加理性地采取投资行为，维护我国股票市场健康有效地运行。

影响股票收益以及股票价格走势的因素有很多，除了宏观调控政策以及国际形势等因素以外，不同股票之间同样会相互作用。尤其是标的股票所处的行业以及产业链关联、地区、控股股东等多种因素，都会对股票走势产生重要的影响。同时，多个股票的价格直接也会发生联动作用（熊巧巧，2017）。因此投资者在进行投资过程中如若能够分清各股票之间的关联关系，对于其分散风险、利益最大化有着重要的意义。

正如有效市场理论认为，股票价格可以充分反映所有可以获得的信息，信息对于各个投资者来说是对称的，对股票价格的预测分析作用不大。但理想情况并不存在，现实中的金融市场是信息不对称的，市场也并非总是有效的，从而存在许多获利机会，许多研究者对股票收益进行了预测。传统的计量学对股票收益进行预测时往往更加关注其精确性，通过对历史数据进行处理，以求得最小误差情况下的最优解。但是实际中，投资者更加关注目标股票未来的价格变动趋势，即更加看重该股票是上涨或是下跌（何鳃绯，2018）。因此，投资者更偏好于选择可以准确快速地得到未来变动趋势的研究工具，而 STSA 法通过对历史数据进行符号化处理后可以较为快速准确地得到未来的股票收益走势概率情况，更加贴合投资者的需求。

第二节　相关理论与文献回顾

1. 符号时间序列分析综述

20 世纪 90 年代中期，STSA 方法开始逐渐兴起。该方法以非线性系统为支撑，是由符号信息学、信息论以及时间序列分析三者共同发展起来的一种数据分析法。其通过将呈连续状态的数据划分成多个离散数据集，并依据某个既定的规则赋予每个离散集新的数值符号，即对初始序列进行"粗粒化"的重新划分，得到结构更为简单的数值序列。

如今 STSA 法已经被诸多领域应用，包括医药生物、化工、材料学、人工智能、金融学等，主要用于模式识别、模型拟合、数据的特征检验等诸多方面。阿扎德（Azad，2004）、古普塔（Gupta，2007）等分别将符号化方法应用在气候、超声数据以及电机检测方面，并与神经网络等方法进行比较，证明了符号化方法相比较其他方法更具优势性，灵敏性更高。山野（Yamano，2008）将生物学的 DNA 理论与符号时间序列方法进行结合。类似生物比对，通过匹配两个生物序列，进而分析比较两序列间的相似程度。以往的学者大都是基于欧几里得范式、相对熵等统计量对序列间的差异性进行分析，结果较为理性。

符号时间序列方法不同于传统计量学的一个优势在于，STSA 法是对原始数据的大尺度特征的提取，是一个粗粒化的过程，且对噪声不敏感，可以极大地提高计算效率。同时，也无须对模型以及平稳性作出假设。唐（Tang，1997）等通过符号的方法对不规则的时间序列进行分析，探讨了符号化时的参数问题，得出符号化方法多样兼容性的特点。道（Dawn，2003）在其研究数据分析综述中提出符号时间序列分析方法更适合用于非线性动力系统的分析，且可以降低噪声的污染。对噪声不敏感是此方法的最大优点。傅维翔（2017）对时间序列的符号化进行了研究，提出了基于时间序列趋势信息的符号化方法，将时间序列数据进行了直线拟合，随后对其离散化映射到符号空间，完成了符号化过程。张可（2018）将原始时间序列数据进行符号化处理，并基于分段趋势特征提取数据，证明了该方法的实用性以及有效性。

经过相关学者研究发现，对时间序列符号化的方法有三种，分别是静态法、动态法以及小波法。向馗、蒋静坪（2007）在其文章中分别用静态法、动态法和小波法做了符号化的处理过程，通过对其复杂性进行计算得出，动态法更优于其他两种方法，更适合对复杂系统进行评价。对于选择序列编码长度 L，金宁德、李伟波（2004）利用改进的香农（Shannon）熵以及时间不可逆转性指标等统计量对数据进行了特征提取，并创新性的将非线性符号时间序列方法运用到油水两相流型表征。李岳林、刘志强（2004）等在其关于汽油机燃烧循环变动特征分析中，与符号时间序列方法相结合，对文章中收集到的实验数据进行处理。赵建华（2009）在关于采用符号序列 Shannon 熵的机器信息提取方法的文章中，指出 Shannon 熵能够描述符号序列结构特征，并说明 Shannon 熵与数据的混乱度有密切的关系，当 Shannon 熵 H（L）取最小值时，对应的编码长度 L 为最优字长。在此基础上可以选择合适的字长 L，并进行下一步的研究分析。虽然 STSA 法在金融领域的应用还相对较少，相关文献也并不多见。但在自然科学以及工程等领域受到了较为广泛的关注。

由上述文献可以看出，多个行业已经开始运用符号时间序列的方法进行研究，且研究结果表明该方法的有效性和可行性。这对本章就中国金融市场的实证研究中的符号化过程起到了很好的借鉴作用，将作为符号化处理的重要依据。

2. 网络结构分析方法的分析综述

我国 A 股市场中散户占绝大多数，机构投资者比例虽逐年上升，但散户化向机构化发展仍需要较长的时间。而对于个体投资者来说，整体投资水平不够专业，且对市场的有效信息掌握不足，容易受到其他投资者投资行为的影响。同时对国家政策信息较为敏感，政策以及国际形势稍有变动，投资行为改变巨大。因此，对于极度不稳定的股票市场，投资者需要从多方面加深认知，提高专业性，合理安排投资活动。

股票市场存在较强的聚集效应，如同行业、同板块、相同地理位置的股票走势相似，同涨同跌现象较为明显。因此分析股票市场的网络结构，了解我国股票市场中各股票间的相互关系及群聚关系就有着非比寻常的意义。曼特尼亚（Mantegna，1998）在其研究中通过构建股票间的相关系数矩阵，生成最小生成树和分层树对美国标普 500 指数的样本股进行网络结构分析。威斯顿（Wiston，2008）把美国股票市场的网络结构与时间序列方法相结合，并建立最小生成树和分层树来对一些上市公司进行分类，加深了对股票市场结构的理解。布里达和里索（Brida & Risso，2009）提出意大利股票市场的最小生成树和相应的分层树结构可使用符号时间序列法计算股票距离来建立。同时提出，符号时间序列的一个重要的优点为无须作出模型以及数据平稳性与否的假设。

国内的研究中，蔡世民（2011）通过构建复杂网络对金融市场分析发现少数的中心节点股票对市场影响较大，大多数的股票影响力甚微。周舫（2017）对 A 股市场进行聚类分析发现 A 股市场存在着显著的行业轮动现象。吴昊（2018）利用稳健回归的方法，从行业板块的角度对我国股票市场的聚类特征进行分析，发现 2015 年之后股票市场行业聚集现象愈发明显，有较为明显的行业轮动现象。

在常用的网络结构分析中，最小生成树和分层树法较为多见，受到了各行业研究者的极大热评。通过对相关资料的查阅发现，大多数的关于市场网络结构的研究中，应用此方法的占绝大多数。赵昕（2009）、陈前达（2017）通过最小生成树算法构建了我国股票的关联网络，并发现股票市场行业聚集现象以及行业子分类聚集现象显著。庄瑞鑫、叶中行（2012）运用最小生成树对沪深300成分股的内在网络结构做了相关的研究，发现如果是同一行业或是具有紧密关系的企业，在最小生成树图上往往表现出点与点之间的相邻的连接关系，表明同行业中的股票之间出现了显著的聚集效应。高正欣、徐梅（2013）对金融市场的网络结构进行了实证分析，并得出符号化的符号序列直方图对于投资组合的创建以及识别、投资者投资选股、分散风险方面有着较大的借鉴意义。最小生成树图所表示的结构关系反映了我国股市的结构特征，也侧面反映了我国的实体经济情况。

由上述文献可以发现，国内外学者普遍将最小生成树和分层树运用到网络结构分析中，实现对股票市场的聚类。总体来说，据文献表明，研究方法可分为两大类：一类是以皮尔逊相关系数为依据，计算得出最小生成树节点之间的距离，对各节点之间的相互关系进行聚类分析。另一种方法则是 STSA 法，通过符号化后，再计算各节点间的距离，以此来对股票进行聚类。本章将采用符号时间序列的方法，先对原始收益数据进行符号化处理，再建立最小生成树和分层树，以此来对股票的网络结构进行分析。

3. 金融市场收益预测的分析综述

现今被学者们广为应用和采纳的关于金融收益预测与分析的方法主要有传统分析法[①]、时间序列分析方法[②]、神经网络预测方法以及其他预测方法[③]等。应用比较广泛且为大家所熟知的一些常用的收益分析模型包括马尔科夫转换模型、ARMA 模型等。

杨一文（2001）将混沌分型与神经网络结合并用在股票收益预测中，取得了不错的效果。宋玉强（2005）、王莎（2008）、史美景（2012）、黄智烨

---

① 包含基本分析、技术分析。
② 包括时域分析与频域分析。
③ 如马尔科夫预测法、小波分析法、灰色预测法等。

（2012）、王伟国（2013）、刘海心（2013）利用人工神经网络、BP 神经网络、EMD 方法对股票收益进行分析和预测，也证明了该方法的有效性，有较高的实用价值。梁超（2015）构建了基于支持向量机的量化选股模型，筛选出能够准确反映股票收益的表征向量，在此基础上，对股票收益进行了进一步的预测。宋文达（2017）构建了基于支持向量机量化择时策略模型，并对未来收益进行预测，证明了基于支持向量机量化择时策略的有效性。可以看出，通过构建量化择时模型以及 BP 神经网络模型等对股票收益进行预测的方法对整个 A 股市场有较强的适应性，但是此种非线性方法研究的精确度仍有待进一步提升，且表征向量与股票间的关系比较复杂，因此仍需要进一步的研究。

以上方法都对股票收益进行了预测，且相关研究结果也证明了其有效性。如今非参数方法的应用度逐渐提升，越来越多地被学者应用到研究中，此类方法主要是神经网络法等。但是以上种种方法都在某种程度上损失了数据的完整性，都存在一定的假设条件，因此有许多学者用一些新的方法从新的角度对股票的特征及收益进行讨论以求得到一些新的结论。符号时间序列方法即是从一个全新的角度对股票收益及特征进行分析，且其完整地保留了所有的原始数据，一定程度上保证了信息的完整性。多久弥（Takuya，2008）为了识别不同市场间相似的运作模式，在定量序列比对的指标时间序列符号分析中将生物学中的匹配基因片段的方法，运用到股票市场中，对收益序列的匹配度进行了初步计算从而识别。黄飞雪（2011）、奚丹丹（2012）通过序列比对算法对上证综指高频数据进行了收益预测，验证了序列比对算法的有效性。本章拟采用该方法，通过对两收益序列进行相似度比较，得到与当前序列匹配度最高的历史序列，进行金融市场收益预测。

第三节　符号时间序列分析方法概述

时间序列符号化方法因其非线性动力学特性越来越被各行业的学者所接受。符号时间序列分析方法无须作出数据是否平稳的假设，也无须模型的构建，所有原始数据均被合理利用。该方法可以用来描述任一个动力学系统的性态以及演变，对复杂的数据可以进行高效的分类并简单化，且兼容性较高，对于来自不同数据源的数据集合也可进行比对分析。同时该方法对噪声数据极为不敏感，可以通过符号化方法进行快速识别，因此特别适合于分析噪声较多的数据（申来凤，2015）。基于以上几个特点，可以看出 STSA 法得益于其兼容性高，计算效率强大，且无须构建模型即可提取出所研究数据的一些大尺度特征等特点，相较于传统的计量分析，该方法更适合于分析非线性的空间。

时间序列符号化即把连续的数据序列离散化，并用特定的符号进行表示。目前所接受的符号化方法大多有两种，第一种是不对原始数据进行任何加工预处理的直接法，不对其特征进行提取，直接依据数据的数值特点本身对数据进行分类划分，此种方法包括静态法、动态法以及综合法三种。第二种是对原始数据进行某种变换后再进行符号化处理的间接法，小波空间法即属于此类。本章所用的方法是直接法中的静态以及动态法，通过将原始的连续数据离散化，用特定规则将数据集分割映射成若干个小的离散数据集，并用特定符号进行表示。例如，将符号时间序列用 $S = \{s_1, s_2, \cdots, s_{|s|}\}$（其中 $s_i = 0, 1, 2, \cdots$）来表示。

一、符号的转换方法

时间序列符号化的核心步骤为将连续的时间序列数据转换为离散的数据单元，并依据某种既定的规则，对新的离散数据单元进行重新赋值，从而实现了由多个数据组成的数据序列转换成单个数值的数值序列。此方法重在依据数据本身的数值特征进行划分，可以保留大多数的原始数据特征。

1. 静态算法

如果序列 $\{x_t, t = 1, 2, 3, \cdots, T\}$ 为数据的初始序列，其中 x_t 为 s 维的向量，s 为变量的个数，因此 $\{x_t, t = 1, 2, 3, \cdots, T\}$ 是 T 个 s 维向量组成的序列。且 $x_t \in X$，X 是 R^s 的子集，R^s 是 s 维的实数空间（王雨蒙，2014）。将原始的数据序列状态由数据的划分 $Y = \{Y_1, Y_2, \cdots, Y_k\}$ 划分成 $m = (k+1)^s$ 个子序列，其中 k 表示划分的序列数，当 $k = 1$ 时表示进行的二进制划分。每一个离

散的子序列用一个符号 $S_i \in \{S_1,\ S_2,\ \cdots,\ S_m\}$ 来表示，进而可以将连续的初始数据转换为若干个符号序列数据单元。

最简单地将一维的时间序列进行符号化，即 $X = R^s$ 中的 $s = 1$，此时原始的时间序列数据即 $\{x_t,\ t = 1,\ 2,\ 3,\ \cdots,\ T\}$，此处的 x_t 取值为所有一维空间的实数。下一步即将 R 分割成 n 个（$n > 1$）互相不重叠的子空间（此处的划分规则不同，得到的结果也不同）。每个子空间用不同的符号（多用实数 0，1，2 等）进行表示。此步骤即将原始数据序列 x_t，$t = 1$，2，3，$\cdots$，T 转换为符号序列 $\{s_t,\ t = 1,\ 2,\ 3,\ \cdots,\ T\}$，其中，$s_t = S$，当且仅当 x_t 选值为 S 标记区间范围。此方法中，针对两个取值不相同的数值其最后的符号划分结果可能相同，而且此种现象普遍存在，因为符号化方法是一种粗粒化的表示，是在大尺度角度对数据进行提取分析，可能会造成某种程度的信息丢失。

设对原始数据划分后的区间个数为 n，即表示符号化后的符号集大小。例如 $n = 2$ 表示符号化后的符号数值有两个，即进行二进制划分，此时较多的数据信息损失。当 n 逐渐增大时，划分的区间个数增加，更多的数据信息得以表达，但是也伴随着较多的噪声数据，分析的精确度相对受到影响。因此，通过某种规则得到一个合适的符号集大小对时间序列的符号化过程来说至关重要。符号集大小过大，更多的信息可以得以表示，但同时也包含噪声。过小则许多原始信息丢失，分析的精确度难以保证。

符号区间的确定规则通常有两种，一种是事前符号化方法，即对序列 $\{x_t,\ t = 0,\ 1,\ 2,\ \cdots,\ N - 1\}$，直接确定其分割区间的阈值大小，如取阈值 $X = \{X_1,\ X_2,\ \cdots,\ X_{n-1}\}$，将原始数据序列划分成 n 个区间，其中每个子区间可以表示成 $S_i \in \{S_1,\ S_2,\ \cdots,\ S_n\}$，具体过程如下：

$$s_t = \begin{cases} S_n, & x_t \geq X_{n-1} \\ \vdots \\ S_2, & X_1 \leq x_t < X_2 \\ S_1, & x_t < X_1 \end{cases}$$

通常选用等区间法来确定阈值的大小，例如取值为 0、1 时，则对原始数据依照数值大小进行排序，确定其中值大小，所有大于中值的数据取值为 1，所有小于中值的数据取值为 0。

还有一种符号化方法是事后符号化方法。首先确定好各个字符出现的概率

$p_i(\{p_i, i = 1, 2, 3, \cdots, n\})$，然后再进行处理。如果满足 $\sum_{i=1}^{j} p_i$ 为 H_j，$j = 1, 2, \cdots, n-1$，则具体的符号化过程如下：

$$s_t = \begin{cases} s_n, & x_t \geq H_{n-1} \\ \vdots & \\ s_2, & H_2 > x_t \geq H_1 \\ s_1, & H_1 > x_t \end{cases}$$

以上所说的两种方法均是静态的符号化方法，对于时间序列 $\{x_t, t = 0, 1, \cdots, N-1\}$，可以通过选择其中位数等特殊值对其进行划分，也可以选择等概率法进行划分，即通过其分位数划分后，依次确定其符号取值。

2. 动态算法

动态的符号化方法主要是依据数据一阶或者高阶差分结果进行赋值处理。此方法对噪声的敏感性比较低，且当数据为非平稳状态时，动态算法更能体现出其优异性。在符号化过程中除了对原始数据的符号化赋值过程与静态法不相同以外，其他的处理过程都是相同的。同静态法一样，符号化的处理方法是将数据进行"粗粒化"的处理，得到原始数据的大尺度特征，此方法也有对噪声不敏感的特征。

动态化方法的具体过程为：考虑数据序列的一阶差分或者多阶差分，此时的符号集大小表示为 2、4 等或者更多。不同于静态法，动态法的符号集大小需要根据其多阶差分结果进行确定。但是高阶差分由于其物理意义不显著因此较少被使用，所以在动态算法中多考虑一阶差分和二阶差分。

例如符号集大小为 4 时，具体符号化过程如下：

$$s_i = \begin{cases} 3, & x_i < x_{i-1}, & x_{i+1} + x_{i-1} < 2x_i \\ 2, & x_i < x_{i-1}, & x_{i+1} + x_{i-1} \geq 2x_i \\ 1, & x_i \geq x_{i-1}, & x_{i+1} + x_{i-1} < 2x_i \\ 0, & x_i \geq x_{i-1}, & x_{i+1} + x_{i-1} \geq 2x_i \end{cases}$$

二、符号时间序列的编码

本章的研究中主要选用的是静态的符号化方法，通过把初始时间序列数据符号化后，下一步就是对符号化后的数据进行编码。所谓编码是指将符号化后以 n 为基的数据转换成十进制形式，得到最终的数值。

编码时首先要确定一个合适的字长 L，对于序列长度为 N 的符号序列 $\{s_0s_1,$ $\cdots, s_{L-1}s_Ls_{L+1}, \cdots, s_{N-1}\}$，从 s_0 开始依次把 L 个连续的符号进行编码，将 n 为基的数值转化成十进制数。具体的编码过程如下所示：

（1）从转换后的符号序列第一个数 s_0 起，依次选择 L 个连续字符，标记为第 0 个字 $s_0s_1, \cdots, s_{L-1}$；然后顺序从 s_1 开始，继续选择 L 个连续字符，组成第 1 个字 $s_1, \cdots, s_{L-1}s_L$；以此类推，直到所选择的 L 个连续字符的最后一个为 s_{N-1}，即连续的 L 个字符为 $s_{N-L}, \cdots, s_{N-1}$。至此原符号序列 $\{s_0s_1, \cdots, s_{L-1}s_Ls_{L+1}, \cdots, s_{N-1}\}$ 转换为含有 $N-L+1$ 个字，且每个字都是由连续的 L 个字符组成的新的序列：$\{s_0s_1, \cdots, s_{L-1}, s_1s_2, \cdots, s_L, s_2s_3, \cdots, s_{L+1}, \cdots, s_{N-L}s_{N-L+1}, \cdots, s_{N-1}\}$。

（2）得到新的字符序列后，需要将连续的 L 个数值进行编码，其具体做法为：$S_i = s_i \times n^{L-1} + s_{i+1} \times n^{L-1} + , \cdots, + s_{i+L-1} \times n^0$，其中 $i = 0, 1, \cdots, N-1$。得到新的编码序列为 $\{s_0s_1, \cdots, s_{N-L}\}$。

对于符号集大小为 2，即符号为 0，1 的编码序列，如取其符号序列的长度 N = 14，字长 L = 3 的序列 $\{11001011100101\}$，根据上面所说的编码过程，选择连续 3 个数值组成新的字符，则第一步可以得到新的编码序列 $\{110, 100, 001,$ $011, 111, 110, 101, 010, 100, 001, 010, 101\}$，后面分别对其进行编码得到序列 $\{6, 4, 1, 3, 7, 6, 5, 2, 4, 1, 2, 5\}$。最终的编码序列可能会得到总字数种类为 $K = n^L = 8$ 个字，其中每一个字代表了序列的连续 L 个字符的系统特征，每个字的频率也有一定的物理意义。因此，选择一个合适的字长 L，对于符号时间序列分析来说极为重要，合适的 L 可以表达出更多数据本身所蕴含的动力学特征。

对于我们所研究的市场中金融收益序列，本章以不同的字代表连续几个交易日的收益情况，即收益变化模式。例如对于字长为 L 的编码序列，代表我国金融市场连续 L 个交易日收益水平及收益的变化模式和区间。选择字长 L = 4，符号集大小 n = 3，即用三个符号 0，1，2 分别代表了低收益、中收益以及高收益三个类型，因此 1021 表示在连续的四个交易日，所研究的金融市场的收益变化模式为中收益—低收益—高收益—中收益。对序列进行十进制计算后，即可计算出各个字出现的概率，每个字代表了一种变化模式，则概率最大的一个即表示此金融市场的主要收益变化模式。

三、子序列长度 L 的选择

编码长度 L 表示每个编码含有的字符数值的个数。在编码长度 L 的选择方面，本章主要参考道（Daw，2003）数据分析综述一文中改进的 Shannon 熵方法来选择合适的 L，其中改进的 Shannon 熵定义为：

$$H(L) = -\frac{1}{\log_2 N_{abs}} \sum_i P_{i,L} \log_2 P_{i,L}$$

其中，N_{abs} 表示可能的不同字的总量（这些字出现的概率要大于 0），$N_{abs} \leq K$；i 表示对原字符十进制处理后的新编号，$P_{i,L}$ 表示字长为 L 的第 i 个字出现的概率，规定 $0\log_2 0 = 0$。

依据改进的 Shannon 熵最大值原则，选择使改进 Shannon 熵出现最大值时的 L 进行后续的编码。其中改进的 Shannon 熵值大于 0 小于 1，熵值越接近于 1 表明序列的随机性越高，越接近于 0 表明序列的确定性越高，即整体的变化模式较为倾向于某一个特定的变化种类。$H(L) = 1$ 时表明所有的字出现的可能性一致，该序列是完全随机生成的，不存在某种特定的趋势；而 $H(L) = 0$ 则表明该序列完全遵照某一个特定的变化模式，其他模式出现的概率为 0。

按照上文对改进的 Shannon 熵定义，明显可以看出该熵具有以下几点性质：

（1）改进的 Shannon 熵大小与不同字符出现的前后顺序无关，它仅仅与该符号的概率有关。

（2）改进的 Shannon 熵为非参数方法，无须进行任何的假设，任何分布任何形式的数据序列均可使用，兼容性比较高。

（3）改进的 Shannon 熵表示了一种相对意义上的大小，其结果是以概率的形式进行表达。因此将其与最大值进行比较，使用起来更为普遍，适用范围广，样本的大小对其计算结果不造成影响。

选择一个合理的字长对后续的序列编码极为重要，直接影响对数据系统特征的分析。如果字长的选择太小，则会损失掉一部分的数据信息，且得到的系统分析结果不明确；编码长度选择过长时，则会影响最终结果的准确度，频率过低不利于物理特性的分析。因此依照最大 Shannon 熵选取原则，通过代入不同字长，对比其改进的 Shannon 熵大小，选择最大值时的字长。而如果改进的 Shannon 熵过大时，在此基础上，选择一个合适的字长 L（多数学者选择字长为 L=4）。

第四节　符号时间序列的统计分析

一、符号时间序列直方图与符号树

1. 符号时间序列直方图

符号时间序列直方图的横坐标表示编码后所有可能得到的字，每一个小区间表示组距，纵坐标则表示该字出现的频率大小，即其中各个方形的高度。对频率分布直方图的分析，能够清晰地看出各个字出现的频率大小以及分布情况，以此得到各变化模式出现的概率。进行十进制编码时，由上文已知编码序列 $\{S_k\}$ 的值属于 $[0，K-1]$ 之间的整数，K 表示可能取到的所有不同字的个数。直方图横轴的数字即为 $[0，K-1]$ 之间的整数，代表了编码后的数值，在横轴上表示为 1 到 K。以最终的字的编号为横坐标，该字出现的频率为纵坐标，即可得到频率直方图。

由于本章所取得符号序列直方图横坐标间距为 1，且一个直方图的符号大小都是固定的，因此可以简单表示为 $h=\{\pi_1，\pi_2，\cdots，\pi_K\}$，其中 π_i 表示第 i 个字在序列中出现的频率大小，有 $\pi_i \geq 0，\sum_{i=1}^{K} \pi_i = 1$。对于选择 n=3 的符号序列，字 0，1，2 分别代表了三种收益区间低—中—高，因此对于连续 L（即编码长度 L）个字符，即表示出 L 个交易日收益的波动情况。对于字 0121，则表示收益在连续四个交易日分别处于低收益、中收益、高收益、中收益，结果直观明了。一个完整的直方图可以表示出每一种变化模式出现的概率大小，并方便进一步的分析研究。

例如，对于序列 {110010101001}，其编码序列为 {6，4，1，3，7，6，5，2，4，1}，可以用图 7－1 的直方图表示。

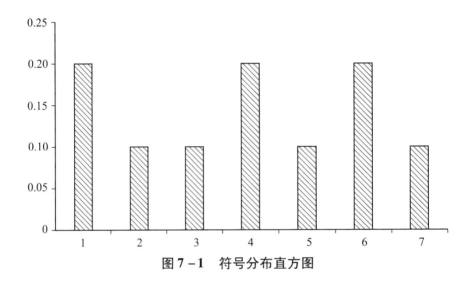

图 7－1　符号分布直方图

由图 7－1 可以看出，字 1~7 出现的频率大小不一样，频率较大的代表了一种主要的变化模式。各个收益模式并非完全随机的，当我们研究的数据比较多，频率直方图的作用会更加明显，所得结果也更加直观。

2. 符号树

通过计算不同序列出现的次数，并与总的次数进行比值，可以得到各序列出现的频率大小，以此来确定主要的变化模式。除了上文所说的符号序列直方图，符号树也是一种比较直观的表示方法。符号树是通过图形对符号统计量进行表达，计算得出符号树后，通过分析图形可更直接地得出各个符号的结构特征情况。如图 7－2 所示，L = 3 表示了符号树的层数。最后一层的 P_{xyz} 表示 xyz 发生的概率，此处的 xyz 分别取值 0，1。

对于符号集大小为 n，字长为 L 的符号时间序列，可以得到 L 层的符号树，且符号树每层的节点下还有 n 个子节点。所以最底层的符号树有 n^L 个子节点。符号树的每一层每一个节点都代表着某种收益变化模式的概率。

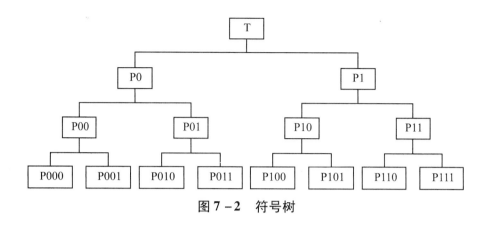

图7-2 符号树

二、序列差异的描述

1. 相对熵

对于一个序列，编码后的不同字出现的概率可以解释出整个序列的结构特征。因此，当选择两个序列进行特征比对时，编码后各字出现的概率差异就体现了两个序列间的差别与性能异同点。在此方面，相对熵为研究不同序列间的差异提供一种参考。

设 $x_i \geq 0$，$y_i \geq 0 (i = 1, 2, \cdots, n)$，且 $1 \geq \sum_{i=1}^{n} x_i \geq \sum_{i}^{n} y_i$，则称：

$$D(X \parallel Y) = \sum_{i=1}^{n} x_i \log \frac{x_i}{y_i} \tag{7-1}$$

为 X 相对于 Y 的相对熵，其中 $X = (x_1, x_2, \cdots, x_n)$，$Y = (y_1, y_2, \cdots, y_n)$。

相对熵的性质：$D(X \parallel Y) \geq 0$，$D(X \parallel Y) = 0$ 当且仅当对于一切 i，$x_i = y_i$。因此对于离散的序列 X 和 Y，如果两者的概率分布情况完全一样时，两者间的相对熵值将是最小值。如果两者间分布差异越大，即动态特性区别显著，则相对熵也达到最大值。

对于序列 X 和 Y，我们假设 x_i、y_i 表示为两个符号序列中字 i 出现的概率，则依据式（7-1）计算得出的相对熵 $D(X \parallel Y)$ 表示序列 X 和 Y 中各个字的分布差异，进一步说明了两个符号序列间的差异。

2. 欧几里得范数

欧几里得范数与相对熵一致，同样可以用来计算两个符号序列间的相似程度。由计算得出的两序列间的符号序列直方图，相同字之间的概率差异即表示了序列间的差异，欧几里得范数即是基于此。由于本章不考虑多维空间的符号化，此处就不加以赘述。

对于两个符号序列直方图 A 和 B，欧几里得范数定义如下：

$$T_{AB}(L) = \sqrt{\sum_{i=1}^{K} (A_i - B_i)^2} \qquad (7-2)$$

在式 (7-2) 中：A_i 和 B_i 分别为字长为 L 的直方图 A 和 B 中字 i 出现的概率，K 为 A、B 中所有可能字的总数。$T_{AB}(L)$ 则计算了直方图 A 和 B 之间，所有可能字出现的频率差，以此表示两个序列间的差异情况。$T_{AB}(L)$ 值越大，表示两个直方图各个字出现的差异越大，则两个序列的差异越大。

3. 对称交互熵

对于两个符号时间序列 $X = (x_1, x_2, \cdots, x_n)$ 和 $Y = (y_1, y_2, \cdots, y_n)$，我们称 $D\_(X, Y) = (D(X \| (X+Y)/2) + D(Y \| (X+Y)/2))^{\frac{1}{2}}$ 为 X 对 Y 的对称交互熵。同时为了保证以上定义的函数在 X_i 或 $Y_i = 0$（或 1）时有意义并满足连续性，规定：

$$0\log\frac{0}{x} = 0, \quad x \geq 0$$

当对称交互熵越大，说明两个序列之间的差异越大，反之，说明两个符号时间序列差异性小，分布较为一致。

同时提出另一计算两序列间距离的公式：$d\_(X, Y) = (2(1-p))^{\frac{1}{2}}$；其中 p 表示 X 和 Y 的相关系数。$d\_(X, Y)$ 越大，表明两序列之间的相关性越小，差异越大。反之，则两者相关性越大，差异越小。

第五节　网络结构的分析方法

该方法主要用于探讨所研究的标的之间的结构特征，为投资者更加直观透彻地了解研究对象提供帮助。本章主要对股票市场进行了网络结构分析研究，目的是分析股票市场的结构关系，了解他们的相互性，为投资者的投资决策提供一定程度的帮助。

传统的网络分析法中，我们经常使用层次分析以及聚类分析法等。层次分析法主要是运用相对标度以及人的主观性，进行了一些决策的测度（牛晓健，2017）。依据使用者的经验判断，该方法有较大的主观能动性，虽然方便了对问题的处理，但也限制了在复杂问题中的使用度。聚类分析是一个重新分组的过程，通过将复杂的数据集进行重新整合，变成若干个具有相似特征的类（金晓民，2018）。它的核心就是对数据进行相似性的分类，其应用也涉及了各个不同的领域，应用度比较广泛。但主要还是依据数据间的相似性，把源数据进行一个分类。但不同于普遍意义上的分类，聚类的过程类似一个暗箱操作，其所划分的类的标准是未知的，相同类的相似程度高，不同类间则有相当大的不同。

我们的研究主要是分析一个对象的结构特征，分析时采用最小生成树和分层树的网络结构分析法。

1. 最小生成树（MST）

最小生成树和分层树多用来对所研究的经济对象进行聚类。对选值为实数的序列，定义一个函数 d 来进行分层，其中 d 满足如下：

（1）$d(i, j) \leqslant d(i, k) + d(k, j)$　$\forall i, j, k$

（2）$d(i, j) \geqslant 0$　$\forall i, j$；$d(i, j) = 0$ 当且仅当 $i = j$

（3）$d(i, j) = d(j, i)$　$\forall i, j$

通过计算各个元素间的相互距离，建立一个对称的距离矩阵。然后基于此矩阵，生成最小生成树。

以股票 i 和 j 所对应的频率为例。由上文给出的式（7-2），两者之间的距离可以表示为：

$$d(i, j) = \sqrt{\sum_{t=1}^{t=T} (A_{it} - B_{jt})^2}$$

其中，$\{A_{it}\}_{t=1}^{t=T}$ 和 $\{B_{jt}\}_{t=1}^{t=T}$ 为股票 i 和股票 j 的编码频率。T 为十进制编码的字个数。计算 $\{A_{it}\}_{t=1}^{t=T}$ 和 $\{B_{jt}\}_{t=1}^{t=T}$ 的距离，得到一个主对角线元素均为 0 的对称矩阵 D。

最小生成树通常依赖于所选择的距离矩阵。我们较为频繁使用的最小生成树算法多是基于贪心法的克鲁斯卡尔和普里姆（Kruskal & Prim）算法。普里姆算法是选中一个节点后，找到一个与此节点间距离最短的边，把边的另一个节点与此节点组合后，然后再搜索下一个权重小的节点。在此过程中，不能有闭圈的出现，一直类推，直到游历完最后一个节点。因此，普里姆算法的时间复杂度为 $O(n'^2)$，可以看出只与节点数目 n' 有关，因此当节点数目较小时，普里姆算法的效率更高一些。

克鲁斯卡尔算法则是从一个权重最小的边进行搜索，将边所连接的节点包含进来，然后游历找到下一个权重小的边，然后继续加进其节点。以此类推，同样此过程中不可以出现闭圈，直到最终得到的边数比总的节点数少1。克鲁斯卡尔算法的时间复杂度为 $O(m^2)$，其中 m 为边数，因此比较适合稀疏网络（黄超，2011）。

本章主要采用的是克鲁斯卡尔算法。具体步骤如下：

（1）将 $\dfrac{n'(n'-1)}{2}$ 个数据由小到大进行排序。

（2）然后选择距离最短的两个节点，将两个节点连接起来。

（3）从余下的元素中，选出权重最小的边，并将边的两个节点连接起来。

（4）继续从剩余的数据中选择最小的，并将两个节点连接起来，所有过程都不可出现闭圈。

（5）重复步骤（4）直至所选择的边数比顶点数少1。

最终将会得到 n' 个节点，$n'-1$ 条边的连通图，此图即最小生成树。寻找最小生成树的过程可以通过 Matlab 软件编程实现。

2. 分层树

通过 MST 得到与其相对应的分层树。分层树存在一个满足欧几里得空间的距离 $\tilde{d}$，且有 $\tilde{d}(i, j) = \max\{d(i, k), d(k, j)\}$。表示为与节点 i 和 j 之间连接的最短最小生成树路径上的任意两个相邻节点之间的最大值。通过 $\tilde{d}$，我们可以得到与之对应的唯一的分层树。

分层树可以看作是一种特殊的聚类树，一般在进行分析时，可以通过多步骤分别计算各个变量间的距离。

第六节 金融市场收益特征分析

一、收益序列符号化

1. 数据选取与处理

本章选取上海证券交易所综合指数和深圳证券交易所得成分指数的每日股票收盘价作为样本，生成两个时间序列数据，这两个指数的收益序列总体上代表了我国金融市场的股票现状。上证综指序列记为 $\{PS_t\}$，样本时间为 1991 年 7 月 15 日～2017 年 12 月 29 日，共 6 469 个；深证成指序列记为 $\{PZ_t\}$，样本时间段为 1995 年 1 月 3 日～2016 年 12 月 30 日，共 5 578 个。在此基础上，再选取上证工业股指数、上证商业股指数、上证地产股指数以及上证公用事业股指数作为样本序列。这四个指数序列可以用来分析各行业间的股价走势关系，本部分选取的数据为 1993 年 6 月 1 日～2017 年 12 月 29 日收盘价，共 5 990 个数据，四个指数序列分别记为 $\{P1_t\}$、$\{P2_t\}$、$\{P3_t\}$ 和 $\{P4_t\}$。以上数据来源于 Wind 及国泰安数据库。

设 t 时刻的价格为 P_t，对收益的定义如下所示：$R_t = \log P_t - \log P_{t-1}$。我们将上证综指、深证成指、上证工业股指数、上证商业股指数、上证地产股指数和上证公用事业股指数的收益序列分别记为 $\{RS_t\}$、$\{RZ_t\}$、$\{R1_t\}$、$\{R2_t\}$、$\{R3_t\}$、$\{R4_t\}$。

2. 收益序列符号化

本章依据静态的符号化方法对金融收益序列进行处理，转换为符号序列 $\{s_t\}$。

对收益序列 $\{R_t\}$ 采用静态的符号化方法，将其转化为符号序列 $\{s_t\}$。本章取符号集大小 n = 3，分别用 0、1、2 表示 3 个数值区间所对应的字符，以 1/3 分位数和 2/3 分位数为界限对区间进行划分，可以得出符号化的字符落在三个区间的概率是相等的。

上证综指、深证成指、上证工业股指数、上证商业股指数、上证地产股指数以及上证公用事业股指数这六个收益序列的最小值、1/3 分位数、2/3 分位数和最大值列于表 7 – 1 中。其所对应的符号序列分别用 $\{ss_t\}$、$\{sz_t\}$、$\{s1_t\}$、$\{s2_t\}$、$\{s3_t\}$、$\{s4_t\}$ 表示。

表 7 – 1   收益序列的分位数

收益序列	最小值	1/3 分位数	2/3 分位数	最大值
RS_t	− 0.0778	− 0.0019	0.0023	0.3123
RZ_t	− 0.0799	− 0.0022	0.0029	0.0915
$R1_t$	− 0.0854	− 0.0020	0.0024	0.1192
$R2_t$	− 0.0823	− 0.0022	0.0028	0.1237
$R3_t$	− 0.0640	− 0.0028	0.0029	0.1215
$R4_t$	− 0.0828	− 0.0022	0.0024	0.1464

依据表 7 – 1 所示各序列分位数，对符号序列 $\{s_t\}$ 进行划分得到：

$$s_t = \begin{cases} 0 & R_t \leqslant R_{1/3} \\ 1 & R_{1/3} \leqslant R_t \leqslant R_{2/3} \\ 2 & R_t > R_{2/3} \end{cases}$$

其中 $R_{1/3}$、$R_{2/3}$ 分别表示 $\{R_t\}$ 的 1/3 分位数和 2/3 分位数。字符 0、1、2分别代表低、中、高三种不同的收益水平。

3. 编码长度的选择

对于每一收益符号序列 $\{ss_t\}$、$\{sz_t\}$、$\{s1_t\}$、$\{s2_t\}$、$\{s3_t\}$、$\{s4_t\}$，编码长度 L 依次从 1 以一单位递增，计算不同 L 下改进的 Shannon 熵，其中 $P_{i,L}$ 可由字长为 L 的编码序列中字 i 出现的次数与编码序列长度之比计算得到。熵值计算结果如表 7 – 2 所示。

由上文可知，将 L 依次递增，选择使熵取最小值时对应的 L，为最优字长L。从表 7 – 2 中可以看出，熵随着 L 的增大逐渐减小，L = 4 时，熵为所计算中的最小值，但是并不是所有字长 L 的最小值，当 L 取 5 或者更大时，熵值会继续减小。但 L 不能无限增大，因为过大的话则编码数太多，每个字出现的频率降低，误差增加，计算得到熵值精确度较低。同时对后续的分析产生影响。通过查阅相关的研究，L＝4时计算精度较好。

表7－2 　　　　　　　　　　　　收益符号序列的改进 Shannon 熵值

收益符号序列	L			
	1	2	3	4
ss_t	1	0.9983	0.9954	0.9909
sz_t	0.9992	0.9980	0.9965	0.9939
$s1_t$	0.9988	0.9960	0.9937	0.9906
$s2_t$	0.9995	0.9987	0.9976	0.9948
$s3_t$	0.9996	0.9993	0.9981	0.9965
$s4_t$	0.9995	0.9987	0.9971	0.9949

同时在表7－2中通过对上证综指和深证成指的收益符号序列 $\{ss_t\}$ 和 $\{sz_t\}$ 的熵值进行研究发现，深证综指的收益序列中各变化模式出现的概率较为相似，随机性要更强一些。而上证综指的收益序列随机性较弱，倾向于某一种主要的变化模式，要比深证成指的确定性高一些。通过对上证工业股、商业股、地产股和公用事业股指数的收益符号序列 $\{s1_t\}$、$\{s2_t\}$、$\{s3_t\}$、$\{s4_t\}$ 与上证综指收益符号序列 $\{ss_t\}$ 的熵值进行对比，可以看出 $\{s1_t\}$、$\{s2_t\}$、$\{s3_t\}$、$\{s4_t\}$ 的熵值均大于 $\{ss_t\}$ 的熵值，表明上证工业股、商业股、地产股和公用事业股指数收益序列中各种变化模式的随机性要高一些，而上证综指的收益序列更倾向于某种主要的变化模式，确定性要好一些。通过比较上证工业股、商业股、地产股和公用事业股指数的收益符号序列 $\{s1_t\}$、$\{s2_t\}$、$\{s3_t\}$、$\{s4_t\}$ 的熵值，结果发现此四个指数的熵值较为接近，表明他们的收益序列中每种收益变化模式的随机性较为接近，其中，地产股指数 $\{s3_t\}$ 的熵值最大，工业股指数 $\{s1_t\}$ 的熵值是最小的。

除此之外，可以看出来随着 L 不断加大，越来越多的信息被包含进来，序列的复杂性增加，六个指数收益符号序列间熵值的差逐渐扩大，也就暴露出更多的问题。因此为了使误差最小，得到更精确的结果，本章选择 L＝4 进行讨论。

二、收益序列的主要变化模式分析

改进的 Shannon 熵值可以反映出数据的紊乱程度，以及序列中各种变化模式的随机度或者确定性的程度。根据上文说明，熵值越小，这个系统的确定性就更大一些，但是关于更倾向于哪一种主要变化模式，以及各种可能的变化模式的频率大小，都可以通过直方图得以显示。

通常依据 Shannon 熵值选择出合适的字长 L 后，对符号时间序列进行编码，然后绘制符号序列直方图。图 7-3 至图 7-8 分别为上证综指、深证成指、上证工业股、上证商业股、上证地产股和上证公用事业股指数收益的符号序列直方图。六个图中的横坐标均表示字的编号。纵坐标表示该字在整个编码序列中出现的频率大小，通过该字出现的频数与字的总数计算得到。

这六个图直观地表示出了各个字出现的频率大小，每个字代表了某一种既定的收益变化模式，故频率大小反映了每种可能的收益变化模式的可能性。频率最大的字所对应的收益变化模式为整个收益序列中的主要模式，即该种变化模式出现较多的次数。通过对符号直方图的直观观察，可以对该指数收益序列的主要结构特征有初步的了解。

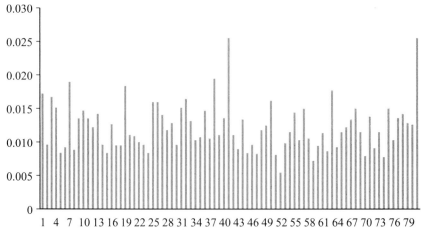

图 7-3　上证综指收益符号序列直方图

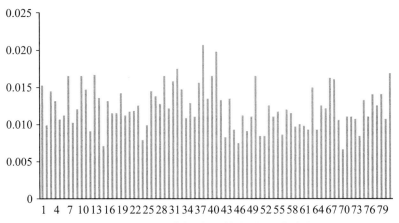

图 7 - 4 深证成指收益符号序列直方图

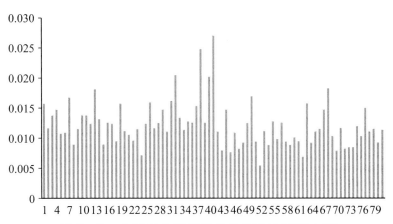

图 7 - 5 上证工业股指数收益符号序列直方图

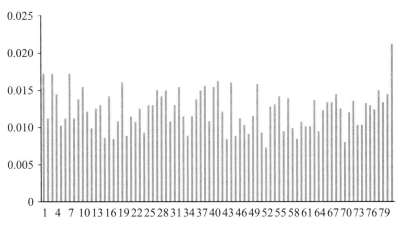

图 7 - 6 上证商业股指数收益符号序列直方图

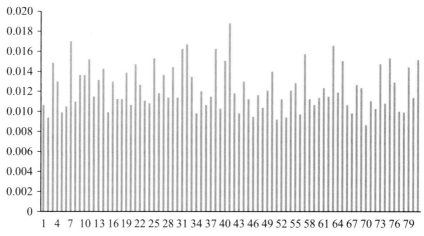

图7-7 上证房地产股指数收益符号序列直方图

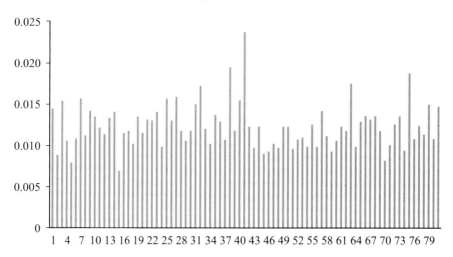

图7-8 上证公用事业股指数收益符号序列直方图

由图7-3的上证综指收益符号序列直方图分析得出，不同字的频率差距较为明显，频率最高的两个字符为41[①]和81，即序列1111和2222。其中，序列1111出现的频率时0.0255，2222出现的频率是0.0255。对于频率较大的字符，表明该字符所代表的收益变化模式在所有可能的收益变化模式中出现的次数比较多，即趋向于像该收益变化模式发展，此变化模式即为该收益序列的主要模式。字1111表示的变化模式是上证综指连续四个交易日的收益水平都为中等收

---

① 代表的原序列字为40和80，字41和81为重新编码后的字。

益，收益值介于 − 0.0019 和 0.0023；字 2222 则表示上证综指连续四个交易日的收益水平都为高收益，其收益均大于 0.0023。由此来看，在所有可能的收益变化模式中，中—中—中—中收益以及高—高—高—高收益变化模式在上证综指收益序列中占有重要地位。

对图 7 − 4 的深证成指收益符号序列直方图分析可以得出，与图 7 − 3 相比，不同字出现的概率也不同，但是没有明显的某个频率较大的字，总的来说差距不大。因此与上证综指相比，深证成指的收益序列没有明显的趋向于某一主要变化模式，其变化的随机性较强，与前文的研究结果一致。同时在表 7 − 2 中可以看到，深证成指收益符号序列的熵值大于上证综指的。已知熵值的大小反映了一个系统的紊乱程度，因此也可以得出深证成指的收益变化模式较为随机，没有明显地向某一种或者集中主要的变化模式发展。尽管如此，我们仍可以将深证成指中频率较大的字对应的收益变化模式作为主要变化模式。即对十进制序列代码分别为 37、40 的字，其所对应的相对频数为 0.0206 和 0.0197；其中 38 的序列模式为 1101，表示连续四个交易日中，第一、第二和第四个交易日为中等收益，收益介于 − 0.0022 和 0.0029 中间。第三个交易日的收益为低收益，低于 − 0.0022。41 号字为 1111，即连续四个交易日的收益均为中等收益，收益介于 − 0.0022 和 0.0029 之间。

由图 7 − 5 的上证工业股指数收益符号序列直方图可以看出，其主要变化模式为 41 和 38 所对应的收益变化模式，对应的相对频数为 0.0272，0.0251。其中 41 号字为 1111，表示 4 个收益日全部为中等收益，介于 − 0.0020 和 0.0024 之间；38 号字为 1101，表示上证工业股指数第一、第二和第四个交易日为中等收益，介于 − 0.0020 和 0.0024 之间，第三个交易日为低收益，低于 − 0.0020。

由图 7 − 6 的上证商业股指数收益符号序列直方图可以看出，其主要变化模式为 81 和 7 对应的变化模式。其中字 81 对应的序列为 2222，表示连续四个收益日均为高收益，收益高于 0.0028，相对频数为 0.0212；7 号字为 0020，表示第一、第二和第四个交易日为低收益，低于 − 0.0022，第三个交易日为高收益，收益高于 0.0028，其相对频数为 0.0172。

由图 7 − 7 上证房地产股指数收益符号序列直方图可以看出，该指数频率较大字 41 和 7。其中 41 的序列为 1111，表示 4 个收益日均为中等收益，收益介于 − 0.0028 和 0.0029 之间，相对应的频数为 0.0187；7 号字为 0020，表示第一、第二和第四个交易日为低收益，其收益低于 – 0.0028，第三个交易日为高收益，收益高于 0.0029，此收益模式对应的频数为 0.0170。

由图 7 – 8 上证公用事业股指数收益符号序列直方图可以看出，其主要变化模式为 41 和 38 所对应的收益变化模式，对应的频数为 0.0237、0.0193。其中 41 号字为 1111，表示 4 个收益日全部为中等收益，介于 – 0.0022 和 0.0024 之间；38 号字为 1101，表示第一、第二和第四个收益日均为中等收益，介于 – 0.0022 和 0.0024 之间，第三个交易日为低收益，低于 – 0.0022。

通过以上分析可知，六个指数收益序列的主要变化模式集中在序列 1111 和 1101 所对应的变化模式上。除了上证商业股指数外，剩余的 5 个指数收益序列中主要变化模式都含有 1111，即连续四个交易日为中等收益。除此之外，深证成指、上证工业股指数以及上证公用事业股指数都含有 1101 所对应的变化模式。综上所述，本章分析的六个指数收益序列的变化模式相对较为一致，即 1111 和 1101 所代表的变化模式均占据着重要的地位。但仅限于本章分析的六个指数，对于整个金融市场以及其他的指数收益序列其主要的变化模式如何，仍需要进行后续的研究。

三、基于主要变化模式的收益区间预测

符号序列直方图直观地体现了每个字出现的频率。当选取的数据量足够大时，直方图中频数也可以看作是该字在整个序列中的概率。根据全概率公式有：

$$P(b_4 \mid b_1 b_2 b_3) = \frac{P(b_1 b_2 b_3 b_4)}{P(b_1 b_2 b_3)} = \frac{P(b_1 b_2 b_3 b_4)}{P(b_1 b_2 b_3 0) + P(b_1 b_2 b_3 1) + P(b_1 b_2 b_3 2)}$$

$$(7 - 3)$$

其中，$b_1 b_2 b_3 b_4$ 表示任意 4 位字长的字，$P(b_1 b_2 b_3 b_4)$ 表示字 $b_1 b_2 b_3 b_4$ 在序列中出现的概率；$P(b_1 b_2 b_3)$ 表示前 3 位为 $b_1 b_2 b_3$ 的概率；$P(b_4 \mid b_1 b_2 b_3)$ 表示一个字的前 3 位为 $b_1 b_2 b_3$ 时，第四位是 b_4 的概率；$b_1 b_2 b_3 i (i = 0, 1, 2)$ 表示前 3 位为 $b_1 b_2 b_3$ 且第四位为 i 的字，$P(b_1 b_2 b_3 i)$ 表示字 $b_1 b_2 b_3 i$ 在序列中出现的概率。

　　由式（7－3）可以看出，当已知前几个交易日的收益情况时，依据全概率公式可以计算得出最后一个交易日收益为某个值的概率。例如 L = 4 时，这表示了连续四个交易日收益所处的收益区间。在已知前三个交易日收益的前提下，可以得到第四个交易日处于不同收益区间的概率。至此即实现了对收益的预测。与其他方法对收益进行具体某个值的预测不同，此方法给了一个快速计算收益区间的方法，关注的不是具体收益值，而是未来收益高低的可能性。

　　以深证成指为例，字 1110、1111、1112 出现的概率分别为 0.0165、0.0197和 0.0133。根据全概率公式可计算出当前 3 个交易日收益连续为中等收益（即111）时，下一个交易日为不同收益水平的概率，即可得出 $P(0 \mid b_1b_2b_3) = 0.33$，$P(1 \mid b_1b_2b_3) = 0.398$，$P(2 \mid b_1b_2b_3) = 0.27$。由此可以预测，当前 3 个交易日的收益均为中等收益即收益值介于 －0.0022 和 0.0029 时，下一个交易日为低收益（即收益值低于 －0.0022）的概率是 0.33，中等收益（收益介于 －0.0022 和0.0029）的概率是 0.398，高收益（收益大于 0.0029）的概率是 0.27。同样的，当已知前两个交易日的收益水平（b_1b_2），想要预测后两个交易日各种收益水平（b_3b_4）的概率时，可依据公式计算 $P(b_3b_4 \mid b_1b_2)$。同时还可以通过计算 $P(b_3 \mid b_1b_2)$、$P(b_2b_3 \mid b_1)$、$P(b_2 \mid b_1)$ 等，根据前一日或者多日的收益水平对未来收益进行预测。

　　前文的分析已经给出了各个指数收益序列的主要变化模式，以此为基础，表 7 －3 给出当前 3 个交易日符合收益变化的主要变化模式时，下一个交易日仍符合主要变化模式的概率。

表 7 －3　　　　　各个指数收益序列基于主要变化模式的收益水平预测

指数	序列代码	相对频数	字	$P(s_4 \mid s_1s_2s_3)$
上证综指	40	0.0255	1111	$P(1 \mid 111) = 0.51$
	80	0.0255	2222	$P(2 \mid 222) = 0.498$
深证成指	37	0.0206	1101	$P(1 \mid 110) = 0.417$
	40	0.0197	1111	$P(1 \mid 111) = 0.398$
上证工业股指数	40	0.0272	1111	$P(1 \mid 111) = 0.453$
	37	0.0251	1101	$P(1 \mid 110) = 0.47$

指数	序列代码	相对频数	字	$P(s_4 \mid s_1 s_2 s_3)$
上证商业股指数	80	0.0212	2222	$P(2 \mid 222) = 0.432$
	6	0.0172	0020	$P(0 \mid 002) = 0.41$
上证房地产股指数	40	0.0187	1111	$P(1 \mid 111) = 0.41$
	6	0.0170	0020	$P(0 \mid 002) = 0.408$
上证公用事业股指数	40	0.0237	1111	$P(1 \mid 111) = 0.461$
	37	0.0193	1101	$P(1 \mid 110) = 0.462$

综合前文以及表 7 - 3 分析可以发现，虽然某种变化模式在某个指数的所有变化模式中占主要地位，但并不说明如果前三个交易日符合主要的收益变化模式时，得到第四个交易日的收益，与前三个交易日连起来仍符合主要收益变化模式的概率也是大的。以上证工业指数收益符号序列为例，字 1111 比 1101 出现的概率大，但是 $P(1 \mid 111)$ 要小于 $P(1 \mid 110)$。本部分所取得符号集大小为 n = 3，因此各变化模式对应的平均概率 1/3。通过表 7 - 3 发现，所计算的基于主要变化模式的收益水平预测概率均大于 0.39。

四、收益序列间的差异性分析

为了比较上证综指、深证成指、上证工业股、商业股、地产股和公用事业股指数 6 个指数收益序列之间的差异性，对其所对应的符号序列组合分别计算相对熵、欧几里得范数以及对称交互熵，计算结果如表 7 -4 所示。

表 7 -4　　　　　　　　　　差异性分析结果

符号序列	$D(X \parallel Y)$	$T_{AB}(L)$	$D\_(X, Y)$	$d\_(X, Y)$
$\{ss_t\}$ 与 $\{sz_t\}$	0.0171	0.0214	0.0920	0.4432
$\{ss_t\}$ 与 $\{s1_t\}$	0.0191	0.0234	0.0956	0.2025
$\{ss_t\}$ 与 $\{s2_t\}$	0.0133	0.0191	0.0813	0.4352
$\{ss_t\}$ 与 $\{s3_t\}$	0.0212	0.0236	0.1025	0.5919

符号序列	D（X‖Y）	$T_{AB}(L)$	D_（X，Y）	d_（X，Y）
$\{ss_t\}$ 与 $\{s4_t\}$	0.0172	0.0213	0.0925	0.3763
$\{sz_t\}$ 与 $\{s1_t\}$	0.0111	0.0172	0.0744	0.4617
$\{sz_t\}$ 与 $\{s2_t\}$	0.0113	0.0172	0.0752	0.5246
$\{sz_t\}$ 与 $\{s3_t\}$	0.0157	0.0196	0.0883	0.6353
$\{sz_t\}$ 与 $\{s4_t\}$	0.0133	0.0186	0.0815	0.5474
$\{s1_t\}$ 与 $\{s2_t\}$	0.0229	0.0260	0.1065	0.4377
$\{s1_t\}$ 与 $\{s3_t\}$	0.0268	0.0266	0.1157	0.6551
$\{s1_t\}$ 与 $\{s4_t\}$	0.0214	0.0235	0.1041	0.4190
$\{s2_t\}$ 与 $\{s3_t\}$	0.0165	0.0203	0.0904	0.6544
$\{s2_t\}$ 与 $\{s4_t\}$	0.0167	0.0212	0.0911	0.5115
$\{s3_t\}$ 与 $\{s4_t\}$	0.0088	0.0150	0.0665	0.6513

通过比较可以看出 $\{ss_t\}$ 与 $\{s3_t\}$ 即上证综指和上证房地产股指数收益对应的各项统计量均为最大值，$\{ss_t\}$ 与 $\{s2_t\}$ 即上证综指与上证商业股指数收益对应的各项统计量均为最小值，表明 $\{ss_t\}$ 与 $\{s3_t\}$ 对应字出现的频率差最大，即两个指数间的收益区别较大；而 $\{ss_t\}$ 与 $\{s2_t\}$ 对应字出现的频率差最小，两个符号序列直方图的频率分布最接近，收益序列的差异最小。综上所述，地产股指数与上证综指收益的差异最大，工业股指数与上证综指收益的差异最小。

通过对深证成指进行分析发现，深证成指与上证综指收益对应的各项统计量为最大值，与上证工业股指数收益对应的各项统计量为最小值。表明上证综指与深证成指两个符号序列直方图差异最大，$\{sz_t\}$ 与 $\{s1_t\}$ 对应的频率差最小，两个频率分布直方图之间差异最小，即两者之间收益差最小。

对余下四个指数进行分析得出，$\{s1_t\}$ 与 $\{s3_t\}$ 对应字出现的频率差最大，两个符号序列直方图差异最大，$\{s3_t\}$ 与 $\{s4_t\}$ 对应字出现的频率差最小，两个符号序列直方图差异最小，因此可以看出上证工业股指数与上证房地产股指数收益差异最大，上证房地产股指数与上证公用事业股指数收益差异最小。

第七节 金融市场聚类特征分析

一、数据选取与处理

考虑到本章的数据可以代表大部分的金融市场股票数据行情走势，且包含了大多数的行业，普遍性比较高，标的有一定的行业规模，能作为投资者的投资决策提供支持，故选取上证 180 指数数据进行讨论。所选取的数据主要为 2012 年 1 月 4 日~2017 年 12 月 29 日期间有完整时间段的样本股数据，对于新股以及停牌时间长的股票等不纳入考虑范围。短暂停盘的样本股数据，设置为与前一日的标的数据相同，经过筛选后最后得到 105 只股票作为研究对象。

数据主要选自东方财富 Choice 数据库和国泰君安数据库。并对最终的样本股数据重新进行编号，编号情况如表 7 - 5 所示。

表 7 - 5　　　　　　　　　　　上证 180 成分股标号

标号	名称	标号	名称	标号	名称	标号	名称	标号	名称
1	浦发银行	11	三一重工	21	大名城	31	新湖中宝	41	小商品城
2	首创股份	12	招商银行	22	上汽集团	32	海航控股	42	北方导航
3	上海机场	13	歌华有线	23	国金证券	33	北京城建	43	中金黄金
4	包钢股份	14	保利地产	24	北方稀土	34	恒瑞医药	44	方大炭素
5	华夏银行	15	海信电器	25	东方航空	35	广汇汽车	45	康美药业
6	民生银行	16	宇通客车	26	中国卫星	36	华夏幸福	46	贵州茅台
7	上港集团	17	葛洲坝	27	中体产业	37	江西铜业	47	中天科技
8	中国石化	18	人福医药	28	上海建工	38	西南证券	48	天士力
9	南方航空	19	同仁堂	29	雅戈尔	39	首开股份	49	厦门钨业
10	中信证券	20	特变电工	30	复星医药	40	金地集团	50	迪马股份

标号	名称	标号	名称	标号	名称	标号	名称	标号	名称
51	恒生电子	62	隧道股份	73	太平洋	84	兴业证券	95	际华集团
52	海螺水泥	63	百联股份	74	中国国航	85	中国中铁	96	中国中车
53	浦东金桥	64	海通证券	75	海南橡胶	86	工商银行	97	光大证券
54	三安光电	65	四川长虹	76	兴业银行	87	东吴证券	98	光大银行
55	东软集团	66	国投电力	77	北京银行	88	中国太保	99	中国石油
56	中粮糖业	67	伊利股份	78	中国铁建	89	上海医药	100	紫金矿业
57	华域汽车	68	张江高科	79	君正集团	90	中国人寿	101	永辉超市
58	国电电力	69	招商证券	80	农业银行	91	长城汽车	102	建设银行
59	鹏博士	70	大秦铁路	81	中国平安	92	中国建筑	103	中国银行
60	山西汾酒	71	南京银行	82	交通银行	93	华泰证券	104	金隅股份
61	安信信托	72	中国神华	83	新华保险	94	潞安环能	105	中信银行

二、实证研究与结果分析

1. 符号化处理

对上述各成分股的日收盘价数据，定义 n = 3，对数据重新进行大小排列后，以 1/3 分位数和 2/3 分位数分割为 3 个区间，用 0、1、2 分别对三个区间赋值。可以发现符号化赋值后的三个字符出现的概率是一样的。字长 L = 4，收益率的计算方式均与前文一致。我们截取其中 4 只股票的符号序列直方图为例进行讨论。

从图 7-9 的中信银行符号序列直方图可以看出，各个字符出现的频率差异相对较大。频率最高的十进制序列代码为 40 和 24，代表序列 1111 和字 0220。1111 出现的频率为 0.0303，0220 出现的频率为 0.0227，要大于其他字出现的频率。因此这两种序列在整个时间序列中出现的次数较多，则其对应的收益变化模式可以看作是整个收益变化的主要模式。字 1111 表示中信证券连续四个交易日均为中等收益，收益值在 -0.0028 和 0.0021 之间波动；字 0220 则表示中信银行第一个和第四个交易日为低收益，低于 -0.0028，第二个和第三个交易日的收益均为高收益，收益要大于 0.0021。即这两种变化模式在中信银行收益序列变化模式中是出现次数最多的，是其主要的变化模式。

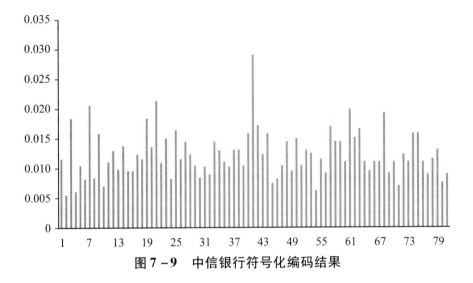

图 7 - 9　中信银行符号化编码结果

对图 7 - 10 中国银行进行分析可以发现，出现频率较高的前两个字分别编号为 41 和 25，它们对应的十进制序列代码为 40 和 24，即字 1111 和字 0220。其中字 1111 的频率为 0.0206，字 0220 出现的频率为 0.0192。因此可以看出中国银行主要收益变化模式之一是四个连续日均为中等收益，即介于 - 0.0015 与 0.0015 之间，另一个主要收益模式即低—高—高—低，这两种收益模式是整个收益序列的主要变化模式。

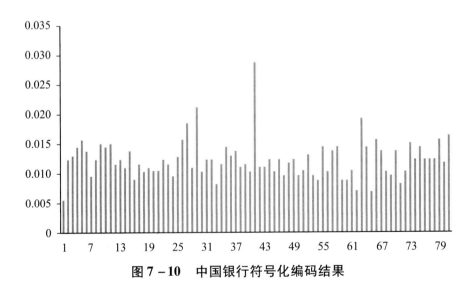

图 7 - 10　中国银行符号化编码结果

对图 7-11 中国建筑进行分析可以发现，频数最大的两个字是 40 和 24，即代表 1111 和字 0220。字 1111 出现的频率为 0.0399，即表示收益变化模式四个连续日均为中等收益；字 0220 出现的频率为 0.0234，其收益变化模式为低—高—高—低。

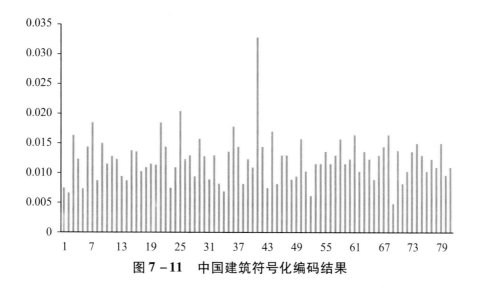

图 7-11　中国建筑符号化编码结果

对图 7-12 恒瑞医药进行分析可以发现，频数最大的字是 65、43 和 34，即代表字 2102、1121 和 1021，表示收益模式为高—中—低—高、中—中—高—中以及中—低—高—中，其对应的频率均为 0.0192。此三种收益模式在恒瑞医药的收益序列中为主要模式。

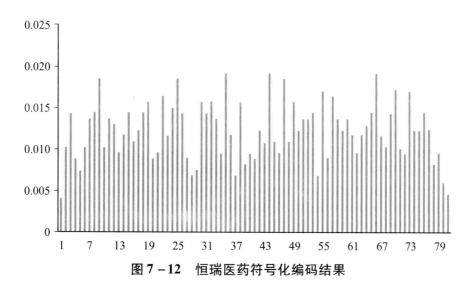

图 7-12　恒瑞医药符号化编码结果

2. 实证结果分析

根据上文所述的符号处理方法对原始数据进行预处理后，得到了各个符号序列间的距离结果。然后通过克鲁斯卡尔算法得到最小生成树，通过 Matlab 软件生成成分股间的距离矩阵，然后得到分层树。本节的结果最终表示成最小生成树和分层树，如图 7 – 13 和图 7 – 14 所示，对成分股重新编号后的节点数值如表 7 – 5 所示。

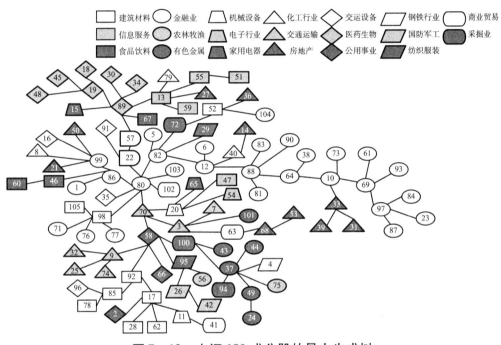

图 7 – 13　上证 180 成分股的最小生成树

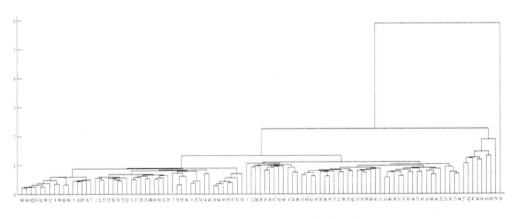

图 7 – 14　上证 180 成分股的分层树

图 7 - 13 即为得到的最小生成树。可以看到上证 180 指数包含大部分的行业，且比较复杂，因此用不同的图形进行表示和行业分类后得到的结果也更加直观简洁。图 7 - 13 中每个节点间的连线都有一定的现实意义，且每个节点所连接边的个数不相同，则表明每个节点在整个市场中发挥的作用不同，但整体而言，主要还是分为三种类型：

（1）核心节点。此类节点连接有较多的边数，与许多其他节点都有一定的相互关系，如农业银行（80）、上海医药（89）、交通银行（82）、江西铜业（37）、国电电力（58）等。这些股票是整个市场中比较重要的节点，较大程度地会影响其他股票的发展走势。

（2）中间节点。此类节点连接有较多的其他节点，但不如核心节点。如同仁堂（19）、中国太保（88）、工商银行（86）等，当这些股票发生波动时，将会对其他股票有一定程度的影响。

（3）边界节点。如首创股份（2）、天士力（48）、浦东金桥（53）等，这些节点只连接一个其他节点。

本部分得到的结果与其他学者研究的结论一致。图 7 - 14 是基于最小生成树生成的分层树结构。通过对其观察可以发现，上证 180 指数的样本股之间发生着清晰的聚集，且显示出很明显的现实意义，尤其以金融行业的风格较为显著。如其中的农业银行（80）、工商银行（86）和交通银行（82）。由于分层树以节点间距离较短者优先连接，因此分层树可以比较清晰地体现出样本股间的分类信息，但是并不能较好地展现出节点间的聚类关系。所以对于图 7 - 13 中关系较密切的节点在图 7 - 14 的分层树中距离要远一些。

我们在分析时必须将最小生成树与分层树相结合，两者之间形成互补关系。最小生成树表示两个节点之间有相互联系，但并不知道关系强弱，连接线的长度并没有现实意义，而分层树正好是对此不足的弥补。

因此，通过对上证 180 指数得出的最小生成树和分层树进行分析，得出其最终关系如下：

（1）同行业分布。由图 7 - 13 不同图形所表示的不同行业可以看出，股票间保持密切相关一个很重要的因素是同行业，这与行业大指数的发展程度密切相关。例如金融业，以农业银行（80）为中心节点聚在一起，医药生物行业中上海医药（89）的中心地位相对显著，有色金属业以江西铜业（37）为连接枢纽。

（2）上下游产业链分布特点。例如图 7 - 14 中的复星医药（30）和康美药业（45），此两种股票的主营业务偏向于制造，如药品和医疗器械等，而上海医药（89）则主要是以批发为主，这些企业间有较多的合作往来关系，是一个产业链的上下游，彼此之间为互补关系，因此聚类较为明显。

（3）股东一致聚类。此类公司的控股股东间联系较多，可以看出具有相同股东的标的股票有较强的相互关系。例如在图 7 - 14 中，中信银行（105）、中信证券（10）两者都是中信集团有限公司控股下的子公司，又如光大银行（98）和光大证券（97）都是中国光大集团旗下的子公司，因与母公司的利益有较大关联性，两者之间也密切相关。

（4）同区域聚类。对于总部来自同一个区域的股票，因合作更为便捷，地域偏好相同以及受当地政策影响一致等特点，表现出较强的聚类特点。例如在图 7 - 13 中，中国中铁（85）和中国中车（96）两个股票均是央企，且总部均在北京，受区域政策以及区域合作力等影响，两者之间有较强的关联。图 7 - 13 以及图 7 - 14 均体现出这一特点。

通过对股市网络结构进行分析研究，可以找出关系较为密切的股票，了解股票间的聚类特点，为进行组合投资提供参考和依据。本章的研究结论与其他学者研究结果基本保持一致，表明随着时间的增长以及股市行情跌宕起伏，我国股票市场的基本特点保持不变。通过将最小生成树和分层树进行结合，能够更加清晰直观地分析得出标的股票建的分类以及聚类特点，从多种层面了解股票的特性。上证 180 指数可以看作中国股票市场的一个简单的缩影，对其进行网络结构分析对了解整个股票市场也有一定的借鉴意义。尤其对于投资者来说，当某一个股票出现波动时，可以及时选择其联系较为密切或者相互关系较小的其他股票，尽量减少股票波动造成的损失，并提高自己的收益。

第八节　本　章　小　结

本章首先介绍相关的理论基础，如时间序列符号化的过程、时间序列间的差异性分析、最小生成树以及分层树的网络结构分析方法等。通过对此部分的梳理，我们对符号化过程中各变量的取值范围便可以有基本的了解。接下来主要对金融市场收益特征及聚类特征进行实证分析。通过对符号化后的数据进行编码，得到各指数序列间的收益差异性大小以及收益水平的主要变化模式，并基于此变化模式对未来的收益区间进行预测。我们将上证综指、深证成指、上证工业股、商业股、地产股和公用事业股指数6个指数收益序列符号化，得出了其收益水平的主要变化模式，并依据相关统计量进行了序列间的差异性分析，随后基于主要变化模式对收益区间进行了预测分析。最后对上证180指数成分股进行网络结构分析，得出最小生成树和分层树，分析标的股票间的聚集效应，得到标的股票的分类聚集信息。

通过对金融收益特征分析，所研究的上证综指等收益序列的收益水平的变化模式主要为连续四个交易日为中等收益以及连续四个交易日为中等收益、中等收益、低收益、高收益；且通过分析各指数间的差异性得出，上证工业股指数与房地产股指数相关性比较小，两者的收益差异性较大，上证房地产股指数与公用事业股指数相关性较大，其收益差异最小。而细分到单个成分股可以看出，所研究的成分股之间呈现出同行业聚类、同区域聚类、合作型分布聚类以及同股东分布聚类等特点，即股价相关性较大，这对于投资者分散风险有很强的指导意义。

第八章
基于序列比对模式的金融市场收益预测研究

第一节　序列比对的概念与算法

一、序列比对的概述

序列比对方法主要应用于生物学，现如今被越来越多其他的行业所接受，对于分析比较多个对象之间的异同来说，序列比对方法效果显著。生物学中的序列别对主要是比较两个序列在功能、结构等方面的异同点，被应用到金融学后，主要是用以分析金融收益序列之间的异同，并用于后续的预测分析（徐梅，2011）。

此方法的核心是在原始的序列中，找到与被研究片段最相似的小片段，此过程极大地借助所构建的模型以及算法的优劣。在进行相似度计量时，为使各序列间地相似度尽可能地高，通常会插入空位"—"，譬如以下两个序列片段的比对：

片段　1　A T A C T A G A

片段　2　A A C T T G G A

可以明显看出上文有四个完全相同的配对，为了提高匹配度，插入空位后重新进行序列比对得出：

A T A C T A G — A

| | | | | | | | |

A — A C T T G G A

插入空位后，相同的碱基数目由 4 个增到了 6 个，匹配度大大提高。

序列比对方法一般有两种，双序列比对以及多序列比对，其分类依据主要是参与比对的序列数目。两条序列参与比对，称为双序列比对；两条以上序列参与比对，称为多序列比对。同时在范围划分上，又分为局部比对和全局比对。

全局比对是对两个序列 S_1 和 S_2 的每个字符均进行匹配，得到的结果即匹配度。局部比对是对一个被研究的小片段，从整体的序列中找到与此小片段最为相似的子序列，然后进行后续的分析研究。此方法中有一定的主观因素，例如在模型建立时的选择都可能会影响到最终的结果。本章主要依据各主流文章中学者的一些合理性的做法，借以参考分析得出。

序列比对问题可以表示为 $MSA = (\sum{}', Q, A, F)$，其中：

（1）$\sum{}' = \sum \cup \{-\}$ 为序列比对的符号集；"—"表示空位；$\sum$ 表示字符集合，对于 DNA 序列，$\sum = \{a, c, g, t\}$ 表示 4 个碱基，对于符号时间序列 $\{s_t, t = 0, \cdots, N-1\}$，$\sum = \{S_1, S_2, \cdots, S_n\}$ 代表 n 个符号；

（2）$Q = \{Q_1, Q_2, \cdots, Q_T\}$ 为序列集，其中 $Q_i = \{c_{i1}, c_{i2}, \cdots, c_{iL}\}$，$c_{ij} \in \sum$，$L_i$ 为第 i 个序列的长度；

（3）矩阵 $A = (a_{ij})_{T \times D}$，$(D \geqslant \max\{L_1, L_2, \cdots, L_T\})$，$a_{ij} \in \sum{}'$ 是序列集 Q 的参与比对的序列。矩阵的第 i 行是第 i 个序列插入空位后得到的序列，但空位数目有限制，矩阵中的每一列不可全部为"—"；

（4）F 是刻画比对 A 的相似度的函数，代表矩阵 A 插入空位后的匹配度。定义 $F(A) = \sum_{i=1}^{T} \sum_{j=1}^{T} \omega_{ij} sim(Q_i, Q_j)$，其中 ω_{ij} 是第 i，j 两个序列间的权重，$sim(Q_i, Q_j)$ 是两个序列比对后的匹配度；

（5）此方法主要是寻求插入空位后，可以使得 F(A) 为最大值的序列比对。（高正欣，2013）

多序列比对算法包括迭代算法、星比对算法等，都是以双序列比对为延伸。而目前最为常用和被接受的双序列比对算法有点阵图法和动态规划算法。本章主要引用的动态规划算法。

二、动态规划算法

动态规划算法最早由尼德曼和翁施（Needleman & Wunsch）提出，后伴随着应用的广度得以延伸和发展。最经典的动态规划算法是尼德曼—翁施（Needleman – Wunsch，NW）算法以及史密斯—沃特曼（Smith – Waterman，SW）算法。NW 算法主要是应用于全局序列比对，而 SW 算法则是在 NW 算法的基础上的发展。SW 算法多用于局部的序列比对，主要是将复杂的问题简单化，分为多个下一级子问题，然后由下往上，通过每个子问题的决策，以得到最优解。

动态规划的操作原理以及步骤如下：

（1）若两个符号序列 s_1、s_2，它们的长度分别为 n_1、n_2。用 $s_i[1, \cdots, j]$，$i = 1$ 或 $i = 2$ 代表相应的序列 s_i 的前缀子序列。s_1 与 s_2 的前缀子序列的比对结果反过来会作用到整体的比对。

（2）此过程中引入一个计分矩阵 $A(m + 1$ 行 $n + 1$ 列），其中 $A(i, j)$ 表示两序列的前缀子序列 $s_1[1, \cdots, i]$ 与 $s_2[1, \cdots, j]$ 的比对得分。矩阵 A 的第一行与第一列数值表示子序列与"—"比对的得分。例如 $A(1, 3)$ 表示序列 s_2 的子序列 $s_2[1, \cdots, 3]$ 与"—"的比对得分。$A(i + 1, j + 1)$ 表示 s_1 的子序列 $s_1[1, \cdots, i]$ 与 s_2 的子序列 $s_2[1, \cdots, j]$ 比对的最优得分，其中 $1 \leqslant i \leqslant m$，$1 \leqslant j \leqslant n$。

（3）由此可知，作为 s_1 的子序列 $s_1[1, \cdots, i]$ 与 s_2 的子序列 $s_2[1, \cdots, j]$ 比对的得分 $A(i + 1, j + 1)$ 来源主要有三个，从而动态规划递推关系为：

$$A(i + 1, j + 1) = \max \begin{cases} A(i, j) + score(s_1[i], s_2[j]) \\ A(i - 1, j) + score(s_1[i], '-') \\ A(i, j - 1) + score('-' s_2[j]) \end{cases}$$

其中，$1 \leqslant i \leqslant m$，$1 \leqslant j \leqslant n$。

（4）依次递推，得到矩阵 $A(m + 1, n + 1)$，并计算得出序列 s_1，s_2 比对的最终得分。此处新增一个矩阵 M，标注了矩阵 A 中的元素来源路径。其中 $M(i, j) = 1$ 指矩阵 A 中对应的 $A(i, j)$ 由其左上角得来，即 $A(i, j) = A(i - 1, j - 1) + score(s1[i - 1], s2[j - 1])$；$M(i, j) = 2$，表示 $A(i, j)$ 来自其正上方，即 $A(i, j) = A(i - 2, j - 1) + score(s1[i - 1]$，—）；$M(i, j) = 3$，表示 $A(i, j)$ 由其正左方的元素得来，即 $A(i, j) = A(i - 1, j - 2) + score$（—，$s2[j - 1]$）。最终通过矩阵 M 可以知道矩阵 A 中各元素的来源，即得出最终的比对结果。

三、计分函数与空位罚分

1. 计分函数

此函数主要用于标记所比对符号的相似程度。由上文可知，序列比对主要是对序列中各字符的匹配度进行测算。我们记此计分函数为 $\mathrm{score}(s_1[i], s_2[j])$。表示符号序列 s_1 的第 i 个符号 $s_1[i]$ 与序列 s_2 的第 j 个符号 $s_2[j]$ 比对的得分。通过查阅资料发现，大多数研究者将相同的字符得分记为 1 分，不相同的字符得分记为 0 分，则有：

$$\mathrm{score}(s_1[i], s_2[j]) = \begin{cases} 1, & s_1[i] = s_2[j] \\ 0, & s_1[i] \neq s_2[j] \end{cases}$$

在经济学研究中，为了可以表达出所研究对象的变化情况，通常在计分函数的基础上稍做一些修改。如序列 s_1 的第 i 个符号 $s_1[i]$ 与序列 s_2 的第 j 个符号 $s_2[j]$ 比对的得分可以表示为：

$$\mathrm{score}(s_1[i], s_2[j]) = \begin{cases} s_1[i], & s_1[i] = s_2[j] \\ 0, & s_1[i] = 0, \text{ or } s_2[j] = 0 \\ -|s_1[i] - s_2[j]|, & s_1[i] \neq s_2[j] \end{cases}$$

例如，可以用符号集 $\{-1, -2, 0, 1, 2\}$ 依次表示所研究对象快速下降、缓慢下降、几近平稳、缓慢上升、快速上升。且当 $s_1[i]$ 和 $s_2[j]$ 中有一个为 0 时，相似性得 0 分。因此，两个序列符号的匹配情况可以有很多种，包括两者均上升，但是强弱不同，此时也标记为不匹配，得分为 -1。而若两者一个上升，一个下降，两者同样不匹配，但是得分为 -4。该方法很直观全面地表达出了可能出现的多种情况。当然计分函数依据不同的问题可以选择不同的方法，本章主要参考了以往学者的一些成功经验并加以引用，以期望得到新的了解。

2. 空位罚分

由上文所述，为了控制插入空位的次数，同时保证比对的相似度达到最大，结果也更有现实意义，引入了空位罚分的概念。至关重要的一点是，空位的数目是有限制的，插入过多，序列比对也就没有了意义。因此出现了空位罚分，以控制空位的数目。此方法主要包括两种：一种是起始空位罚分，另一种是延伸空位罚分。大多学者采用线性的罚分函数 $g(k) = -k \times d$ 或仿射罚分函数 $g(k) = -d - (k-1) \times e(d>0)$ 来进行罚分。其中 k 为空位个数，d 为初始罚分，e 为延伸罚分。

第二节 收益预测与效果分析

一、基于模式匹配的预测原理

本节主要是根据上面介绍的序列比对方法，衡量两个序列间的相似程度，通过对收集到的数据进行搜索，找到与当前序列相似度最高的子序列，然后将此子序列的后续值为基数，对当前序列进行预测。

子序列匹配长度 L 的值不同，则得到的结果也会不同。例如当前的模式长度 $L = k$，则基本模式个数为 $K = 3^k$。再特殊地取 $k = 2$ 时，$K = 9$，即基本模式为 00，01，02，10，11，12，20，21，22。

寻找最优匹配模式的步骤为：

将当前序列与历史序列进行比对，从第一个数据开始，然后以一为单位，以此往后进行滑动，遍历完所有数据后，选出最佳匹配的历史序列及其位置编号。此部分主要是通过动态规划算法进行。由上文所述，构建计分矩阵 b，可以得出 b 为一个 15×15 矩阵，且 $b(1, 1) = 0$，$b(1, i) = b(i, 1) = -(i-1)$，其中 $2 \leq i \leq 15$。

若时间序列 $X = \{x_1, x_2, \cdots, x_n\}$，将其符号化得到符号序列 $S = \{s_1, s_2, \cdots, s_n\}$，若当前序列为 $S' = \{s_{n+1}, s_{n+2}, \cdots, s_{n+k}\}$，通过序列比对的方式得到与 S' 匹配的历史序列为 S_1'，S_2'其中 $S_1' = \{s_{m1+1}, s_{m1+2}, \cdots, s_{m1+k}\}$，$S_2' = \{s_{m2+1},$

s_{m2+2}，…，s_{m2+k} ，与其相对应的原始序列数据为 $X'_1 = \{x_{m1+1}, x_{m1+2}, \cdots, x_{m1+k}\}$，$X'_2 = \{x_{m2+1}, x_{m2+2}, \cdots, x_{m2+k}\}$。基于模式匹配的时间序列的预测步骤为：

$$\hat{x}_{n+k+1} = f(x_{m1+1}, x_{m1+2}, \cdots, x_{m1+k}, x_{n+1}, x_{n+2}, \cdots, x_n)$$

其中：

若 $s_{m1+k+1} = 0$，则：

$$\hat{X}_1(n+k+1) = x_{n+k} - \beta \times x_{m1+k+1}$$

若 $s_{m1+k+1} = 1$，则：

$$\hat{X}_1(n+k+1) = \frac{1}{k}\sum_{i=1}^{k} x_{n+i}$$

若 $s_{m1+k+1} = 2$，则：

$$\hat{X}_1(n+k+1) = x_{n+k} + \beta \times x_{m1+k+1}$$

其中，$\beta = \dfrac{1}{k}\sum_{i=1}^{k}\dfrac{x_{n+k-i}}{x_{m1+k-i}}$。

对于根据 $S'_2 = \{s_{m2+1}, s_{m2+2}, \cdots, s_{m2+k}\}$ 的估计与 $S'_1 = \{s_{m1+1}, s_{m1+2}, \cdots, s_{m1+k}\}$ 一致，在此不再赘述。不妨设其结果为 $\hat{X}_2(n+k+1)$，则最后对于 x_{n+k+1} 的估计值 $\hat{x}_{n+k+1}$ 为：

$$\hat{x}_{n+k+1} = \frac{1}{2}(\hat{X}_1(n+k+1) + \hat{X}_2(n+k+1))$$

二、预测效果分析

为了对得到的预测值与实际值进行比较，分析此方法的有效性，本文同样采用平均相对误差绝对值指标（MAPE）进行衡量。其中 MAPE 定义为：

$$\text{MAPE} = \frac{1}{k}\sum_{i=1}^{k}\left|\frac{x_{n+i} - \hat{x}_{n+i}}{x_{n+i}}\right|$$

其中，x_{n+i} 表示实际值，$\hat{x}_{n+i}$ 是估计值，k 是预测值的个数。一般认为，当 MAPE <0.1 时预测效果比较好。

第三节　基于序列比对模式的
收益预测实证分析

一、基于动态符号化方法的上证综指的收益预测

1. 数据选取与处理

本节数据选取自上证综指 2012 年 1 月 4 日至 2017 年 9 月 8 日的股票日收盘价，以 2017 年 9 月 11 日至 2017 年 9 月 29 日的日数据为当前数据①，对 10 ~ 12 月数据进行预测分析，并与实际值进行误差计算，得到该方法的误差值，方便进行下一步的分析研究。2012 年 1 月 4 日到 2017 年 9 月 8 日共有 1 383 个历史数据可用于搜索，10 ~ 12 月共有 60 个工作日，因此待预测数据有 60 个。

股票收益率仍表示为 $R_t = \log P_t - \log P_{t-1}$，$P_t$ 表示时刻 t 的股票收盘价。对相邻的两个收益序列，可以分为下降、不变以及上升三种趋势，分别用 0，1，2 来表示。本节采用动态的时间序列符号化方法。序列 $X = \{x_1, x_2, \cdots, x_n\}$ 可以转化为 $S = \{s_1, s_2, \cdots, s_n\}$，其中 $s_i (1 \leqslant i \leqslant n - 1)$ 满足：

$$s_i = \begin{cases} 0, & x_i \geqslant x_{i+1} \\ 1, & x_i = x_{i+1} \\ 2, & x_i < x_{i+1} \end{cases}$$

2. 预测结果分析

通过 Matlab 软件编程实现，发现本部分有两个最优序列，以这两个序列

---

① 数据来源于东方 Choice 以及国泰君安数据库。

为基础然后进行下一个值的预测。我们将 2017 年 9 月 11 日至 2017 年 9 月 29 日这 15 天的数据作为当前模式，从 2012 年 1 月 4 日至 2017 年 9 月 8 日的历史数据中搜索与这 15 天的收益序列匹配度最高的历史序列，假设其序列为 S_i'，则通过 S_i' 的下一个实际值对目标序列的下一个值进行预测。对于出现的多个最优序列，分别找到序列的下一个值，并分别计算出预测值后，去两者的均值作为最终结果。

计算结果显示最优匹配序列的相似度量函数值为 13，最优匹配序列有两个，在原序列的位置分别为 961 和 1096，其中 961 的最优匹配序列为 $\{2, 0, 0, 0, 2, 0, 2, 0, 0, 0, 2, 2, 0, 2\}$，1096 的最优匹配序列为 $\{2, 2, 0, 0, 2, 0, 2, 0, 2, 0, 2, 2, 0, 2\}$。

随后对最优匹配算法进行回溯，结果如图 8-1、图 8-2 所示：

b =

0	-1	-2	-3	-4	-5	-6	-7	-8	-9	-10	-11	-12	-13	-14
-1	1	0	-1	-2	-3	-4	-5	-6	-7	-8	-9	-10	-11	-12
-2	0	1	0	-1	-1	-2	-3	-4	-5	-6	-7	-8	-9	-10
-3	-1	1	2	1	0	0	-1	-2	-3	-4	-5	-6	-7	-8
-4	-2	0	2	3	2	1	0	0	-1	-2	-3	-4	-5	-6
-5	-3	-1	1	2	4	3	2	1	0	-1	-1	-2	-3	-4
-6	-4	-2	0	2	3	5	4	3	2	1	0	-1	-2	-3
-7	-5	-3	-1	1	3	4	6	5	4	3	2	1	0	-1
-8	-6	-4	-2	0	2	4	5	7	6	5	4	3	2	1
-9	-7	-5	-3	-1	1	3	4	6	8	7	6	5	4	3
-10	-8	-6	-4	-2	0	2	3	4	7	9	8	7	6	5
-11	-9	-7	-5	-3	-1	1	3	4	6	8	10	9	8	7
-12	-10	-8	-6	-4	-2	0	2	3	5	7	9	11	10	9
-13	-11	-9	-7	-5	-3	-1	1	3	4	6	8	10	12	11
-14	-12	-10	-8	-6	-4	-2	0	2	3	5	7	9	11	13

图 8-1 匹配得分矩阵

mark =

0	0	0	0	0	0	0	0	0	0	0	0	0	0	0
0	1	3	3	3	1	3	1	3	3	3	1	1	3	1
0	1	1	1	1	1	3	1	3	3	3	1	1	3	1
0	2	1	1	1	3	1	3	1	1	1	3	3	1	3
0	2	1	1	1	3	1	1	1	1	1	3	3	1	3
0	1	2	2	1	1	3	1	3	1	1	1	1	3	1
0	2	1	1	1	2	1	2	1	1	1	3	3	1	3
0	1	2	2	2	1	2	1	3	3	3	1	1	3	1
0	2	1	1	1	2	1	2	1	1	1	3	3	1	3
0	2	1	1	1	2	1	2	1	1	1	3	3	1	3
0	2	1	1	1	2	1	1	1	1	1	3	3	1	3
0	1	2	2	2	1	2	1	2	2	2	1	1	3	1
0	1	2	2	2	1	2	1	1	2	2	1	1	3	1
0	2	1	1	1	2	1	2	1	1	1	2	2	1	3
0	1	2	2	2	1	2	1	2	1	2	1	1	2	1

图 8 - 2　回溯矩阵

b 为最优匹配序列在匹配过程中相似度得分，mark 为回溯矩阵。则回溯过程如图 8 - 3 所示：

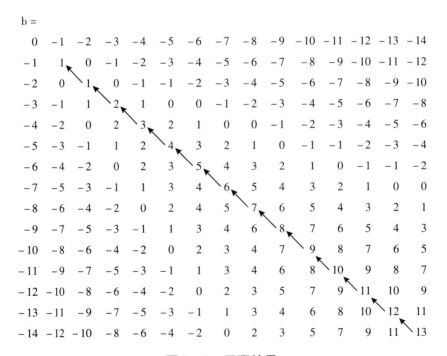

图 8 - 3　回溯结果

由上文所述的计算方法，得到待预测的 60 个数据值，部分情况如表 8 - 1 所示：

表 8 - 1 部分预测结果

时间	收盘价	实际值	动态法预测值
2017 年 10 月 9 日	3 374. 38	0.003286622	0.003175622
2017 年 10 月 10 日	3 382. 99	0.001106726	0.001106515
2017 年 10 月 11 日	3 388. 28	0.000678578	0.000478578
2017 年 10 月 12 日	3 386. 10	- 0.000279513	- 0.000195125
2017 年 10 月 13 日	3 390. 52	0.000566531	0.000366531
2017 年 10 月 16 日	3 378. 47	- 0.001546244	- 0.001396244
2017 年 10 月 17 日	3 372. 04	- 0.000827349	- 0.000804349
2017 年 10 月 18 日	3 381. 79	0.001253918	0.001253768
2017 年 10 月 19 日	3 370. 17	- 0.001494827	- 0.001383716
2017 年 10 月 20 日	3 378. 65	0.001091396	0.000980285
2017 年 10 月 23 日	3 380. 70	0.000263429	0.000241207
2017 年 10 月 24 日	3 388. 25	0.000968813	0.0009577
2017 年 10 月 25 日	3 396. 90	0.001107315	0.000996204
2017 年 10 月 26 日	3 407. 57	0.001362024	0.001359679
2017 年 10 月 27 日	3 416. 81	0.001176043	0.001064877
2017 年 10 月 30 日	3 390. 34	- 0.003377576	- 0.003366465
2017 年 10 月 31 日	3 393. 34	0.000384123	0.000384112
2017 年 11 月 1 日	3 395. 91	0.000328795	0.000325351
2017 年 11 月 2 日	3 383. 31	- 0.001614379	- 0.001636713
2017 年 11 月 3 日	3 371. 74	- 0.001487714	- 0.001253714
2017 年 11 月 6 日	3 388. 17	0.002111115	0.002088671
2017 年 11 月 7 日	3 413. 57	0.00324362	0.003177076
2017 年 11 月 8 日	3 415. 46	0.00024039	0.000239954
2017 年 11 月 9 日	3 427. 79	0.001565004	0.001552553
2017 年 11 月 10 日	3 432. 67	0.000617847	0.000583279
2017 年 11 月 13 日	3 447. 84	0.001915049	0.001881555
2017 年 11 月 14 日	3 429. 55	- 0.002309965	- 0.00228763
2017 年 11 月 15 日	3 402. 52	- 0.003436452	- 0.003433067
2017 年 11 月 16 日	3 399. 25	- 0.00041758	- 0.00039533

为了与 2017 年 10 月 9 日至 12 月 29 日的 60 个实际值相对比，并分析此次预测的效果如何，我们将预测值和实际值绘制成一张柱形图，如图 8 - 4 所示，可以比较清晰直观简洁地看到两者之间的差距以及预测效果的好坏。

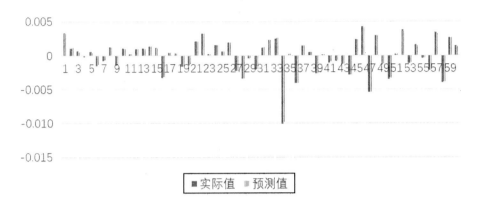

图 8 - 4　动态的上证综指收益实际值与预测值柱形图

同时依据预测值，得出 MAPE 值约为 0.06552，小于阈值 0.1，因此可以认为预测效果相对较好。

二、基于静态符号化方法的上证综指的收益预测

本节对收益序列的处理选用了静态的符号化方法，依照等概率划分的方法对上证综指的 1 383 个历史数据进行处理。

通过 Matlab 软件编程实现，发现本部分得到了一个最优序列，同样以此序列为基础进行下一个值的预测。与动态法类似，同样将 2017 年 10 ~ 12 月数据作为待预测的数据，得出预测值后与实际值做比较，分析其预测效果如何。结果表示最优匹配序列的相似度量函数值为 13，最优匹配序列只有一个，在原序列的位置分别为 1229，最优匹配序列为 {1，1，1，1，0，1，1，1，1，1，2，1，1，1}。

随后对最优匹配算法进行回溯，结果如图 8 - 5、图 8 - 6 所示：

b =

0	-1	-2	-3	-4	-5	-6	-7	-8	-9	-10	-11	-12	-13	-14
-1	1	0	-1	-2	-3	-4	-5	-6	-7	-8	-9	-10	-11	-12
-2	0	2	1	0	-1	-2	-3	-4	-5	-6	-7	-8	-9	-10
-3	-1	1	3	2	1	0	-1	-2	-3	-4	-5	-6	-7	-8
-4	-2	0	2	4	3	2	1	0	-1	-2	-3	-4	-5	-6
-5	-3	-1	1	3	5	4	3	2	1	0	-1	-2	-3	-4
-6	-4	-2	0	2	4	6	5	4	3	2	1	0	-1	-2
-7	-5	-3	-1	1	3	5	7	6	5	4	3	2	1	0
-8	-6	-4	-2	0	2	4	6	8	7	6	5	4	3	2
-9	-7	-5	-3	-1	1	3	5	7	9	8	7	6	5	4
-10	-8	-6	-4	-2	0	2	4	6	8	10	9	8	7	6
-11	-9	-7	-5	-3	-1	1	3	5	7	9	10	10	9	8
-12	-10	-8	-6	-4	-2	0	2	4	6	8	9	11	11	10
-13	-11	-9	-7	-5	-3	-1	1	3	5	7	8	10	12	12
-14	-12	-10	-8	-6	-4	-2	0	2	4	6	7	9	11	13

图 8 - 5　匹配得分矩阵

mark =

0	0	0	0	0	0	0	0	0	0	0	0	0	0	0
0	1	1	1	1	3	1	1	1	1	1	3	1	1	1
0	1	1	1	1	3	1	1	1	1	1	3	1	1	1
0	1	1	1	1	3	1	1	1	1	1	3	1	1	1
0	1	1	1	1	3	1	1	1	1	1	3	1	1	1
0	2	2	2	2	1	3	3	3	3	3	3	3	3	3
0	1	1	1	1	2	1	1	1	1	1	3	1	1	1
0	1	1	1	1	2	1	1	1	1	1	3	1	1	1
0	1	1	1	1	2	1	1	1	1	1	3	1	1	1
0	1	1	1	1	2	1	1	1	1	1	3	1	1	1
0	1	1	1	1	2	1	1	1	1	1	3	1	1	1
0	1	1	1	1	2	1	1	1	1	1	1	1	1	1
0	1	1	1	1	2	1	1	1	1	1	1	1	1	1
0	1	1	1	1	2	1	1	1	1	1	1	1	1	1
0	1	1	1	1	2	1	1	1	1	1	1	1	1	1

图 8 - 6　回溯矩阵

b 同样表示最优匹配序列在匹配过程中的相似度计分，mark 为回溯矩阵。最优模式下的回溯过程如图 8 - 7 所示：

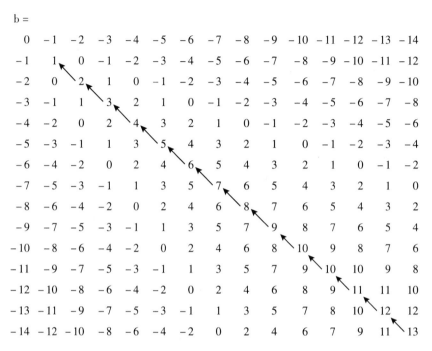

图 8 - 7 回溯结果

通过上述步骤得到了与当前模式匹配度最高的历史数据序列，与动态法处理方法一致，通过最有匹配序列的下一个值对当前模式进行下一阶段的预测。最终得到待预测的 60 个数据值，由于篇幅有限，本节只截取部分数据如表 8 - 2 所示：

表 8 - 2 部分预测结果

时间	收盘价	实际值	静态法预测值
2017 年 10 月 9 日	3 374. 38	0. 003286622	0. 003075512
2017 年 10 月 10 日	3 382. 99	0. 001106726	0. 001105515
2017 年 10 月 11 日	3 388. 28	0. 000678578	0. 000356719
2017 年 10 月 12 日	3 386. 1	− 0. 000279513	− 0. 000216913

时间	收盘价	实际值	静态法预测值
2017 年 10 月 13 日	3 390.52	0.000566531	0.000169331
2017 年 10 月 16 日	3 378.47	− 0.001546244	− 0.001435094
2017 年 10 月 17 日	3 372.04	− 0.000827349	− 0.000804349
2017 年 10 月 18 日	3 381.79	0.001253918	0.001252806
2017 年 10 月 19 日	3 370.17	− 0.001494827	− 0.000855535
2017 年 10 月 20 日	3 378.65	0.001091396	0.000868285
2017 年 10 月 23 日	3 380.7	0.000263429	0.000241207
2017 年 10 月 24 日	3 388.25	0.000968813	0.000957701
2017 年 10 月 25 日	3 396.9	0.001107315	0.000896204
2017 年 10 月 26 日	3 407.57	0.001362024	0.001360912
2017 年 10 月 27 日	3 416.81	0.001176043	0.001037292
2017 年 10 月 30 日	3 390.34	− 0.003377576	− 0.003356265
2017 年 10 月 31 日	3 393.34	0.000384123	0.000384112
2017 年 11 月 1 日	3 395.91	0.000328795	0.000326571
2017 年 11 月 2 日	3 383.31	− 0.001614379	− 0.001637715
2017 年 11 月 3 日	3 371.74	− 0.001487714	− 0.001453191
2017 年 11 月 6 日	3 388.17	0.002111115	0.002088671
2017 年 11 月 7 日	3 413.57	0.00324362	0.003132955
2017 年 11 月 8 日	3 415.46	0.00024039	0.000239286
2017 年 11 月 9 日	3 427.79	0.001565004	0.001519879
2017 年 11 月 10 日	3 432.67	0.000617847	0.00056439
2017 年 11 月 13 日	3 447.84	0.001915049	0.001893716
2017 年 11 月 14 日	3 429.55	− 0.002309965	− 0.002273543
2017 年 11 月 15 日	3 402.52	− 0.003436452	− 0.003425092
2017 年 11 月 16 日	3 399.25	− 0.00041758	− 0.000404058

　　同上节类似，本节为了与已经得到的 60 个实际值有一个更加直观的对比，同样将上证综指的预测值和实际值绘制成柱线图进行比较分析。最终的结果如图 8 − 8 所示。

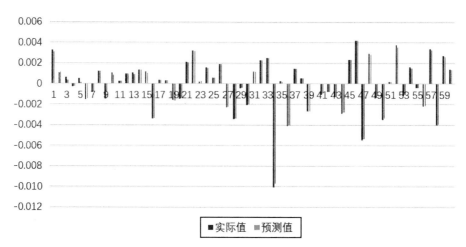

图 8 - 8　静态的上证综指收益实际值与预测值柱形图

同时根据预测值，得出 MAPE 值约为 0.06887，小于阈值 0.1，因此同样可以认为预测效果相对较好。

通过对静态法和动态法两者进行对比可以发现，应用静态法预测的 MAPE 值约为 0.06887，动态法的 MAPE 值为 0.06552，可以看出静态法的误差大于动态法的误差值。因此在符号化的处理过程中，动态法要优于静态法，通过动态法得到的预测结果要更精确一些，这也与其他学者所研究得出结论基本一致。

第四节　本 章 小 结

本章提出了基于模式匹配的序列比对预测方法对未来股票收益进行预测研究。首先介绍了序列比对的概念，然后基于序列比对的方法，在历史收益序列中搜索与当前收益序列相似度最高的序列，从而进行预测。此部分主要是应用到了相似度度量、计分函数以及空位罚分、回溯矩阵等。为了可以验证动态法与静态法两者的优异，本章分别采用两种方法对同一组数据进行处理，在得到相应的预测数据后，通过计算两者的 MAPE 值，得到两种方法的精确度，以此得出最优算法。结果显示基于序列比对模式的动态法的上证综指收益预测 MAPE 值约为 0.06552，基于序列比对模式的静态法的上证综指收益预测 MAPE 值约为 0.06887，两者均小于 0.1，预测效果较好，同时动态法相比静态法更能对复杂系统进行评价。本部分的结果与其他学者的研究结果是基本一致的。

第九章
总结与展望

第一节　研　究　总　结

金融市场的非线性特征和复杂性特征在近几十年来越来越得到学者们的关注，经典的金融经济学理论中有很多方法已经不能适应当前金融市场的要求。因此，将非线性科学和复杂性科学的理论方法与工具应用到金融市场中，探索市场具有的新特征，最终探究金融系统的演化机制和控制理论是我们目前极为关注的焦点。本书在现有研究的基础上，针对金融市场的复杂性特征，考虑投资者自身的行为因素、投资者之间的交流互动因素、市场中影响股票表现的微观和宏观因素、异质性与网络结构特性，以及市场流动性、噪声干扰等因素，运用复杂网络和社会网络理论、金融计量理论、行为金融理论、混沌与分形理论、符号时间序列理论等对金融市场的建模做了一个初步的尝试。并借助资产定价理论、计算实验方法、数值计算方法及数值模拟仿真技术，从理论和仿真验证等角度深入探讨了金融市场的复杂性及其影响因素与作用机制。上述理论研究主要包括以下几个方面：

（1）对中国股票市场中上证指数和深证成指的价格波动利用分形方法进行分析，验证了中国股票市场的价格波动不符合正态分布，而是表现为"尖峰厚尾"的特征。而且还具有自相关性和长期记忆性。在 2005 年以前，中国股票市场发展时间太短，导致各种机制还很不完善，从而使得股票市场的价格波动较大，分形特征十分明显。但在后面十多年的发展中，中国股票市场的体系随着市场参与者的增多和金融市场的日益活跃逐渐趋于成熟，因此价格波动的分形特征已经渐渐消失。

（2）对投资者情绪与金融市场的关联进行了深入分析。这部分又可以细分为两个子部分：第一部分，选择了封闭式基金折价率、IPO 数量、IPO 首日收益、消费者信心指数等七个变量，使用主成分分析法，建立了一个综合的投资者情绪指数。随后，对投资者情绪指数和几个不同市场之间的影响关系进行分析研究，构建了向量自回归模型进行分析，发现情绪指数对于沪深市场的影响不显著，但是沪深市场对于情绪指数具有重大影响，并且具有一定的先导作用；中国香港市场与中国内地市场的投资者情绪具有相互的影响作用；中国香港中概股市场和境外非港的中概股市场受到内地市场的投资者情绪的冲击趋势十分相似，并且都和投资者情绪互为格兰杰原因，但相对来说境外市场受到的情绪影响有一定的滞后。第二部分，采用 MF – DCCA 方法来研究个体投资者情绪与中国股市收益之间的相互关系。MF – DCCA 方法是一个非常综合的方法，它将分形分析进行了较大的扩展。研究发现个体投资者情绪和中国股市收益分别存在多重分形，深圳股市的多重分形程度远高于上海股市。个体投资者情绪与股票市场收益之间有着反持续的互相关性，个体投资者情绪与深圳股市股票回报之间的相互关联性比个体投资者情绪与上海股市的回报之间的更强。长程相关性，厚尾分布和极值都会导致个体投资者情绪与上海股市之间的互相关的多重分形，而长程相关性是个体投资者情绪与深圳股市互相关多重分形的主要来源。以上的现象究其原因，可以概括为：首先，上海股市比深圳股市更有效率，即投资者对信息能够做出更加迅速、理性的反应。其次，股市收益与投资者情绪之间存在反持续的互相关关系。换句话说，投资者情绪的增加与中国股市回报的下降有关。最后，个体投资者情绪与深圳股市收益之间的互相关性比个体投资者情绪与上海股市收益之间的更强，这可能是因为上海股市和深圳股市的投资者结构不同。上海股市只有主板，上市企业的规模更大，新上市企业数量相对较少，深圳股市有主板、中小板和创业板，但总的来说股票市值较小，市盈率高于上海股市，个体投资者比机构投资者更具投机性和非理性，个体投资者情绪对深圳股市交易的影响更大。

（3）结合行为金融理论的前沿研究，基于网络科学理论方法构建了含有经济行为主体因素以及金融网络特性的市场价格波动模型。本部分的主要思想来自多交易者互动模型——主动投资者掌握较多的市场信息，投资策略更为优化，因而选择优良资产的能力较强；被动投资者在信息获取方面的能力较弱，因而投资能力弱于主动投资者。另外，投资产品根据它们的品质可以分为优良资产和劣质资产，优良资产更容易吸引投资者进行投资，所有选择了优良资产的交易者将花费较大的成本，但同时盈利的概率也更高，这与实际市场高风险带来高回报的原则相符合。对于投资者邻近择优行为的网络演化模型则是将投资者的买入、卖出和持有的状态全部考虑进来，从投资者自我心理偏好以及近邻行为的影响两方面考虑，构建金融市场模型。

这部分又可以细分为两个子部分：第一部分，基于交易者的网络，考虑到股票收益的非线性反馈机制，分析交易者的异质性预期状态的转换，并且给出了股票价格的动态变化形式，使得交易者预期、股票价格和社会互动构成了一个自我实现的动态系统。结果分析发现，对于一段平稳的股票价格，当交易者之间的传染效应小于网络结构谱半径的倒数时，股票价格将被低估，反之股票价格将被高估。基于非线性系统自我强化的特性，数值分析给出了价格的动态变化过程，并合理地解释了股票价格泡沫的产生与破灭过程。第二部分，基于交易者的网络，从交易者异质性预期相互转换的角度探究了价格的动态变化，并且验证了价格的运动与交易者所处的社会网络结构有关，这为研究投资者与价格行为的网络特征提供了新的角度。

（4）利用符号时间序列方法对金融市场收益及网络结构等进行了深入分析。符号化方法是对原始数据进行大尺度的提取，这一过程对噪声数据是不敏感的。对于得到的符号时间序列，对其进行编码后，得到频率分布直方图。通过计算两个直方图之间的距离，可以得到两序列间的相似性，进一步计算得出距离矩阵。通过这个矩阵生成最小生成树以及分层树，进一步分析得出上证180指数成分股之间的聚类特征。由于政策的区域性特点、母公司对子公司的影响、地区偏好以及同行业同涨同跌的现象的存在，成分股之间存在着同行业、同区域聚类，且合作型公司以及共同股东公司聚类分布的特点。认识并了解这种聚类特征，对于投资者分散风险，合理安排投资组合以获得更高的利益有重要的参考作用。再基于生物学的序列比对算法进行模式匹配运算，应用相似度度量、计分函数以及空位罚分、回溯矩阵等方法从静态和动态两个角度对金融市场的收益进行了预测，利用MAPE指标检验发现预测效果是很好的，同时动态法相比静态法对金融复杂系统进行评价的效果更佳。

第二节　研　究　展　望

总体来看，金融市场是一个巨大的系统，内部的相关表现都体现出了非线性、混沌、涌现、聚合等典型的复杂特征，其中的参与者的行为也充满了不确定性，使得对于整个系统的研究显得非常复杂。模型化金融复杂系统中的各类相互作用关系，对金融风险进行定量化描述，正在成为金融复杂系统理论发展的趋势。金融工程领域内的网络化建模研究也逐渐成为被关注的对象。本书运用复杂网络与社会网络理论、金融计量理论、行为金融理论、混沌与分形理论、符号时间序列理论以及计算机仿真技术，从不同角度对金融市场进行了建模，深入分析和探讨了金融市场的非线性特征及动态演化特征，得到了一些具有理论价值和实践意义的结论。然而，本书只是在一定程度上进行了初步的探索性研究，仍然存在一定的缺陷与不足。另外金融市场建模中的非线性和复杂性问题也在不断涌现，所以今后的研究中可以更多地关注以下的问题：

（1）在基于复杂网络和社会网络理论的网络模型发展方面，已有的经典模型需要进一步改进，新的生成机制有待进一步讨论。因为经济系统和金融市场中新的规律不断被找到，所以对于这些异常丰富的结果，需要网络模型的多样性来处理，靠仅有的经典模型难以全面描述和揭示更深入的本质。

（2）金融市场是一个含有众多异质性经济行为主体的复杂系统，对其应用网络科学理论可以将其抽象成为一个网络模型，运用网络演化博弈对该复杂系统具有的异质性经济行为主体的交互行为以及演化动态展开研究是非常有意义的。由于网络演化博弈拓展了传统演化博弈所有个体全部相互接触的前提假设，因此这样的模型更接近于现实的金融市场，更能真实地反映金融市场中具有较强异质性经济行为主体之间的行为动态以及演化机制。

（3）金融市场的交易机制需要设计得更真实一些：比如在每一个交易日中单个投资者能够买卖的股票数量应该是服从一定分布的随机变量，投资者出于敏感性的投资情绪和受到邻居影响的投资情绪应该是非线性函数，外部影响除了信息传播之外也应该考虑政策冲击、其他金融资产价格波动冲击等方面。要完成模型的精确化，需要利用大数据技术基于互联网获得金融市场中参与者的数据和信息传播的数据。只有获得足够多的数据，才能让构建的金融市场模型更贴近现实，更具有适用性。

（4）对股票的聚类特征进行讨论时没有针对某一个行业进行具体的分析。后续应该单独对相同行业内的不同子类别的股票聚类特征进行分析，同时将其他无关变量保持一致,如地域因素等。在进行模式匹配预测时,采取的是固定的序列片段进行预测。由于预测非常依赖模型的选择,模型不同对随后的分析和研究也会造成一定的影响,因此需要对计分函数等进行下一步的学习,考虑引入滑动窗口的形式,以求寻找一个更好的方法来更加精确地对收益序列进行预测。

参考文献

［1］安海忠、陈玉蓉、方伟、高湘昀：《国际石油贸易网络的演化规律研究：基于复杂网络理论》，载于《数学的实践与认识》2013 年第 22 期，第 57 ~ 64 页。

［2］巴曙松、朱虹：《融资融券、投资者情绪与市场波动》，载于《国际金融研究》2016 年第 8 期，第 82 ~ 96 页。

［3］巴曙松、左伟、朱元倩：《国际金融网络及其结构特征》，载于《海南金融》2015 年第 9 期，第 4 ~ 10 页。

［4］卞曰瑭、何建敏、庄亚明：《基于近邻择优策略的股市羊群行为网络协同演化模型及仿真》，载于《管理工程学报》2013 年第 4 期，第 53 ~ 61 页。

［5］蔡世民、洪磊、傅忠谦、周佩玲：《基于复杂网络的金融市场网络结构实证研究》，载于《复杂系统与复杂性科学》2011 年第 3 期，第 29 ~ 33 页。

［6］陈成忠、林振山：《中国居民消费价格指数波动的周期性及其驱动因素研究》，载于《经济问题探索》2009 年第 8 期，第 77 ~ 84 页。

［7］陈国进、马长峰：《金融危机传染的网络理论研究述评》，载于《经济学动态》2010 年第 2 期，第 24 页。

［8］陈平：《文明分叉、经济混沌和演化经济动力学》，北京大学出版社2004 年版。

［9］陈银飞：《2000 ~ 2009 年世界贸易格局的社会网络分析》，载于《国际贸易问题》2011 年第 11 期，第 31 ~ 42 页。

［10］程宏志：《上海股票市场分形特征的动态研究——基于 R/S 分析》，载于《统计教育》2007 年第 4 期，第 55 ~ 56 页。

［11］程淑佳、王肇钧：《复杂网络理论下世界原油贸易空间格局演进研究》，载于《地理科学》2011 年第 11 期，第 1342 ~ 1348 页。

［12］程淑佳、赵映慧、李秀敏：《基于复杂网络理论的原油贸易空间格局

差异分析》，载于《中国人口·资源与环境》2013 年第 8 期，第 20~25 页。

[13] 戴卓：《国际贸易网络结构的决定因素及特征研究——以中国东盟自由贸易区为例》，载于《国际贸易问题》2012 年第 12 期，第 72~83 页。

[14] 段文奇、刘宝全、季建华：《国际贸易网络拓扑结构的演化》，载于《系统工程理论与实践》2008 年第 10 期，第 71~75 页。

[15] 范从来、徐科军：《中国股票市场收益率与交易量相关性的实证分析》，载于《管理世界》2002 年第 7 期，第 31~36 页。

[16] 冯小兵、胡海波、汪小帆：《金融危机对贸易网拓扑结构影响的动态研究》，载于《复杂系统与复杂性科学》2011 年第 1 期，第 1~8 页。

[17] 傅雪莹、陈才、刘继生：《全球金融危机传导的地理层级性及其对中国防范金融危机的启示》，载于《地理科学》2010 年第 2 期，第 197~202 页。

[18] 高湘昀、安海忠、方伟：《基于复杂网络的时间序列双变量相关性波动研究》，载于《物理学报》2012 年第 9 期，第 535~543 页。

[19] 高正欣、徐梅：《基于 STSA 的股市网络结构实证分析》，载于《天津理工大学学报》2013 年第 6 期，第 59~64 页。

[20] 郝晓晴、安海忠、陈玉蓉、高湘昀：《基于复杂网络的国际铁矿石贸易演变规律研究》，载于《经济地理》2013 年第 1 期，第 92~97 页。

[21] 何甄绯、万加富：《基于趋势距离的时间序列符号聚合近似表示方法》，载于《科技通报》2018 年第 1 期，第 202~205、211 页。

[22] 胡昌生、程志富：《投资者情绪对上证 50ETF 隐含分布偏度影响的实证研究》，载于《数理统计与管理》2019 年第 3 期，第 549~560 页。

[23] 胡雪明、宋学锋：《深沪股票市场的多重分形分析》，载于《数量经济技术经济研究》2003 年第 8 期，第 124~127 页。

[24] 黄德龙、文风华、杨晓光：《投资者情绪指数及中国股市的实证》，载于《系统科学与数学》2009 年第 1 期，第 1~13 页。

[25] 黄飞雪、谷静：《金融危机对中国 70 城市房价影响的关联聚集效应》，载于《管理评论》2011 年第 6 期，第 3~8 页。

[26] 黄飞雪、赵昕、侯铁珊：《基于最小生成树的上证 50 指数分层结构》，载于《系统工程》2009 年第 1 期，第 71~76 页。

[27] 黄健柏、程慧、郭尧琦、邵留国：《金属期货量价关系的多重分形特征研

究——基于 MF - DCCA 方法》，载于《管理评论》2013 年第 4 期，第 77 ~ 85 页。

[28] 黄诒蓉：《中国股票市场分形结构的实证研究》，载于《中山大学学报（社会科学版)》2005 年第 2 期，第 97 ~ 103，127 ~ 128 页。

[29] 霍光耀、郭名媛：《金融波动研究的新进展及未来展望》，载于《西北农林科技大学学报（社会科学版)》2007 年第 5 期，第 49 ~ 55 页。

[30] 金宁德、李伟波：《非线性时间序列的符号化分析方法研究》，载于《动力学与控制学报》2004 年第 3 期，第 54 ~ 59 页。

[31] 金晓民、张丽萍：《基于最小生成树的多层次 k - Means 聚类算法及其在数据挖掘中的应用》，载于《吉林大学学报（理学版)》2018 年第 5 期，第 1187 ~ 1192 页。

[32] 李平、汪秉宏：《基于网络拓扑统计的恒生证券指数处理》，载于《科学通报》2006 年第 2 期，第 235 ~ 240 页。

[33] 李睿琪、唐明、许伯铭：《多关系网络上的流行病传播动力学研究》，载于《物理学报》2013 年第 16 期。

[34] 李守伟、钱省三：《面向金融时间序列相关性的网络模型研究》，载于《商业研究》2006 年第 15 期，第 5 ~ 8 页。

[35] 李涛：《社会互动、信任与股市参与》，载于《经济研究》2006 年第 1 期，第 34 ~ 45 页。

[36] 刘宝全、段文奇、季建华：《权重国际贸易网络的结构分析》，载于《上海交通大学学报》2007 年第 12 期，第 1959 ~ 1963 页。

[37] 刘海飞、李心丹：《基于 EMD 方法的股票价格预测与实证研究》，载于《统计与决策》2010 年第 23 期，第 131 ~ 134 页。

[38] 刘红忠、张昉：《投资者情绪与上市公司投资——行为金融角度的实证分析》，载于《复旦学报：社会科学版》2004 年第 5 期，第 63 ~ 68 页。

[39] 刘念平：《连接模型中搭档异质性对有效网络的影响》，载于《系统工程》2015 年第 2 期，第 141 ~ 145 页。

[40] 卢国祥、李冰清：《基于对称交互熵的多属性决策排序法》，载于《数学杂志》2016 年第 6 期，第 1253 ~ 1260 页。

[41] 陆静、裴饴军、吴琴琴：《投资者情绪影响香港股票市场吗?》，载于《系统工程理论与实践》2017 年第 1 期，第 80 ~ 90 页。

［42］马知恩、周义仓、王稳地等：《传染病动力学的数学建模与研究》，科学出版社 2004 年版。

［43］倪顺江、翁文国、范维澄：《具有局部结构的增长无标度网络中传染病传播机制研究》，载于《物理学报》2009 年第 6 期，第 3707～3713 页。

［44］牛晓健、罗熙枫：《我国 A 股市场复杂网络结构及稳定性研究》，载于《盐城工学院学报（社会科学版）》2017 年第 1 期，第 35～45 页。

［45］潘灶烽、汪小帆、李翔：《可变聚类系数无标度网络上的谣言传播仿真研究》，载于《系统仿真学报》2006 年第 8 期，第 2346～2348 页。

［46］申宇、赵静梅、何欣：《校友关系网络、基金投资业绩与"小圈子"效应》，载于《经济学（季刊）》2015 年第 4 期，第 403～428 页。

［47］史海峰、郭瑞红：《分形市场理论及其在中国股票市场中的应用》，载于《海南金融》2013 年第 5 期，第 9～15 页。

［48］史美景、曹星婉：《基于 EMD 的时间序列不同频率波动及趋势研究》，载于《统计与决策》2012 年第 16 期，第 27～30 页。

［49］宋双杰、曹晖、杨坤：《投资者关注与 IPO 异象——来自网络搜索量的经验证据》，载于《经济研究》2011 年第 S1 期，第 145～155 页。

［50］宋玉蓉、蒋国平：《具有非均匀传输和抗攻击差异的网络病毒传播模型》，载于《物理学报》2010 年第 11 期，第 7546～7551 页。

［51］苏方林、王继田、蒋伟：《基于 MF－DCCA 方法的香港股市与大陆股市交叉相关及多重分形研究》，载于《数学的实践与认识》2018 年第 7 期，第 119～129 页。

［52］孙晓蕾、杨玉英、吴登生：《全球原油贸易网络拓扑结构与演化特征识别》，载于《世界经济研究》2012 年第 9 期，第 11～17 页。

［53］汪冬华、索园园：《金融危机前后中国股票市场和外汇市场的交叉相关性：基于多重分形理论的视角》，载于《系统管理学报》2013 年第 3 期，第 394～401 页。

［54］汪涛、吴琳丽：《基于复杂网络的城市公交网络抗毁性分析》，载于《计算机应用研究》2010 年第 11 期，第 4084～4086 页。

［55］汪小帆、李翔、陈关荣：《网络科学导论》，高等教育出版社 2012 年版。

［56］王朝晖、李心丹：《我国投资者情绪波动性与股市收益》，载于《宁波

大学学报（人文科学版）》2008 年第 6 期，第 89～93 页。

［57］王丽佳、卢国祥：《基于社会网络的股票动态价格研究》，载于《投资研究》2017 年第 5 期，第 81～91 页。

［58］王丽佳、卢国祥：《社会网络、随机信息交流与资产价格》，载于《上海金融》2017 年第 7 期，第 38～42 页。

［59］王美今、孙建军：《中国股市收益、收益波动与投资者情绪》，载于《经济研究》2004 年第 10 期，第 75～83 页。

［60］王倩玉、王静：《我国股票市场的分形特征研究》，载于《特区经济》2013 年第 7 期，第 82～84 页。

［61］王书平、朱艳云：《基于多尺度分析的国际原油价格预测方法研究》，载于《价格月刊》2015 年第 10 期，第 1～5 页。

［62］王伟国、赵新民：《基于 EMD－BP 神经网络的我国棉花期货价格预测方法研究》，载于《石河子大学学报（哲学社会科学版）》2013 年第 1 期，第 78～80 页。

［63］魏星集、夏维力、孙彤彤：《基于 BW 模型的 A 股市场投资者情绪测度研究》，载于《管理观察》2014 年第 33 期，第 71～73 页。

［64］吴昊：《中国股市群聚效应的挖掘与行为研究——行业板块的角度》，华东理工大学，2018 年。

［65］吴俊、谭跃进、邓宏钟等：《无标度网络拓扑结构非均匀性研究》，载于《系统工程理论与实践》2007 年第 5 期，第 101～105 页。

［66］伍燕然、韩立岩：《不完全理性、投资者情绪与封闭式基金之谜》，载于《经济研究》2007 年第 3 期，第 117～129 页。

［67］奚丹丹：《基于符号时间序列分析的多尺度金融波动研究》，天津大学，2012 年。

［68］夏树涛、鲍际刚、刘鑫吉等：《熵控网络——信息论经济学》，经济科学出版社 2015 年版。

［69］向馗、蒋静坪：《时间序列的符号化方法研究》，载于《模式识别与人工智能》2007 年第 2 期，第 154～161 页。

［70］肖欣荣、刘健：《基于网络理论的金融传染与投资者行为研究进展》，载于《经济学动态》2015 年第 5 期，第 139～146 页。

［71］肖欣荣、刘健、赵海健：《机构投资者行为的传染——基于投资者网络视角》，载于《管理世界》2012 年第 12 期，第 35～45 页。

［72］熊巧巧、蔡凤景：《基于图模型方法的我国股市网络结构分析》，载于《温州大学学报（自然科学版）》2017 年第 4 期，第 25～32 页。

［73］熊伟、陈浪南：《股票特质波动率、股票收益与投资者情绪》，载于《管理科学》2015 年第 5 期，第 106～115 页。

［74］徐浩萍、杨国超：《股票市场投资者情绪的跨市场效应——对债券融资成本影响的研究》，载于《财经研究》2013 年第 2 期，第 47～57 页。

［75］徐龙炳、陆蓉：《R/S 分析探索中国股票市场的非线性》，载于《预测》1999 年第 2 期，第 59～62 页。

［76］徐梅、黄超：《基于符号时间序列方法的金融收益分析与预测》，载于《中国管理科学》2011 年第 5 期，第 1～9 页。

［77］徐梅、申来凤：《基于符号时间序列方法的金融异常波动与市场有效性关系分析》，载于《数理统计与管理》2015 年第 2 期，第 357～367 页。

［78］徐梅、王雨蒙：《基于符号时间序列直方图的高频金融波动预测》，载于《系统管理学报》2014 年第 3 期，第 331～338 页。

［79］徐振宇：《社会网络分析在经济学领域的应用进展》，载于《经济学动态》2013 年第 10 期，第 115～123 页。

［80］徐正国、张世英：《多维高频数据的"已实现"波动建模研究》，载于《系统工程学报》2006 年第 1 期，第 6～11 页。

［81］杨阳、荣智海、李翔：《复杂网络演化模型理论研究综述》，载于《复杂系统与复杂性科学》2008 年第 4 期，第 47～55 页。

［82］杨一文、刘贵忠、张宗平：《基于嵌入理论和神经网络技术的混沌数据预测及其在股票市场中的应用》，载于《系统工程理论与实践》2001 年第 6 期，第 52～58 页。

［83］杨治辉、贾韩梅：《股票收益率相关性的网络结构分析》，载于《中国自动化学会控制理论专业委员会》（B 卷），科学出版社 2011 年版，第 5732～5736 页。

［84］叶中行、庄瑞鑫、沈泽豪：《基于最小生成树的超度量聚类的若干案例分析》，载于《上海金融学院学报》2012 年第 5 期，第 13～19 页。

［85］易志高、茅宁：《中国股市投资者情绪测量研究：CICSI 的构建》，载

于《金融研究》2009 年第 11 期，第 174～184 页。

［86］尹福禄：《上海股票市场的分形特征及时间特征分析》，载于《中国证券期货》2012 年第 3 期，第 42～43 页。

［87］尹群耀、何健敏、卞日瑭、陈庭强：《基于 STSA 的中国股市的聚集效应研究——以上证 50 指数为例》，载于《系统工程》2013 年第 1 期，第 10～17 页。

［88］苑莹、庄新田、金秀：《基于 MF－DFA 的中国股票市场多标度特性及成因分析》，载于《管理工程学报》2009 年第 4 期，第 96～99 页。

［89］岳金枝、杨汝梅、赵文秀、张艳翠：《基于赫斯特指数的上市银行股票市场分形特征的实证研究》，载于《曲阜师范大学学报（自然科学版）》2016 年第 4 期，第 5～10 页。

［90］张广林、黄洁仪、陈胡松、陈仁莲：《基于多重分形的我国股票波动特征研究》，载于《时代金融》2016 年第 30 期，第 151～152 页。

［91］张俊喜、张华：《解析中国封闭式基金折价之谜》，载于《金融研究》2002 年第 12 期，第 49～60 页。

［92］张强、杨淑娥：《噪音交易、投资者情绪波动与股票收益》，载于《系统工程理论与实践》2009 年第 3 期，第 40～47 页。

［93］张嗣瀛：《复杂网络的演化过程、n(n－1) 律、自聚集》，载于《复杂系统与复杂性科学》2005 年第 3 期，第 84～90 页。

［94］张宗新、王海亮：《投资者情绪、主观信念调整与市场波动》，载于《金融研究》2013 年第 4 期，第 142～155 页。

［95］赵建华、张雨：《采用符号序列 Shannon 熵的机器信息提取方法》，载于《武汉理工大学学报（交通科学与工程版)》2009 年第 2 期，第 321～324 页。

［96］赵留彦、王一鸣：《沪深股市交易量与收益率及其波动的相关性：来自实证分析的证据》，载于《经济科学》2003 年第 2 期，第 57～67 页。

［97］赵正龙、陈忠、孙武军、李莉：《具有差异化选择特征的复杂社会网络扩散研究》，载于《管理科学学报》2010 年第 3 期，第 38～49 页。

［98］周铭山、孙磊、刘玉珍：《社会互动，相对财富关注及股市参与》，载于《金融研究》2011 年第 2 期，第 172～184 页。

［99］Acemoglu D. , Ozdaglar A. , Parandeh Gheibi A. Spread of (mis) information in social networks. Games and Economic Behavior, 2010, 70 (2): 194－227.

［100］ Admati A. R. A noisy rational expectations equilibrium for multi-asset securities markets. Econometrica：Journal of the Econometric Society，1985，53（3）：629 – 657.

［101］ Agiza H. N. ，Elgazzar A. S. ，Youssef S. A. Phase transitions in some epidemic models defined on small-world networks. International Journal of Modern Physics C，2003，14（6）：825 – 833.

［102］ Albert R. ，Jeong H. ，Barabási A. L. Error and attack tolerance of complex networks. Nature，2000，406（6794）：378 – 382.

［103］ Albuquerque R. ，Miao J. Advance information and asset prices. Journal of Economic Theory，2014，149：236 – 275.

［104］ Alexander L. ，Vikram N. ，Rajdeep S. Hot Markets，Investor Sentiment，and IPO Pricing. The Journal of Business，2006，79（4）：1667 – 1702.

［105］ Alfarano S. ，Milaković M. Network structure and N-dependence in agent-based herding models. Journal of Economic Dynamics and Control，2009，33（1）：78 – 92.

［106］ Allen E. A. ，Erhardt E. B. ，Damaraju E. ，et al. A baseline for the multivariate comparison of resting-state networks. Frontiers in Systems Neuroscience，2011，5：2 – 12.

［107］ Andersen J. V. ，Vrontos I. ，Dellaportas P. ，et al. Communication impacting financial markets. EPL（Europhysics Letters），2014，108（2）：28007.

［108］ Andersen T. G. ，Bollerslev T. ，Cai J. Intraday and interday volatility in the Japanese stock market. Journal of International Financial Markets，Institutions and Money，2000，10（2）：107 – 130.

［109］ Antweiler W. ，Frank M. Z. Is all that talk just noise? The information content of internet stock message boards. The Journal of Finance，2004，59（3）：1259 – 1294.

［110］ Arribas I. ，Pérez E. ，Tortosa – Ausina F. Measuring Globalization of International Trade：Theory and Evidence. World Development，2009，37（1）：127 – 145.

［111］ Azad R. K. ，Rao J. S. ，Ramaswamy R. Symbol sequence analysis of climatic time signals. Nonlinear Analysis: Real World Applications, 2004, 5 (3): 487 – 500.

[112] Baker M., Wurgler J. Investor sentiment and the cross-section of stock returns. The Journal of Finance, 2006, 61 (4): 1645 – 1680.

[113] Baker M., Wurgler J., Yuan Y. Global, local, and contagious investor sentiment. Journal of Financial Economics, 2012, 104 (2): 272 – 287.

[114] Bak P., Paczuski M., Shubik M. Price variations in a stock market with many agents. Physica A: Statistical Mechanics and Its Applications, 1997, 246 (3): 430 – 453.

[115] Barabási A. L., Albert R. Emergence of scaling in random networks. Science, 1999, 286 (5439): 509 – 512.

[116] Bar-Ilan J. Comparing rankings of search results on the Web. Information Processing and Management, 2005, 41 (6): 1511 – 1519.

[117] Barthelemy M. Betweenness centrality in large complex networks. The European Physical Journal B – Condensed Matter and Complex Systems, 2004, 38 (2): 163 – 168.

[118] Bianconi G. The entropy of randomized network ensembles. EPL (Europhysics Letters), 2008, 81 (2): 28005.

[119] Black F. Noise. The Journal of Finance, 1986, 41 (3): 528 – 543.

[120] Black F., Scholes M. The pricing of options and corporate liabilities. The Journal of Political Economy, 1973, 81 (3): 637 – 654.

[121] Boccaletti S., Latora V., Moreno Y., et al. Complex networks: Structure and dynamics. Physics Reports, 2006, 424 (4): 175 – 308.

[122] Boginski V., Butenko S., Pardalos P. M. Statistical analysis of financial networks. Computational Statistics and Data Analysis, 2005, 48 (2): 431 – 443.

[123] Brida J. G., Risso W. A. Symbolic hierarchical analysis in currency markets: An application to contagion in currency crises. Expert Systems with Applications 2009, 36 (4): 7721 – 7728.

[124] Brown G. W., Cliff M. T. Investor sentiment and the near-term stock market. Journal of Empirical Finance, 2004, 11 (1): 1 – 27.

［125］ Brown J. R., Ivkovic Z., Smith P. A., et al. Neighbors matter: Causal community effects and stock market participation. The Journal of Finance, 2008, 63 (3): 1509 - 1531.

［126］ Castellano C., Pastor - Satorras R. Thresholds for epidemic spreading in networks. Physical Review Letters, 2010, 105 (21): 218701.

［127］ Centola D. The spread of behavior in an online social network experiment. Science, 2010, 329 (5996): 1194 - 1197.

［128］ Chakrabarti D., Wang Y., Wang C., et al. Epidemic thresholds in real networks. ACM Transactions on Information and System Security, 2008, 10 (4): 1 - 26.

［129］ Chang Y. Y., Faff R. W., Hwang C. Y. Local and Global Sentiment Effects, and the Role of Legal, Information and Trading Environments. Social Science Electronic Publishing, 2012.

［130］ Cohen L., Frazzini A., Malloy C. The small world of investing: Board connections and mutual fund returns. Journal of Political Economy, 2008, 116 (5): 951 - 979.

［131］ Cover T. M., Thomas J. A. Elements of information theory. New York: John Wiley & Sons, 2006.

［132］ Daw C., Finney C., Tracy E. A review of symbolic analysis of experimental data. Review of Scientific Instruments, 2003, 74 (2): 915 - 930.

［133］ Da Z., Engelberg J., Gao P. The sum of all FEARS investor sentiment and asset prices. The Review of Financial Studies, 2014, 28 (1): 1 - 32.

［134］ De Long J. B., Shleifer A., Summers L. H., et al. Noise trader risk in financial markets. Journal of Political Economy, 1990, 98 (4): 703 - 738.

［135］ Diamond D. W., Verrecchia R. E. Information aggregation in a noisy rational expectations economy. Journal of Financial Economics, 1981, 9 (3): 221 - 235.

［136］ Driga A., Lu P., Schaeffer J., et al. Fastlsa: a fast, linear-space, parallel and sequential algorithm for sequence alignment. Algorithmica, 2006, 45 (3): 337 - 375.

［137］Dueñas M. , Fagiolo G. Modeling the International – Trade Network：a gravity approach. Journal of Economic Interaction and Coordination, 2013, 8 (1)：155 – 178.

［138］Easley D. , O'hara M. Information and the cost of capital. The Journal of Finance, 2004, 59 (4)：1553 – 1583.

［139］Eguiluz V. M. , Klemm K. Epidemic threshold in structured scale-free networks. Physical Review Letters, 2002, 89 (10)：108701.

［140］Elliott M. , Golub B. , Jackson M. O. Financial networks and contagion. Available at SSRN 2175056, 2014.

［141］Endres D. M. , Schindelin J. E. A new metric for probability distributions. IEEE Transactions on Information Theory, 2003, 49 (7)：1858 – 1860.

［142］Erdös P. , Rényi A. On random graphs. Publicationes Mathematicae Debrecen, 1959 (6)：290 – 297.

［143］Erdös P. , Rényi A. On the evolution of random graphs. Publication of the Mathematical Institute of the Hungarian Academy of Sciences, 1960, 5 (1)：17 – 60.

［144］Fagiolo G. , Reyes J. , Schiavo S. World-trade web：Topological properties, dynamics, and evolution. Physical Review E, 2009, 79：036115.

［145］Farmer J. D. , Foley D. The economy needs agent-based modelling. Nature, 2009, 460 (7256)：685 – 686.

［146］Fermanian J. D. , Scaillet O. Nonparametric estimation of copulas for time series. Journal of Risk, 2003 (5)：25 – 54.

［147］Gao K. , Hua D. Effects of immunity on global oscillations in epidemic spreading in small-world networks. Physics Procedia, 2010, 3 (5)：1801 – 1809.

［148］Garas A. , Argyrakis P, Rozenblat C, et al. Worldwide spreading of economic crisis. New Journal of Physics, 2010, 12 (11)：113043.

［149］Garcia D. Sentiment during recessions. The Journal of Finance, 2013, 68 (3)：1267 – 1300.

［150］Garlaschelli D. , Loffredo M. Fitness-dependent topological properties of the world trade web. Physical Review Letters, 2004, 93 (18)：188701.

［151］Garlaschelli D. , Loffredo M. I. Structure and evolution of the world trade network. Physica A: Statistical Mechanics and its Applications, 2005, 355 (1): 138 – 144.

［152］Gomez D. M., Torgler B, Ortega G. J. Measuring Global Economic Interdependence: A Hierarchical Network Approach. The World Economy, 2013, 36 (12): 1632 – 1648.

［153］Gomez S., Arenas A., Borge – Holthoefer J., et al. Discrete-time Markov chain approach to contact-based disease spreading in complex networks. EPL (Europhysics Letters), 2010, 89 (3): 38009.

［154］Gomez S., Diaz – Guilera A., Gomez – Gardeñes J., et al. Diffusion dynamics on multiplex networks. Physical Review Letters, 2013, 110 (2): 028701.

［155］Granovetter M. S. The strength of weak ties. American Journal of Sociology, 1973, 78 (6): 1360 – 1380.

［156］Grossman S. J., Stiglitz J. E. Information and competitive price systems. The American Economic Review, 1976, 66 (2): 246 – 253.

［157］Grossman S. J., Stiglitz J. E. On the impossibility of informationally efficient markets. The American Economic Review, 1980, 70 (3): 393 – 408.

［158］Gross T., D'Lima C. J. D., Blasius B. Epidemic dynamics on an adaptive network. Physical Review Letters, 2006, 96 (20): 208 – 701.

［159］Gupta S., Ray A., Keller E. Symbolic time series analysis of ultrasonic data for early detection of fatigue damage. Mechanical Systems and Signal Processing, 2007, 21 (2): 866 – 884.

［160］Han B., Yang L. Social networks, information acquisition, and asset prices. Management Science, 2013, 59 (6): 1444 – 1457.

［161］Hein O., Schwind M., Spiwoks M. Network centrality and stock market volatility: The impact of communication topologies on prices. Journal of Finance and Investment Analysis, 2012, 1 (1): 199 – 232.

［162］Hellwig M. F. On the aggregation of information in competitive markets. Journal of Economic Theory, 1980, 22 (3): 477 – 498.

［163］Henze N., Zirkler B. A class of invariant consistent tests for multivariate normality. Communications in Statistics – Theory and Methods, 1990, 19 (10): 3595 –

3617.

［164］ Hethcote H. W. An immunization model for a heterogeneous population. Theoretical Population Biology, 1978, 14 (3): 338 – 349.

［165］ Hommes C. Behavioral Rationality and Heterogeneous Expectations in Complex Economic Systems ［M］. New York: Cambridge University Press, 2013.

［166］ Hong H. , Kubik J. D. , Stein J. C. Social interaction and stock-market participation. The Journal of Finance, 2004, 59 (1): 137 – 163.

［167］ Hong H. , Kubik J. D. , Stein J. C. Thy neighbor's portfolio: Word-of-mouth effects in the holdings and trades of money managers. The Journal of Finance, 2005, 60 (6): 2801 – 2824.

［168］ Hong H. , Stein J. C. A unified theory of underreaction, momentum trading, and overreaction in asset markets. The Journal of Finance, 1999, 54 (6): 2143 – 2184.

［169］ Hribar P. , McInnis J. Investor sentiment and analysts' earnings forecast errors. Management Science, 2012, 58 (2): 293 – 307.

［170］ Huang W. Q. , Zhuang X. T. , Yao S. A network analysis of the Chinese stock market. Physica A: Statistical Mechanics and its Applications, 2009, 388 (14): 2956 – 2964.

［171］ Isham V. , Harden S. , Nekovee M. Stochastic epidemics and rumours on finite random networks. Physica A: Statistical Mechanics and its Applications, 2010, 389 (3): 561 – 576.

［172］ Ivkovic Z. , Weisbenner S. Information diffusion effects in individual investors' common stock purchases: Covet thy neighbors' investment choices. The Review of Financial Studies, 2007, 20 (4): 1327 – 1357.

［173］ Jackson M. O. , Lopez – Pintado D. Diffusion and contagion in networks with heterogeneous agents and homophily. Network Science, 2013, 1 (1): 49 – 67.

［174］ Jackson M. O. , Rogers B. W. Relating network structure to diffusion properties through stochastic dominance. The BE Journal of Theoretical Economics, 2007, 7 (1): 1 – 16.

［175］ Jackson M. O. Social and Economic Networks. New York: Princeton University Press，2008.

［176］ Jackwerth J. C. ， Rubinstein M. Recovering probability distributions from option prices. Journal of finance，1996，51（5）：1611 – 1631.

［177］ Jishou R. ， He J. ， Dai Q. Super-fair Platforms Widely Hidden in Multinational Securities Business. 9th Joint International Conference on Information Sciences（JCIS – 06）. Paris：Atlantis Press，2006.

［178］ Jones C. M. ， Lamont O. A. Short-sale constraints and stock returns. Journal of Financial Economics，2002，66（2 – 3）：207 – 239.

［179］ Kali R. ， Reyes J. Financial contagion on the international trade network. Economic Inquiry，2010，48（4）：1072 – 1101.

［180］ Kantelhardt J. W. ， Zschiegner S. A. ， Koscielny – Bunde E. ， et al. Multifractal detrended fluctuation analysis of nonstationary time series. Physica A：Statistical Mechanics and Its Applications，2002，316（1）：87 – 114.

［181］ Karlik S. J. Exploring and summarizing radiologic data. American Journal of Roentgenology，2003，180（1）：47 – 54.

［182］ Karsai M. ， Perra N. ， Vespignani A. The emergence and role of strong ties in time-varying communication networks. arXiv preprint arXiv：1303. 5966，2013.

［183］ Khil J. ， Lee B. S. A time-series model of stock returns with a positive short-term correlation and a negative long-term correlation. Review of Quantitative Finance and Accounting，2002，18（4）：381 – 404.

［184］ Kuperman M. ， Abramson G. Small world effect in an epidemiological model. Physical Review Letters，2001，86（13）：2909 – 2912.

［185］ Lee K. E. ， Lee J. W. ， Hong B. H. Complex networks in a stock market. Computer Physics Communications，2007，177（1）：186.

［186］ Lee K. M. ， Yang J. S. ， Kim G，et al. Impact of the topology of global macroeconomic network on the spreading of economic crises. PloS One，2011，6（3）：e18443.

［187］ Lewis T. G. Network science：Theory and applications. New York：John Wiley & Sons，2011.

［188］ Li B. ， Wang L. ， Lu G. Price dynamics，social networks and communication. Finance Research Letters, 2017, 22: 197 – 201.

[189] Loughran T., McDonald B. When is a liability not a liability? Textual analysis, dictionaries, and 10 – Ks. The Journal of Finance, 2011, 66 (1): 35 – 65.

[190] Lux T. Herd behaviour, bubbles and crashes. The Economic Journal, 1995, 105 (431): 881 – 896.

[191] Lux T., Marchesi M. Scaling and criticality in a stochastic multi-agent model of a financial market. Nature, 1999, 397 (6719): 498 – 500.

[192] Lux T. The socio-economic dynamics of speculative markets: interacting agents, chaos, and the fat tails of return distributions. Journal of Economic Behavior and Organization, 1998, 33 (2): 143 – 165.

[193] Lux T. Time variation of second moments from a noise trader/infection model. Journal of Economic Dynamics and Control, 1997, 22 (1): 1 – 38.

[194] Ma F., Wei Y., Huang D. Multifractal detrended cross-correlation analysis between the Chinese stock market and surrounding stock markets. Physica A: Statistical Mechanics and its Applications, 2013, 392 (7): 1659 – 1670.

[195] Manela A. The value of diffusing information. Journal of Financial Economics, 2014, 111 (1): 181 – 199.

[196] Mantegna R. N. Hierarchical structure in financial markets. The European Physical Journal B – Condensed Matter and Complex Systems, 1999, 11 (1): 193 – 197.

[197] Mao Z. L., Sun J. H. Application of Grey – Markov model in forecasting fire accidents. Procedia Engineering, 2011 (11): 314 – 318.

[198] May R. M., Lloyd A. L. Infection dynamics on scale-free networks. Physical Review E, 2001, 64 (6): 066112.

[199] Moore C., Newman M. E. J. Epidemics and percolation in small-world networks. Physical Review E, 2000, 61 (5): 5678 – 5682.

[200] Moreno Y., Pastor – Satorras R., Vespignani A. Epidemic outbreaks in complex heterogeneous networks. The European Physical Journal B – Condensed Matter and Complex Systems, 2002, 26 (4): 521 – 529.

[201] Namaki A., Shirazi A. H., Raei R., et al. Network analysis of a finan-

cial market based on genuine correlation and threshold method. Physica A：Statistical Mechanics and its Applications, 2011, 390（21）: 3835 – 3841.

［202］ Needleman S. B. , Wunsch C. D. A general method applicable to the search for similarities in the amino acid sequence of two proteins. Journal of Molecular Biology, 1970, 48（3）: 443 – 453.

［203］ Nekovee M. , Moreno Y. , Bianconi G. , et al. Theory of rumour spreading in complex social networks. Physica A：Statistical Mechanics and its Applications, 2007, 374（1）: 457 – 470.

［204］ Newman M. E. J. , Jensen I. , Ziff R. M. Percolation and epidemics in a two-dimensional small world. Physical Review E, 2002, 65（2）: 021904.

［205］ Newman M. E. J. Spread of epidemic disease on networks. Physical Review E, 2002, 66（1）: 016128.

［206］ Newman M. E. J. The structure and function of complex networks. SIAM Review, 2003, 45（2）: 167 – 256.

［207］ Newman M. E. J. , Watts D. J. Scaling and percolation in the small-world network model. Physical Review E, 1999, 60（6）: 7332 – 7342.

［208］ Ozsoylev H. N. , Walden J. Asset pricing in large information networks. Journal of Economic Theory, 2011, 146（6）: 2252 – 2280.

［209］ Ozsoylev H. N. , Walden J. , Yavuz M. D. , et al. Investor networks in the stock market. The Review of Financial Studies, 2013, 27（5）: 1323 – 1366.

［210］ Palaro H. P. , Hotta L. K. Using conditional copula to estimate value at risk. Journal of Data Science, 2006, 4: 93 – 115.

［211］ Panchenko V. , Gerasymchuk S. , Pavlov O. V. Asset price dynamics with heterogeneous beliefs and local network interactions. Journal of Economic Dynamics and Control, 2013, 37（12）: 2623 – 2642.

［212］ Pastor – Satorras R. , Vespignani A. Epidemic dynamics in finite size scale-free networks. Physical Review E, 2002, 65（3）: 035108.

［213］ Pastor – Satorras R. , Vespignani A. Epidemics and immunization in scale-free networks［C］. Handbook of graphs and networks, Berlin：Wiley – VCH, 2005: 111 – 130.

［214］ Pastor – Satorras R. ， Vespignani A. Epidemic spreading in scale-free networks. Physical Review Letters，2001，86（14）：3200 – 3203.

［215］ Peters E. E. Fractal market analysis：applying chaos theory to investment and economics. New York：John Wiley & Sons，1994.

［216］ Pietrokovski S. Searching databases of conserved sequence regions by aligning protein multiple-alignments. Nucleic Acids Research，1996，24（19）：3836 – 3845.

［217］ Podobnik B. ， Jiang Z. Q. ， Zhou W. X. ， et al. Statistical tests for power-law cross-correlated processes. Physical Review E，2011，84（6）：066118.

［218］ Pool V. K. ， Stoffman N. ， Yonker S. E. The people in your neighborhood：Social interactions and mutual fund portfolios. The Journal of Finance，2015，70（6）：2679 – 2732.

［219］ Porta R. L. ， Lakonishok J. ， Shleifer A. ， et al. Good news for value stocks：Further evidence on market efficiency. The Journal of Finance，1997，52（2）：859 – 874.

［220］ Ramani A. ， Carstea A. S. ， Willox R. ， et al. Oscillating epidemics：a discrete-time model. Physica A：Statistical Mechanics and its Applications，2004，333：278 – 292.

［221］ Rauch J. E. Business and social networks in international trade. Journal of Economic Literature，2001，39（4）：1177 – 1203.

［222］ Rauch J. E. ， Trindade V. Ethnic Chinese networks in international trade. The Review of Economics and Statistics，2002，84（1）：116 – 130.

［223］ Risso W. A. The informational efficiency and the financial crashes. Research in International Business and Finance，2008，22（3）：396 – 408.

［224］ Rodgers J. L. ， Nicewander W. A. Thirteen ways to look at the correlation coefficient. The American Statistician，1988，42（1）：59 – 66.

［225］ Rovine M. J. ， Von Eye A. A 14th way to look at a correlation coefficient：Correlation as the proportion of matches. The American Statistician，1997，51（1）：42 – 46.

［226］ Rozeff M. S，Kinney Jr W. R. Capital market seasonality：The case of stock returns. Journal of Financial Economics, 1976, 3 (4): 379 – 402.

[227] Schiavo S., Reyes J., Fagiolo G. International trade and financial integration: a weighted network analysis. Quantitative Finance, 2010, 10 (4): 389 – 399.

[228] Schneider J. A rational expectations equilibrium with informative trading volume. The Journal of Finance, 2009, 64 (6): 2783 – 2805.

[229] Schweitzer F, Fagiolo G., et al. Economic networks: The new challenges. Science, 2009, 325: 422 – 425.

[230] Serrano M. Á., Boguñá M. Topology of the world trade web. Physical Review E, 2003, 1 (68): 184 – 190.

[231] Shannon C. E. A mathematical theory of communication. Bell System Technical Journal, 1948, 27 (3): 379 – 423.

[232] Shaphiro S. S., Wilk M. B. An analysis of variance test for normality. Biometrika, 1965, 52 (3 – 4): 591 – 611.

[233] Shiller R. J. Conversation, information, and herd behavior. The American Economic Review, 1995, 85 (2): 181 – 185.

[234] Shiller R. J., Pound J. Survey evidence on diffusion of interest and information among investors. Journal of Economic Behavior and Organization, 1989, 12 (1): 47 – 66.

[235] Shleifer, A., Vishny, R. W. The limits of arbitrage. The Journal of Finance, 1997, 52 (1): 35 – 55.

[236] Singh S. Pattern Modelling in Time-series Forecasting. Cybernetics and Systems, 2000, 31 (1): 49 – 65.

[237] Solé R. V., Valverde S. Information Theory of Complex Networks: On Evolution and Architectural Constraints. Networks: Structure, Dynamics and Function; Lecture Notes in Physics, Berlin: Springer – Verlag, 2004: 189 – 207.

[238] Sprenkle C. M. Warrant prices as indicators of expectations and preferences. Yale Economic Essays, 1961, 1 (2): 178 – 231.

[239] Stambaugh R. F., Yu J., Yuan Y. The long of it: Odds that investor sentiment spuriously predicts anomaly returns. Journal of Financial Economics, 2014,

114 (3): 613 –619.

[240] Stambaugh R. F. , Yu J. , Yuan Y. The short of it: Investor sentiment and anomalies. Journal of Financial Economics, 2012, 104 (2): 288 –302.

[241] Tang X. Z. , Tracy E. R. , Brown R. Symbol statistics and spatio-temporal systems. Physica D: Nonlinear Phenomena, 1997, 102 (3 –4): 253 –261.

[242] Tetlock P. C. Giving content to investor sentiment: The role of media in the stock market. The Journal of Finance, 2007, 62 (3): 1139 –1168.

[243] Toivonen R. , Kovanen L. , Kivela M. , et al. A comparative study of social network models: network evolution models and nodal attribute models. Social Networks, 2009, 31 (4): 240 –254.

[244] Tsay R. S. Analysis of financial time series (3nd Edition). New York: John Wiley & Sons, 2010.

[245] Tversky A. , Kahneman D. Judgment under uncertainty: Heuristics and biases. Science, 1974, 185 (4157): 1124 –1131.

[246] Tzekina I. , Danthi K. , Rockmore D. N. Evolution of community structure in the world trade web. The European Physical Journal B, 2008, 63 (4): 58 –64.

[247] Vardharaj R. , Fabozzi F. J. Sector, style, region: Explaining stock allocation performance. Financial Analysts Journal, 2007, 63 (3): 59 –70.

[248] Vitali S. , Glattfelder J. B. , Battiston S. The Network of Global Corporate Control. Plos One, 2011, 6 (10): e25995.

[249] Wallin E. , Wettergren C. , Hedman F. , et al. Fast Needleman—Wunsch scanning of sequence databanks on a massively parallel computer. Bioinformatics, 1993, 9 (1): 117 –118.

[250] Wang J. A model of intertemporal asset prices under asymmetric information. The Review of Economic Studies, 1993, 60 (2): 249 –282.

[251] Waterman M. S. , Vingron M. Rapid and accurate estimates of statistical significance for sequence data base searches. Proceedings of the National Academy of Sciences, 1994, 91 (11): 4625 –4628.

[252] Watts D. J. , Strogatz S. H. Collective dynamics of "small-world" networks. Nature, 1998, 393 (6684): 440 –442.

［253］ Wilkinson I. F. , Mattsson L – G, Easton G. International competitiveness and trade promotion policy from a network perspective. Journal of World Business, 2000, 35 (3): 275 – 299.

［254］ Xiao Y. H. , Wu W. T. , Wang H. , et al. Symmetry-based structure entropy of complex networks. Physica A: Statistical Mechanics and its Applications, 2008, 387 (11): 2611 – 2619.

［255］ Yamano T. , Sato K. , Kaizoji T. , et al. Symbolic analysis of indicator time series by quantitative sequence alignment. Computational Statistics and Data Analysis, 2008, 53 (2): 486 – 495.

［256］ Yang X. S. Chaos in small-world networks. Physical Review E, 2001, 63 (4): 046206 – 046209.

［257］ Yang X. S. Fractals in small-world networks with time-delay. Chaos, Solitons and Fractals, 2002, 13 (2): 215 – 219.

［258］ Zekri N. , Clerc J. P. Statistical and dynamical study of disease propagation in a small world network. Physical Review E, 2001, 64 (5): 056115.

［259］ Zhou J. , Liu Z. , Li B. Influence of network structure on rumor propagation. Physics Letters A, 2007, 368 (6): 458 – 463.

［260］ Zhou W. X. The components of empirical multifractality in financial returns. EPL (Europhysics Letters), 2009, 88 (2): 28004.

［261］ Zou C. C. , Gong W. , Towsley D. Code red worm propagation modeling and analysis. Proceedings of the 9th ACM conference on Computer and communications security. ACM, 2002: 138 – 147.

［262］ Zunino L. , Tabak B. M. , Figliola A. , et al. A multifractal approach for stock market inefficiency. Physica A: Statistical Mechanics and its Applications, 2008, 387 (26): 6558 – 6566.